思想理论

教育研究

（第1辑）

主　　编　徐海鑫　纪志耿

副 主 编　胡亚兰　李明凤　赵淑亮　孙化显

 四川大学出版社

责任编辑:王 冰
责任校对:罗永平
封面设计:墨创文化
责任印制:王 炜

图书在版编目(CIP)数据

思想理论教育研究. 第1辑 / 徐海鑫,纪志耿主编.
—成都:四川大学出版社,2018.9
ISBN 978-7-5690-2417-3

Ⅰ.①思⋯ Ⅱ.①徐⋯ ②纪⋯ Ⅲ.①高等学校-思
想政治教育-研究-中国 Ⅳ.①G641

中国版本图书馆 CIP 数据核字 (2018) 第 223681 号

书　名	**思想理论教育研究（第 1 辑）**
主　　编	徐海鑫　纪志耿
副 主 编	胡亚兰　李明凤　赵淑亮　孙化显
出　　版	四川大学出版社
地　　址	成都市一环路南一段 24 号 (610065)
发　　行	四川大学出版社
书　　号	ISBN 978-7-5690-2417-3
印　　刷	四川盛图彩色印刷有限公司
成品尺寸	185 mm×260 mm
印　　张	14
字　　数	254 千字
版　　次	2018 年 9 月第 1 版
印　　次	2018 年 9 月第 1 次印刷
定　　价	55.00 元

◆读者邮购本书，请与本社发行科联系。
　电话:(028)85408408/ (028)85401670/
　(028)85408023　邮政编码:610065
◆本社图书如有印装质量问题，请
　寄回出版社调换。
◆网址: http://press.scu.edu.cn

卷 首 语

做习近平新时代中国特色社会主义思想的
坚定宣传者、深入研究者、积极阐释者

党的十九大概括和提出了习近平新时代中国特色社会主义思想，实现了党的指导思想的又一次与时俱进，为新时代中国特色社会主义建设和中华民族伟大复兴提供了理论指导和行动指南。习近平新时代中国特色社会主义思想作为马克思主义基本原理与新时代中国国情和时代特征相结合的伟大理论成果，实现了马克思主义中国化在新时代的历史性飞跃，是当代中国的马克思主义、21世纪的马克思主义。

学懂弄通做实习近平新时代中国特色社会主义思想是当前高校思想理论界的首要政治任务。高校要发挥科学研究和社会服务的职能，强化理论宣传的优势，突出专家学者的作用，在学习研究、理论阐释上下真功夫、做真学问，驰而不息、久久为功，不断将宣传研究阐述习近平新时代中国特色社会主义思想引向深入，推动习近平新时代中国特色社会主义思想在高校深入人心、落地生根。

《思想理论教育研究》坚持以习近平新时代中国特色社会主义思想为指导，深入学习贯彻全国高校思想政治工作会议精神和全国教育大会精神，广泛汇聚高校知名学者、思想政治工作者和教育工作者的研究成果，广泛传播高校思想政治工作的特色经验，努力打造成为全省乃至全国高校思想政治教育战线的重要研究平台和前沿阵地。

《思想理论教育研究》第1辑设置了"学习贯彻习近平新时代中国特色社会主义思想"专栏，侧重于习近平总书记关于网络强国、意识形态建设、政法工作等重要论述的研究；设置了"学习贯彻全国高校思想政治工作会议精神"专栏，集中研讨了高校如何

将全国高校思想政治工作会议精神和全国教育大会精神落细落实；设置了"党的建设"专栏，聚焦于全面从严治党、党内政治生活、马克思主义经典文献研究等内容；设置了"理论与实践"专栏，将高校探索实践与相关领域理论研究相结合；设置了"校园文化建设"专栏，注重大学精神和中华优秀传统文化两者关系研究，积极探索高校新媒体、第二课堂等思想政治工作载体建设。

九层之台，起于累土；千里之行，始于足下。本书将秉持初心，笃然前行，为探索高校思想政治教育新理论、新实践、新成果作出更大努力。我们坚信，改革开放天地宽，《思想理论教育研究》及研究者的天地也会越来越广阔！

《思想理论教育研究》编辑部

2018 年 9 月

党的建设

理论与实践

校园文化建设

学习贯彻习近平新时代
中国特色社会主义思想

XUEXI GUANCHE XIJINPING XINSHIDAI
ZHONGGUO TESE SHEHUI ZHUYI SIXIANG

习近平新时代中国特色社会主义思想中蕴含的政治伦理精神

阎　钢①

摘　要： 习近平新时代中国特色社会主义思想具有鲜明的政治伦理精神。首先，"不忘初心，方得始终"，从发展的视角来看，不仅奠定了习近平治国理政的政治实践基础，而且显示出强烈的"以人为本"的伦理价值追求；其次，习近平新时代中国特色社会主义思想不仅朴实无华，内容精深，而且紧扣民利，彰显出浓郁的政治伦理精神；最后，习近平新时代中国特色社会主义思想最耀眼的政治伦理精神，就是其无时无刻不蕴含着对"民有""民享"美好生活的幸福期盼。

关键词： 习近平新时代中国特色社会主义思想　政治伦理

　　自党的十八大以来，习近平总书记在领导全党全国推进中国特色社会主义建设的实践中，特别注重运用马克思主义世界观和方法论来分析解决治国理政中的一系列根本问题，深得马克思主义精髓，并以其深刻的洞察力、敏锐的判断力和顽强的战略定力，以人民领袖的责任担当，提出了一系列具有开创性意义的新理念、新思想、新战略，在其创立的新时代中国特色社会主义思想中饱含着丰富的政治伦理精神。

---

　　①　阎钢，四川大学马克思主义学院教授，四川大学锦江学院思想政治理论教学部主任，主要研究方向为政治伦理学、思想政治教育学。

一、"以人为本"的伦理价值追求

2018 年 3 月 20 日上午，习近平总书记在第十三届全国人民代表大会第一次会议上的讲话中铿锵有力地强调："人民是历史的创造者，人民是真正的英雄。波澜壮阔的中华民族发展史是中国人民书写的！博大精深的中华文明是中国人民创造的！历久弥新的中华民族精神是中国人民培育的！"[1]而早在执政之初的 2012 年 11 月，习近平就十分明确地指出："人民群众是我们力量的源泉。""人民对美好生活的向往，就是我们的奋斗目标。""我们一定要始终与人民心心相印、与人民同甘共苦、与人民团结奋斗。"[2]

2017 年 10 月，在中国共产党第十九次全国代表大会上，习近平总书记饱含深情地说："不忘初心，方得始终。中国共产党人的初心和使命，就是为中国人民谋幸福，为中华民族谋复兴。这个初心和使命是激励中国共产党人不断前进的根本动力。全党同志一定要永远与人民同呼吸、共命运、心连心，永远把人民对美好生活的向往作为奋斗目标，以永不懈怠的精神状态和一往无前的奋斗姿态，继续朝着实现中华民族伟大复兴的宏伟目标奋勇前进。"[3]

正是基于这样的历史唯物主义立场，从发展的视角来看，不仅奠定了习近平新时代中国特色社会主义思想的执政理念和治国理政的实践基础，而且高度显示其强烈的"以人为本"的伦理价值追求。

"以人为本"是政治道德的基本原则之一，其核心就是坚持人本主义观念，承认人在自然世界和社会领域中的根本权益性，由此肯定与维护人性、人道和人权的根本态度和实践方法。习近平新时代中国特色社会主义思想究其理论的根基，是最体现"以人为本"的伦理价值追求的，由此也最凸显其思想的政治伦理精神。

首先，习近平新时代中国特色社会主义思想所切入的"不忘初心，方得始终""为中国人民谋幸福，为中华民族谋复兴"的伦理价值追求，其所担当的政治责任和历史使命，充分肯定了人的本体性存在。我们说，人之所以能够成为"本体性"的存在，其实质就在于人相对于物质世界，具有认识和实践、社会与历史的不可动摇的主体性地位。人能为本，是因为有了人，这个世界才有了现实的生机与活力；人能为本，是因为有了人，这个世界才有了存在的实体与价值。习近平总书记正是通过对人民群众的价值肯定，基于"坚持以人民为中心"[4]这一历史唯物主义命题，确立了人的"本体性"地位和伦理意义。习近平总书记十分坚定地说道："必须坚持人民主体地位，坚持立党为公、执政为民，践行全心全意为人民服务的根本宗旨，把党的群众路线贯彻到治国理政全部活动之中，把人民对美好生活的向往作为奋斗目标，依靠人民创造历史伟业。"[5]他又讲道："必须坚持以人民为中心的发展思想，不断促进人的全面发展、全体人民共同富裕。"[6]

其次，习近平新时代中国特色社会主义思想不是超越人本身的一种单纯的政治精神和治国理念，它是以人们为了自己的利益追求与幸福期盼（即包含自己在内的民族、国家、社会的利益追求与幸福期盼）为出发点的。在发展的意义上，习近平特别强调坚持在发展中保障和改善民生的政治伦理实践，不仅在力求实现中华民族伟大复兴的中国梦中，带给每一个中国人民生福祉，而且以推动构建人类命运共同体，来充分体现中国共产党人和中国人民"大道之行也，天下为公"的人道主义精神。

由此，面向中国社会的发展，习近平总书记强调：在人与自然的关系上，尊重生态发展规律，实施可持续发展战略，坚持科学发展，坚定不移贯彻创新、协调、绿色、开放、共享的发展理念；在人与人的关系上，倡导人们文明礼貌、团结互助、友爱和谐的新型人际关系；在政党、政府与人民的关系上，要求执政党、执政者树立为人民服务的思想，切实实践"为中国人民谋幸福、为中华民族谋复兴"的"初心和使命"；在对待弱势群体上，着重加强社会保障体系建设和坚决打赢脱贫攻坚战。习近平总书记讲："增进民生福祉是发展的根本目的。必须多谋民生之利、多解民生之忧，在发展中补齐民生短板、促进社会公平正义，在幼有所育、学有所教、劳有所得、病有所医、老有所养、住有所居、弱有所扶上不断取得新进展，深入开展脱贫攻坚，保证全体人民在共建共享发展中有更多获得感，不断促进人的全面发展、全体人民共同富裕。建设平安中国，加强和创新社会治理，维护社会和谐稳定，确保国家长治久安、人民安居乐业。"[7]针对国际社会，面向世界人民，习近平总书记指出，我们要按照亲诚惠容理念和与邻为善、以邻为伴的周边外交方针，坚持多边主义，不搞单边主义；要奉行双赢、多赢、共赢的新理念，扔掉我赢你输、赢者通吃的旧思维，坚持和平发展道路，推动构建人类命运共同体。习近平说："我们要在国际和区域层面建设全球伙伴关系，走出一条'对话而不对抗，结伴而不结盟'的国与国交往新路。大国之间相处，要不冲突、不对抗、相互尊重、合作共赢。大国与小国相处，要平等相待，践行正确义利观，义利相兼，义重于利。"[8]又讲："要坚持以对话解决争端、以协商化解分歧，统筹应对传统和非传统安全威胁，反对一切形式的恐怖主义。要同舟共济，促进贸易和投资自由化便利化，推动经济全球化朝着更加开放、包容、普惠、平衡、共赢的方向发展。要尊重世界文明多样性，以文明交流超越文明隔阂、文明互鉴超越文明冲突、文明共存超越文明优越。要坚持环境友好，合作应对气候变化，保护好人类赖以生存的地球家园。"[9]坚持相互尊重、平等协商，坚决摒弃"冷战"思维和强权政治，建设持久和平、普遍安全、共同繁荣、开放包容、清洁美丽的世界。

据此而言，习近平新时代中国特色社会主义思想所展现的"以人为本"伦理价值追求，带给人们的利益共享和幸福期盼是无止境的。在充分实现和满足人们对美好生活需要的基础上，强调每一个中国人乃至世界人民对自己的利益共享与幸福期盼是永恒的，是永无止境的，是永不枯竭的。

二、"坚持民利"的发展理念

习近平总书记讲："一切国家机关工作人员，无论身居多高的职位，都必须牢记我们的共和国是中华人民共和国，始终要把人民放在心中最高的位置，始终全心全意为人民服务，始终为人民利益和幸福而努力工作。"[10]坚持人民利益至上，坚持民利的发展理念，是习近平的一贯思想和始终不渝的价值追求。

坚持民利是政治伦理学的理论与实践课题，是国家至善的根本标志。古希腊思想家亚里士多德曾基于伦理视域，认为国家是最高的社会团体，以至善为目的，国家本身就等同于"最高的善"。因为在他看来，"所有人类的每一种作为，其本意总是在求取某一善果"。国家的建立，总是为了完成某些善业。又因为"人类由于志趋善良而有所成就，成为最优良的动物，如果不讲礼法、违背正义他就堕落为最恶劣的动物"[11]。所以，"一个城邦的目的是在促进善德"[12]。他指出，当一个政府的目的在于整个城邦的利益时，它就是一个好政府（正宗政体）；当它只顾及自身时，它就是一个坏政府（变态政体）。前者是正义的、善的，后者则是非正义的、恶的，好的或者坏的政体是被当权者的道德品质所规定的。

我们应该看到，民利是千百年来人类历史长河中人们所渴望实现的民生权益，是政治道德的基本规范，民利规范是一种内在的善，或者说是目的善。但是，中国历史上封建专制主义的政治实践告诉我们，政治行为者一方面打着民利的幌子，主张"亲民""爱民""重民"，表现为"目的善"的假象；另一方面又推演"三纲（君为臣纲，父为子纲，夫为妻纲）"之义，倡"五常（仁、义、礼、智、信）"之伦，蒙昧百姓，剥夺民众利益，反映出"过程恶"的实质。因此，无论封建统治者如何倡导和崇尚民利规范的美好，宣扬他们的目的有多么的善，但其政治活动和由此表现出来的经济发展过程，本质上却是残酷无情的，是实践过程中的一种手段恶，这正是私有制社会民利思想虚假性的鲜明写照。所以，真正的、正当的民利应该是政治实践活动及其社会实践发展的过程善与目的善的统一。

从发展的动力来讲，"人们对利益的追求"是一切创造性活动的源泉，民利实现程度直接影响着人们在社会生活中的需求和参与社会活动的动力，最终影响着社会文明的进程。从实现的程度和真实性看，民利的分配方式和实现程度取决于不同的社会制度，以及不同社会制度下政治行为者对人民和人民利益的根本态度。因此，民利问题不仅是社会发展动力的问题，更是评判确定国家政治正当与否的一个基本标准，是国家政治向善的一个首要而基本的问题。

习近平总书记作为马克思主义的政治家、理论家、战略家，人民的领袖，不仅其政治思想朴实无华，内容精深，而且其政治实践紧扣民利，成就斐然。一方面，成功完成了自改革开放以来，"许多长期想解决而没有解决的难题，办成了许多过去想办而没有办成的大事，推动党和国家事业发生了前所未有的历史性变革"[13]；另一方面，其治国理政的核心价值，不但深深体现着坚持民利的发展理念，并且充分展示出坚持民利、为民谋利的政治伦理精神。

民利，即"大众利益"，是政治伦理价值系统中、政治道德的主要规范之一。在习近平看来，"民利"就是要"更好满足人民在经济、政治、文化、社会、生态等方面日益增长的需要，更好推动人的全面发展、社会全面进步"[14]。在此，所谓的"满足人民日益增长的需要"，就是到中国共产党成立100年时，建成经济更加发展、民主更加健全、科教更加进步、文化更加繁荣、社会更加和谐、人民生活更加殷实的小康社会；到中华人民共和国成立100年时，"把我国建成富强民主文明和谐美丽的社会主义现代化强国。到那时，我国物质文明、政治文明、精神文明、社会文明、生态文明将全面提升，实现国家治理体系和治理能力现代化，成为综合国力和国际影响力领先的国家，全体人民共同富裕基本实现，我国人民将享有更加幸福安康的生活，中华民族将以更加昂扬的姿态屹立于世界民族之林"[15]。

"满足人民日益增长的需要"，其实质就是坚持民利的发展理念，体现的就是人民利益的根本保障，它深刻地包含着每一个人价值追求的实现，每一个人对美好生活需要的满足。在习近平看来，只有当人民群众不仅享受到现实物质文化生活需要的满足，而且在民主、法治、公平、正义、安全、环境等方面的要求都得到满足时，才可能彰显出社会现代化程度的最大利益化，才真正体现出国家强盛、人民富裕的复兴意义。同时，民利不是抽象的，是具体而明晰的。它必须体现在每一个公民的利益保障和幸福追求上，正如习近平所讲："国家富强，民族复兴，最终要体现在千千万万个家庭都幸福美满上，体现在亿万人民生活不断改善上。千家万户都好，国家才能好，民族才能好。"[16]

也正是基于这样的"民利"观，在党的十九大报告中，习近平总书记将当前我国社会的主要矛盾确立为：人民日益增长的美好生活需要和不平衡不充分的发展之间的矛盾，其旨义就是把坚持民利、为民谋利放在首位，就是把"人民拥护不拥护、赞成不赞成、高兴不高兴、答应不答应作为制定方针政策和作出决断的出发点和归宿"[17]。习近平为此说得明白："中国特色社会主义进入新时代，我国社会主要矛盾已经转化为人民日益增长的美好生活需要和不平衡不充分的发展之间的矛盾。我国稳定解决了十几亿人的温饱问题，总体上实现小康，不久将全面建成小康社会，人民美好生活需要日益广泛，不仅对物质文化生活提出了更高要求，而且在民主、法治、公平、正义、安全、环境等方面的要求日益增长。同时，我国社会生产力水平总体上显著提高，社会生产能力在很多方面进入世界前列，更加突出的问题是发展不平衡不充分，这已经成为满足人民日益增长的美好生活需要的主要制约因素。"[18]为此，他强调："必须认识到，我国社会主要矛盾的变化是关系全局的历史性变化，对党和国家工作提出了许多新要求。我们要在继续推动发展的基础上，着力解决好发展不平衡不充分的问题，大力提升发展质量和效益。"[19]

由此可以看出，习近平新时代中国特色社会主义思想的政治实践价值，充满着政治伦理的精神。这主要体现在，习近平新时代中国特色社会主义思想的实践始终与坚持民利紧紧相连，也就是力求在实现中华民族伟大复兴的过程中，通过把我国建设成为富强、民主、文明、和谐、美丽的社会主义现代化强国，不断地使每一个中国人的利益最大化，来实现和满足中国人民对美好生活的需要。自党的十八大以来，习近平在其主持的党和国家工作的实践成就中充分证明了这一点，正如党的十九大报告所指出："五年来的成就是全方位的、开创性的，五年来的变革是深层次的、根本性的。五年来，我们党以巨大的政治勇气和强烈的责任担当，提出一系列新理念新思想新战略，出台一系列重大方针政策，推出一系列重大举措，推进一系列重大工作，解决了许多长期想解决而没有解决的难题，办成了许多过去想办而没有办成的大事，推动党和国家事业发生历史性变革。这些历史性变革，对党和国家事业发展具有重大而深远的影响。"[20]

今天，历经苦难与辉煌，实现国家富强、人民富裕，已经不是一个遥远的梦。中华民族走向伟大复兴的历史，正是人民生活发生翻天覆地巨变的历史。从人民大众所应享受的上学就业到住房就医，人们尊严的保证、个体事业的成功、人生价值的实现，每个人正朝着梦想不断努力。坚持民利、实现民利已经成为一个现实。正是在饱含坚持民利的发展理念中，习近平总书记为中华民族的伟大复兴描绘出 21 世纪最为壮阔的现代化愿景，汇聚起一个国家民族最为持久的追梦力量，中国特色社会主义进入了新时代。这个新时代，正如习近平所说："是承前启后、继往开来、在新的历史条件下继续夺取中国特色社会主义伟大胜利的时代，是决胜全面建成小康社会、进而全面建设社会主义现代化强国的时代，是全国各族人民团结奋斗、不断创造美好生活、逐步实现全体人民共同富裕的时代，是全体中华儿女勠力同心、奋力实现中华民族伟大复兴中国梦的时代，是我国日益走近世界舞台中央、不断为人类做出更大贡献的时代。"[21] 21 世纪更是"保障群众基本生活，不断满足人民日益增长的美好生活需要，不断促进社会公平正义，形成有效的社会治理、良好的社会秩序，使人民获得感、幸福感、安全感更加充实、更有保障、更可持续"[22]的新时代。

三、实现"民有""民享"的美好生活

习近平新时代中国特色社会主义思想中最耀眼的政治伦理精神，就是其无时无刻不蕴含着对"民有""民享"美好生活的幸福期盼。所谓"民有"，就是人民群众充分获得物质利益和精神利益的权利；所谓"民享"，就是能够使人民群众充分享受到物质经济

利益和精神文化利益的权利。美好生活的实现，不仅要最大限度地满足人民群众对物质文化生活利益的权利获取，最大限度地让人民群众有权利充分享有物质文化生活权益，而且在民主、法治、公平、正义、安全、环境等方面满足人民群众的利益要求。就此，习近平讲得十分清楚，他说："我们要顺应人民群众对美好生活的向往，坚持以人民为中心的发展思想，以保障和改善民生为重点，发展各项社会事业，加大收入分配调节力度，打赢脱贫攻坚战，保证人民平等参与、平等发展权利，使改革发展成果更多更公平惠及全体人民，朝着实现全体人民共同富裕的目标稳步迈进。"[23]

美好生活总是人们不断追求的一种幸福愿景。由于人类的发展总是受到物质财富的有限性与人们自身对其生活需要的不断增长性的制约与限制，实现美好生活，尤其是实现每一个人的美好生活，总是千百年来人们一直梦寐以求的幸福愿景。古希腊哲学家柏拉图在其《理想国》一书中就曾描绘道："我们建立这个国家的目标并不是为了某一个阶级的单独突出的幸福，而是为了全体公民的最大幸福。"[24]习近平说得更加明白："全党必须牢记，为什么人的问题，是检验一个政党、一个政权性质的试金石。带领人民创造美好生活，是我们党始终不渝的奋斗目标。必须始终把人民利益摆在至高无上的地位，让改革发展成果更多更公平惠及全体人民，朝着实现全体人民共同富裕不断迈进。"[25]习近平又说："要让生活在我们伟大祖国和伟大时代的中国人民，共同享有人生出彩的机会，共同享有梦想成真的机会，共同享有同祖国和时代一起成长与进步的机会。"[26]

基于政治伦理的视角，"民有""民享"不是一种纯粹理性的幸福愿景设计，而是一种落实到人们生活的具体状态，也就是通过老有所终，壮有所用，幼有所长，鳏寡孤独废疾者皆有所养，来实现人们生活水平不断提高，使人们的获得感、幸福感、安全感更加充实、更有保障、更可持续，从而使人们生活更加美好、自由更有保障、生命更有尊严。在习近平新时代中国特色社会主义思想中，对这一政治伦理精神彰显得尤为凸出。习近平总书记说："我们要随时随刻倾听人民呼声、回应人民期待，保证人民平等参与、平等发展权利，维护社会公平正义，在学有所教、劳有所得、病有所医、老有所养、住有所居上持续取得新进展，不断实现好、维护好、发展好最广大人民根本利益，使发展成果更多更公平惠及全体人民。"[27]又说："我们必须始终坚持人民立场，坚持人民主体地位，虚心向人民学习，倾听人民呼声，汲取人民智慧，把人民拥护不拥护、赞成不赞成、高兴不高兴、答应不答应作为衡量一切工作得失的根本标准，着力解决好人民最关心、最直接、最现实的利益问题，让全体中国人民和中华儿女在实现中华民族伟大复兴的历史进程中共享幸福和荣光！"[28] 对此，习近平说"要牢记'从善如登，从恶如崩'的道理，始终保持积极的人生态度、良好的道德品质、健康的生活情趣"[29]。锐意进取，埋头苦干，主动承担社会责任，热诚关爱他人，多做扶贫济困、扶弱助残的实事好事，以实际行动促进人民美好生活的实现。

一定要正确认识中国特色社会主义道路的艰辛和不易，习近平讲："我们的国家，我们的民族，从积贫积弱一步一步走到今天的发展繁荣，靠的就是一代一代人的顽强拼搏，靠的就是中华民族自强不息的奋斗精神。"[30]

一定要正确认识到虽然当前中国的国家面貌发生了翻天覆地的变化，但是发展不平衡、不充分的问题仍然严重。这正如习近平所说："必须认识到，我国社会主要矛盾的变化是关系全局的历史性变化，对党和国家工作提出了许多新要求。我们要在继续推动发展的基础上，着力解决好发展不平衡不充分问题，大力提升发展质量和效益，更好满足人民在经济、政治、文化、社会、生态等方面日益增长的需要，更好推动人的全面发展、社会全面进步。"[31]

一定要正确认识真正实现"民有""民享"还在路上，正如习近平所说："行百里者半九十。中华民族伟大复兴，绝不是轻轻松松、敲锣打鼓就能实现的。全党必须准备付出更为艰巨、更为艰苦的努力。"[32] 又说："中国特色社会主义不是从天上掉下来的，而是在改革开放40年的伟大实践中得来的，是在中华人民共和国成立近70年的持续探索中得来的，是在我们党领导人民进行伟大社会革命97年的实践中得来的，是在近代以来中华民族由衰到盛170多年的历史进程中得来的，是在对中华文明5000多年的传承发展中得来的，是党和人民历经千辛万苦、付出各种代价取得的宝贵成果。"[33]

为此，必须将每个人的前途命运与国家和民族的前途命运紧密相连，在一代又一代人们的共同努力中，承前启后、继往开来，把党建设好，把国家建设好，把我们民族发展好，在实现中华民族伟大复兴的中国梦进程中真正实现"民有""民享"的幸福生活。

参考文献

[1] 习近平. 在第十三届全国人民代表大会第一次会议上的讲话 [EB/OL].（2018-03-20）. 新

华网.

[2] 习近平. 习近平谈治国理政：第2卷［M］. 北京：外文出版社，2014：4－5.

[3] 中国共产党第十九次全国代表大会文件汇编［M］. 北京：人民出版社，2017：1－2.

[4] 中国共产党第十九次全国代表大会文件汇编［M］. 北京：人民出版社，2017：17.

[5] 中国共产党第十九次全国代表大会文件汇编［M］. 北京：人民出版社，2017：17.

[6] 中国共产党第十九次全国代表大会文件汇编［M］. 北京：人民出版社，2017：15－16.

[7] 中国共产党第十九次全国代表大会文件汇编［M］. 北京：人民出版社，2017：19.

[8] 习近平. 习近平谈治国理政：第2卷［M］. 北京：外文出版社，2017：523.

[9] 中国共产党第十九次全国代表大会文件汇编［M］. 北京：人民出版社，2017：47.

[10] 习近平. 在第十三届全国人民代表大会第一次会议上的讲话［EB/OL］.（2018－03－20）. 新
     华网.

[11] 亚里士多德. 政治学［M］. 北京：商务印书馆，1997：3.

[12] 亚里士多德. 政治学［M］. 北京：商务印书馆，1997：139.

[13] 中国共产党第十九次全国代表大会文件汇编［M］. 北京：人民出版社，2017：7.

[14] 中国共产党第十九次全国代表大会文件汇编［M］. 北京：人民出版社，2017：9－10.

[15] 中国共产党第十九次全国代表大会文件汇编［M］. 北京：人民出版社，2017：23.

[16] 习近平. 在2018年春节团拜会上的讲话［EB/OL］.（2018－02－14）. 人民网.

[17] 习近平. 习近平谈治国理政：第2卷［M］. 北京：外文出版社，2017：5－6.

[18] 中国共产党第十九次全国代表大会文件汇编［M］. 北京：人民出版社，2017：9.

[19] 中国共产党第十九次全国代表大会文件汇编［M］. 北京：人民出版社，2017：9－10.

[20] 中国共产党第十九次全国代表大会文件汇编［M］. 北京：人民出版社，2017：7.

[21] 中国共产党第十九次全国代表大会文件汇编［M］. 北京：人民出版社，2017：9.

[22] 中国共产党第十九次全国代表大会文件汇编［M］. 北京：人民出版社，2017：36.

[23] 习近平. 习近平谈治国理政：第2卷［M］. 北京：外文出版社，2017：40.

[24] 柏拉图. 理想国［M］. 北京：商务印书馆，1996：133.

[25] 中国共产党第十九次全国代表大会文件汇编［M］. 北京：人民出版社，2017：36.

[26] 习近平. 习近平谈治国理政：第1卷［M］. 北京：外文出版社，2014：40.

[27] 中国共产党第十九次全国代表大会文件汇编［M］. 北京：人民出版社，2017：41.

[28] 习近平. 在第十三届全国人民代表大会第一次会议上的讲话［EB/OL］.（2018－03－20）. 新
     华网.

［29］习近平. 习近平谈治国理政：第1卷［M］. 北京：外文出版社，2014：53.

［30］习近平. 习近平谈治国理政：第1卷［M］. 北京：外文出版社，2014：52.

［31］中国共产党第十九次全国代表大会文件汇编［M］. 北京：人民出版社，2017：9.

［32］中国共产党第十九次全国代表大会文件汇编［M］. 北京：人民出版社，2017：12.

［33］习近平. 在学习贯彻党的十九大精神研讨班开班式上的重要讲话［EB/OL］. （2018－01－05）.
央视网.

习近平总书记关于网络强国重要思想的研究与理论阐释[①]

吴满意　宁文英[②]

摘　要：自党的十八大以来，习近平总书记在网络强国问题上发表了一系列重要讲话，围绕以马克思主义为指导、人民价值为高点、技术创新为支撑、全人类共建共享共荣为目标指向的核心价值体系进行系统性的阐述，提出了一系列新思想、新主张、新论断，形成了有关网络强国的重要论述。囊括以马克思主义唯物史观为核心要义，聚合问题导向、行动推进、价值实现的理论逻辑与实践逻辑有机统一的内在意涵，凸显鲜明的人民性、多域的共建性、多空间的并置性的排他特性。这一方面为我们网络强国理论的研究与实践提供了科学的指南和根本的遵循，另一方面彰显在国际秩序新篇以及人类命运共同体建构过程中的中国方案、中国智慧、中国力量。

关键词：网络强国重要思想　人民性　共建性　并置性

互联网技术的迅猛发展从生产、生活等多方面改变着人类的生活，从政治参与到日常购物、从理论推进到人性关照、从技术创新到全球治理等方方面面均受其影响，因而

① 本文是 2018 年教育部人文社科研究专项项目 "新时代网络强国的理论与实践研究"（项目编号：18JF192）的阶段性成果。

② 吴满意，电子科技大学马克思主义学院院长，教授，博士生导师，主要研究方向为网络思想政治教育、网络文化与网络社会治理。宁文英，电子科技大学马克思主义学院博士研究生。

互联网技术也从最初简单的技术、商务平台逐渐转变成一个涵纳技术创新、文化涵育、基建发展、人才培养、社会管理、国际共建升级等多层面的系统空间。在其原有技术理性的基础上又衍生出关涉政治参与、经济发展、文化建设、社会治理、生态维控以及国际共同体建设的多重价值理性，并在其现实性上建构了以党的领导为统领，以技术创新、空间维控、人民至上三角形互动为支撑的金字塔稳固结构。网络强国重要思想的提出，一方面有利于塑造中国特色社会主义政治、经济、文化、社会、生态等多力互动、共建共享的中国形象；另一方面有利于中国进一步接近国际舞台的中心，向更多渴望进步的发展中国家提供技术支持以及中国能量。

一、习近平网络强国重要思想提出的必要性

新时代新使命，新际遇新挑战，互联网技术的深度发展将世界范围内的所有国家网罗到了一起，国际竞争也由"地缘"政治走到了"网缘"政治，因而如何紧抓互联网发展的契机、不失时机地促成国家飞跃、全世界人民的自由发展则显得十分必要。而其前提则是深刻把握当前国内国际发展的现实情况。

一方面，互联网产业的发展面临以下不可避免的挑战：从国内视角来看，随着互联网技术的深度普及，我国网民数量逐步增多到世界第一网民大国。由于网民的年龄构成、知识结构、生活背景甚至价值信仰日益多样化，加之互联网传播本身所具有的匿名性、无门槛、无边界的特点，使得网络传播的"蝴蝶效应"愈加明显、网络犯罪愈加频繁，从而给网络监管带来了前所未有的困难。从国际视角来看，其一，西方资本主义国家通过网络传播西方文化内涵、价值信仰，企图从意识形态上同化社会主义中国。这种意识形态侵犯给中国乃至世界网络空间的和谐运转带来极大隐患。其二，由于受技术支配权力规律的影响，西方发达国家对互联网资源拥有绝对的支配和占有权。互联网领域的发展不平衡、规则不健全、秩序不合理等问题日益凸显，网络违法犯罪和网络恐怖主义愈发严重，从而对国家安全、社会稳定、公民人身财产安全造成极大的影响。另一方面，当前互联网产业的发展也面临千载难逢的机遇，伴随着全球化趋势的不断加强，网络化、数字化、智能化的潮流愈加紧密地将世界范围内的发展联系在一起，世界范围内各个国家对核心技术创新以及对公平、公正、公开新秩序建构的渴求，达到了空前高涨

的地步。

如何更好地解构这种混乱，重构新时代的秩序，成了世界人民的共同呼唤。恰逢时机，习近平总书记提出以核心技术突破为基点，以人民利益需求为价值依托，以网络安全治理为路径，以网络环境培育为支撑的网络强国重要思想，这为世界人民的发展提供了中国方案、贡献了中国智慧。因此，习近平网络强国重要思想的提出和发展具有不可估量的价值。

二、习近平网络强国重要思想的主要内涵

理论兴则实践强。习近平网络强国重要思想始于中央网络安全和信息化领导小组第一次会议，经过党的十八届五中全会，形成于党的第十九次全国人民代表大会，发展于2018年全国网络安全和信息化工作会议。梳理与概括习近平总书记的网络强国重要思想内涵可知其显著的丰富性，习近平总书记的网络强国重要思想涵盖着：以满足人民的利益为中心，以网络空间治理为依托，以实现高新技术产业创新为基点，辐射带动社会全行业优化升级，打造网络空间命运共同体，最终助力完成中华民族伟大复兴的历史使命。这是一个系统全面、内容厚实、思维前瞻的整体性论断，是将技术创新、网络治理、文化滋养、人民主体、国际共治等关键性内容整合在一起的动态化、系统性构架，是一个在宽幅文化背景下，全景式、全域性考察问题的重大理论创新成果和推动网络强国实践的顶层设计与构思。思想的鲜活与理论的深刻借助这一系统中各要素之间的跨领域活力性、跨区域共生性、国际协同共建性和命运相连共享性而得以鲜明体现。习近平总书记网络强国重要思想在其现实性上指向以下两个维度：

（一）习近平网络强国重要思想内嵌与涵蕴了马克思主义唯物史观的核心要义

毋庸置疑，马克思主义的唯物史观揭示了人类社会发展的一般规律，强调了"社会发展的历史是人民群众实践活动的历史，人民群众是历史的创造者"的重要性，突出了社会进步必须尊重人民主体地位和必须尊重客观规律的两个标尺，指明了未来社会构建自由人的联合体、实现人类最终解放的远大目标。

首先，依据马克思主义的唯物史观的基本观点，结合当下国际国内形势走向，

习近平总书记以高远的国际视野、精准的时代判断，在网络强国重要思想中重点强调了尊重人民的主体性问题：一是要真正做到从情感上尊重知识、尊重人才，从制度上切实保护创造者的知识产权，保证其创作的积极性，从方式上增强吸纳人才的包容性以达到真正广聚天下贤才的目的。二是要大力铺展"互联网＋"工程建设以服务民生。三是扩大网络基础设施建设，大力维控网络安全、氤氲化生崭新而先进的网络文化，澄澈净化网络空间，借助网络密切党群关系，凝心聚力共筑网上网下同心圆，提高人民群众的获得感、幸福感、安全感。不难发现，习近平的网络强国重要思想的人民性架构是一套容纳从情感到制度、从理念到实践、从空间治理到文化氤氲、从物质共享到精神满足的全方面、多视角、深层次的系统性思维，彰显立体化、多维性的空间特色。在其现实性上更加凸显其从细微处见大体，通过对群众的物质性满足、制度性保障以及精神性的提升三项互动来从根本上真正保障人民群众于网络空间的真正主人翁地位。

其次，在推进网络强国重要思想过程中，必须尊重客观规律，强化规律优先地位，正确掌握和利用规律。习近平强调"要抓住当前信息技术变革和新军事变革的历史机遇，深刻理解生产力和战斗力、市场和战场的内在关系，把握网信军民融合的工作机理和规律，推动形成全要素、多领域、高效益的军民深度融合发展格局"[1]。"要遵循技术发展的规律，做好体系化技术布局，优中选优、重点突破。"[2]"不规矩无以成方圆"，这是对遵规律守规矩重要性的生动阐释。规律是生发于事物的本质，而蕴生其表象的客观存在。它具有至高无上的统领性和不可更改的权威性。无论是王朝的兴衰更迭抑或是花草的碾尘破土，这些观念里的恒常背后都是规律的支撑。世事发展，遵循规律的发展，顺应事物发展的方向和尺度就能收到事半功倍的效果，而逆规律发展则只能接受事倍功半的考验。显而易见，习近平总书记的这些论断，深刻体现了既要紧抓时势形势、厘清要素关系、合理布局产业格局的系统智慧，又凸显了要审时度势，狠抓关键，重点突破的创新勇气与魄力，释放出网络强国的时代最强音。

简而言之，习近平网络强国重要思想的思想基础便是要一以贯之地坚持马克思主义唯物史观的核心要义。立足基本国情、面向时代发展的需要，一方面要始终坚持以人民的需求为中心、以人民的价值为指南的基向，大力维控互联网生态环境，氤氲健康的网络文化，铺展便民的网络基础设施，从根本上解决网民物质苦、精神贫的现状；另一方面，要切实做到尊重事物发展的客观规律，按规律办事。全面研读互联网技术发展的内在轨迹、网络空间安全维控的核心要义，信息化铺展的基本逻辑等。以此来更具指向性和针对性地进行网络技术的创新、网络空间治理、网络信息安全维护，从而做到协力共进、共建共享。

（二）习近平网络强国重要思想突出了问题导向、行动推进、价值实现的理论逻辑与实践逻辑的内在统一

习近平总书记的网络强国重要思想指向多维，涵蕴了理念、价值、路径的三维指标系统建构。

首先，网络强国重要思想指向理念导向层。理念是实践的先导，对于实践活动的成功发挥着至关重要的作用。习近平网络强国重要思想关涉的理念层面包含：始终坚持党对网络强国重要思想与实践的领导，积极汇集社会磅礴力量，净化网络空间，真切打造网络空间命运共同体，实现网络空间共同繁荣的高目标。同时，强化在政治、经济、文化、社会、技术、民生等多领域的网络运行与协调维控。

其次，网络强国重要思想实现的路径支撑层面。一是从国际网络空间治理视角来讲，习近平主张多主体责任共担、行动互助共筑网络安全防线；强调尊重人性价值，进行理念、话语、技术三种要素的积极交融，促进开放增进了解，共筑网络空间命运共同体。二是从网络安全治理角度来讲，习近平强调树立正确的网络安全观，加强信息基础设施网络安全防护，加强网络安全信息统筹机制、手段、平台建设，加强网络安全事件应急指挥能力建设，积极发展网络安全产业，实现从整治到预防的转换。[3] 三是从网络生态维控视角来讲，网络生态的维控是一个指向多元的系统化建设。要实现党委领导、政府推动、企业配合、网民监督的多主体互动体系，汇集经济、法律、技术等多手段治理形式，强化核心价值观导引，增强文化滋养以及优化法治治理，聚合网上、网下、国内、国际有生力量，共同致力于网络清朗空间的营造。四是从行业整合的角度来讲，网信事业代表新的生产力和新的发展方向，党的十八大五中全会提出拓展发展新空间，形成沿海沿江沿线经济带为主的纵向横向经济轴带，培育壮大重点经济区，实施网络强国计划，实施"互联网＋"行动计划，发展分享经济，实施国家大数据战略。实现信息化带动下的产业整合、区域平衡以及城乡共融的目标；致力于推动互联网、大数据、人工智能和实体经济深度融合；加快对诸如制造业、农业、服务业等传统行业全方位、全链条的改造，推进数字化、网络化、智能化进程，凸显中国特色。

再次，网络强国重要思想蕴含的价值张力。网络强国重要思想是一套必须先有网络的技术支撑，才能有强国作为的系统性理论。区别于当下纯粹技术理性的实用主义指向，网络强国重要思想在助力网络技术创新到实现社会主义强国的路途之中，特别嵌入了人性的关照以及共享理念的引导。技术理性与人性关照彼此浸染的过程，在很大程度上调和了人与自然、人与社会、人与自身发展的矛盾。马克思主义的异化理论认为，异化是作为社会现象同阶级一起产生的，是人的物质生产与精神生产及其产品变成异己力量，反过来统治人的一种社会现象。在现代技术引领生产、生产创造财富的时代，技术与机器愈来愈站在人性价值的对立面，走向不断地截取人的对象物来增值自己的价值，转而使人的主观能动性逐渐被消磨、身体被奴役、人之为人的创造价值被逐步耗竭的异化之路。显然，习近平的网络强国重要思想由于在技术强国理念指引之下吸纳了对人性价值的关照以及对技术与人本身发展矛盾的调和，使其很好地规避了技术异化现象的发生。回顾习近平网络强国重要思想的推进轨迹，从对主体知识产权的尊重，到对人才接纳方式的开放，到"互联网＋"工程的铺展，再到网络空间的治理、党群关系的密切、网民获得感的提升等一系列政策、行动的采纳，切切实实做到了与群众共建共进共享，在整个强国实践推进过程中网民真切地感受到被尊重、被需要，从而使自身主观能动性和创造性更全面地被激发，又反过来更好地为时代创新贡献力量，渐而形成一个由创新到共享到再次创新的良性循环。

简而言之，习近平的网络强国重要思想突出了问题导向、行动推进以及价值实现三个环节的协调共进。首先，问题导向是整个网络强国重要思想的立论基础，指向什么是网络强国、推进什么样的网络强国建设，彰显理念的魅力，对于实践的推进具有至关重要的导向作用。其次，行动推进是网络强国重要思想的主体框架，指向在理念引导之下的具体践行步骤，演绎从技术创新到网络文化涵育，到网络生态维控，到行业整合，再到国际网络空间共建的进展理路，有力地释放出智慧中国、数字中国的强劲信号。最后是网络强国重要思想价值的实现，集中表征为对人性价值的关照、对人与技术矛盾的调和，为其他发展中国家的技术崛起提供了有效的中国方案。

三、习近平网络强国重要思想的基本特征

自 2014 年中国网络安全和信息化领导小组第一次会议习近平总书记网络强国重要

思想的首次提出，到党的第十九次全国人民代表大会在党的顶层设计里的着重强调，再到 2018 年中国网络安全和信息化领导小组关于网络强国重要思想的系统论述，内容日益精深，特征愈发鲜明。

（一）习近平网络强国重要思想具有鲜明的人民性

习近平在网络强国问题的阐述之中，多次强调尊重人民的主体地位。从关涉人民福祉的基础工程的修建到网络扶贫的开展，从远程课堂建设以平衡不同地域间教育资源的数字鸿沟到温暖人间情感寻亲平台的建立，从对农民的在线培训到互联网政务便利群众，从对网上个人隐私的保护到网络安全的立法，从以中国元素为体裁的故事传播、游戏出版、文化传承到对民众安全感、获得感、幸福感的关照，以及对人才的任用等，无一不体现习近平总书记网络强国重要思想蕴涵的人民主体地位。显然，习近平网络强国重要思想的人民性的彰显是一个表征在物质、精神、文化、法治等方方面面的系统性的建构。

（二）习近平网络强国重要思想具有很明显的多域共进共建性

这是指在共同目标的指引下，系统核心要义的传达需要通过不同表现形式、不同领域要素间的互动融合来共同实现，以达到解意更深刻、达意更生动的效果。习近平的网络强国重要思想是一个关乎民生大计、技术创新、行业升级、秩序建构的系统工程。习近平在十九大报告中明确强调："要加强互联网内容建设，建立网络综合治理体系。推动互联网、大数据、人工智能和实体经济深度融合，建设网络强国和数字强国。"[4]无论是政治、经济、文化、社会、军事、技术等多领域共融对网络工程的共建，还是高新技术与实体经济互动、"互联网＋"深入百姓生活，抑或高新技术与传统行业共进带来的发展转型等，都表征了传统与现代的融合、虚拟与现实的融合、技术与民生的融合，印证了习近平网络强国重要思想多域共进共建的重要特征。

（三）习近平网络强国重要思想具有明显的多空间并置性

所谓多空间并置性是指在其现实性上表现出明显的时空共时性、视野开阔性、胸怀宽广性。一是习近平网络强国重要思想体现为明显的虚实并置性。从凝聚亿万网民构建网上网下同心圆，到"互联网＋"深入百姓生活，再到高新行业主导带动传统行业优化升级的行业整合，都生动地体现了虚拟与现实的无缝衔接。二是习近平网络强国重要思想还体现出国内国际的网络空间并置性。从网络无国界的提出到网络空间命运共同体的建构，从共同推动互联网关键资源管理权完成转移到积极助推互联网域名地址分配机构的国际化进程，从网络空间的深度合作到"一带一路"数字经济红利的释放，习近平网络强国重要思想体现了明显的国内国际网络空间的深度融合性。三是习近平网络强国重要思想体现了传统与当代的并置，网络技术的超链接性特质，使得传统行业插上高新技术的翅膀，高新技术找到传统行业作为可靠的支撑，两者紧密结合，互相促进，成为新时代背景下的靓丽风景线。只有形成网上网下和谐互动、国内国外有效连通、传统与现代彼此成全的多空间并置格局，才能站在更高的视野，以更宽广的胸怀进行大国技术创新、话语权维控。

（四）习近平网络强国重要思想具有突出的辩证思维性

梳理习近平网络强国重要思想的发展，不难发现其思想体系氤氲着辩证思维的美感。包括技术创新与文化涵育的关系，物质输送与价值认可的关系，空间开放和制度维控的关系。首先，关涉技术创新和文化涵育二者的辩证关系，习近平一方面强调互联网技术是当前发展的命门，要尊重规律优化布局重点突破，促进互联网事业开放范围更广、演进程度更深，进而为实现全人类的自由发展贡献力量；另一方面又充分认识到技术的深入发展对于文化不是侵吞关系，而是正相关的需求的性质，技术愈是进步，网络空间发展愈是纵深，愈是需要文化的浸染、价值的引导，来对技术成果进行巩固，反过来技术的进步也是文化繁荣的有力支撑。其次，关涉物质输送与价值认可的辩证关系。网络强国建构过程中的物质输送指向行业整合带来的资源共享。正如马斯洛需求理论所讲，物质满足支撑并且呼唤精神的满足。因此，网络强国重要思想在关注物质满足之上，又重视对人性价值以及人格地位的尊重和肯定，诸如对网民个人隐私以及知识产权的绝对保护，对于人才接纳标准的扩大等都在不同程度彰显了对于网民发展和创造权力的尊重。其在一定程度上又为更多物质财富的创造提供条件。最后，空间开放和制度维控的关系，技术愈是进步、文明愈是发达，社会的发展愈是指向开放，自由的意涵也愈是指向多维，而制度的规约也该愈是全面。网络强国重要思想一方面助推互联网域名地址分配机构的国际化进程，强调无国界网络空间命运共同体的建构；另一方面又深谙强化互联网空间的深度合作，严明、详细的制度是其保障。习近平特别强调，网络空间的气正风清需要大家的共同参与，既要"不断加强网络内容建设，培育积极健康、向上向善的网络文化"的软约束，又需要"本着对社会和人民负责的态度，依法加强网络空间治理，建立网络综合治理体系"的硬规约。以法律框定为基准，以文化引导为方向，建立健全网络空间制度体系建构，以此支撑更全面更深度的网络空间开放。这都鲜明地体现了习近平网络强国重要思想的辩证思维性。

（五）习近平网络强国重要思想具有明显的空间叙事性

所谓空间叙事是指区别于闭合单视角孤立态的结构式叙事，指向更加注重读者与社会历史环境对于文本再解读再赋义的未完成性，更加注重文本本身的跨学科、跨媒介的互鉴性的现代化转型。呈现为文字生成空间、多力共建空间、意义再生空间以及价值共享空间等多空间同频共振。正如列斐伏尔所说，空间不仅仅是社会关系演变的静止的"容器"或"平台"；相反，当今的许多社会空间往往充满矛盾性的重叠和彼此渗透。因而所谓的空间叙事也绝非简单的以空间转移为线索的故事叙说，而是在此之上融合了视角的位置、距离的远近、时间的跨度、环境的速描、符号的表达、审美的意趣等多方要素的系统化建构。具体而言，视角的位置透视空间的范围、距离的远近暗含认可的程度、时间的跨度凝结空间的意涵、场域的设置蕴生前进的力量、符号的表达聚合思考的温度。这些因素的集聚便铺展了指向多维的空间叙事。习近平网络强国重要思想在多种层面印证了这些特征。一是习近平网络强国重要思想的视角审视层：习近平总书记站在时代的高度，以全知的视角审视发展，聚合全人类的需求提出建构网络空间人类命运共同体的宏伟蓝图。二是其距离设置层：习近平总书记以一个真实参与者的身份用第一人称的口吻，近距离讲述自己的所见所闻所思所想，以此来架构、丰富网络强国重要思想，在更大程度上强化与读者之间的信任纽带，增强其认可，激发其共鸣。三是其时间跨度层：党中央对互联网的发展依循从重视到发展再到治理的路径，既彰显了时间的渐进性，也凝结了空间演进的承继性。四是其场域设置层：助力互联网、大数据、人工智能与实体经济的深度融合，并带动网信军民的深度融合，这样一个从实践铺展到主体认可的场域设置，有效链接了不同领域的主体力量，摒弃零和博弈的思维，进而转向彼此借鉴协力共进的新时代发展理念。五是符号释义层：符号释义层是对空间意涵艺术加工空间的具象。符号传递信息的理想状态是信息发出者依据符号原则将信息进行编码，之后信息接收者进行信息的解码并从中获得文本的意义。而为了信息意义有效传递，会采用一些有效的修辞手法，诸如"凝聚亿万网民，构建网上网下同心圆，更好地凝聚社会共识"。"要打通基础研究和技术创新衔接的绿色通道，力争以基础研究带动应用技术群体突破"，将网上网下空间具象为几何同心圆，将先进技术与有效制度铺展出的发展路径比喻成绿色通道，无论在其功用、范畴和形式上都更容易让人接受。总之，习近平的网络强国重要思想是一套区别于结构主义能指与所指的闭合式论述，立足于变化的、具体的、真实的技术发展理路以及现实情态的基础，因循时代切换、理念转移多层面聚合的空间变化，以及致思凝词、躬身实践的空间叙事。

简而言之，习近平网络强国重要思想是一套生发于实践、依循于时代、承继于思考的具体的、发展的理论，涵蕴其本身特有的人民指向性、多域共建性、多空间并置性、辩证思维性、空间叙事性。对其特征的深度把握，有利于我们进一步探究其理论自身发展的内在规律，并依此有针对性地制定切实可行的践行路径，助力网络强国重要思想从理论设想到物质力量的转化，实现全人类共同繁荣的宏大愿景。

四、习近平总书记网络强国重要思想的意义与价值

立于新时代、擘画新未来，新时代习近平总书记提出的网络强国重要思想，有利于强化马克思主义对中国社会的指导作用；有利于向世界输送中国智慧，共享中国发展红利；有利于在更高层次共建人类命运共同体。

（一）有利于强化马克思主义基本理论对中国社会的指导作用

习近平网络强国重要思想以其高远的时代眼光、生动的理论叙事、严谨的逻辑推演、多维的文本构成以及真正的实践效用，告诉我们坚持人民主体地位的唯物史观，立足世情、国情、党情、民情紧抓事物运行规律的联系观，突出技术创新、其他各要素协调配合的矛盾观等马克思主义经典理论的重要性。只有坚定价值立场、学会整体认知、抓主要矛盾，做到大局有序、重点突出，才能使中国力量更好地迸发，中国网络强国事业更好地推进。

（二）有利于让世界人民倾听中国声音、领略中国智慧、共享中国发展红利

从紧扣技术的命运之门到建构数字中国的憧憬，从网络安全的维控到网络生态的运演，从网络军民共融、网上网下有效互动到网络空间命运共同体的建构，从"互联网

＋"深入百姓生活到"一带一路"数字红利的释放，无一不体现出中国重合作、控安全、愿共享、期共融的中国之声，顾全局、讲突破、寻规律、依人民的中国智慧，以及国际社会共商量、共治理、共享"一带一路"发展效益的中国红利。在网络强国宏观运维中体会中国方案，在网络强国效用分享中品读中国智慧。

（三）有利于更好更快地促动共融、共建、共享的人类命运共同体建设

一方面，于理念上，习近平网络强国重要思想主张摒弃关涉技术、理念、话语权的零和博弈模式，转而走向互相尊重主权、治理互动、责任共担、发展共进的伙伴精神，从而为网络空间命运共同体的建设积淀理念支撑；另一方面，于实践上，从以网络空间国际共治为核心理念的国际性文件的签署，到互联网基础设施的搭建，到互联网域名的国际分配、互联网资源的国际共管，再到中国网上丝绸之路的启动，"一带一路"数字经济惠及周边国家和地区等，中国不断在以自己的方式向世界提供着中国的"和合"理念，展示着自身发展的中国模式，贡献着中国智慧，表达着致力于新时代网络空间的共建、共享与合作共赢的中国力量，从而全景式呈现出世界未来美好发展的中国篇章。

参考文献

[1] 习近平. 加速推动信息领域核心技术突破 [EB/OL]. (2018－04－21). 腾讯网.

[2] 习近平. 全国网络安全和信息化工作会议上的讲话 [EB/OL]. (2018－04－23). 荆楚网.

[3] 习近平. 自主创新推进网络强国建设 [EB/OL]. (2018－04－21). 求是网.

[4] 习近平. 党的第十九次全国人民代表大会报告 [EB/OL]. (2017－11－17). 中国新闻网.

习近平总书记关于新时代意识形态建设重要论述的传播学视角分析①

陈文泽 沈梦娜②

摘 要： 自党的十八大以来，习近平总书记就意识形态工作发表了一系列讲话，极具新时代特色。本文主要以传播学视角，从传播主体、传播媒介、传播受众和传播话语等方面入手，对习近平关于新时代意识形态建设的重要论述进行分析与思考。习近平关于新时代意识形态建设的重要论述主要包含：从传播主体看，注重发挥多元主体作用，强调传播主体的责任担当；从传播受众看，强调要适应分众化、差异化传播趋势，加快构建舆论引导新格局；从传播媒介看，强调要综合运用多种媒介、抢占信息制高点；从传播话语看，强调传播话语转换，打造具有中国特色意识形态的传播话语体系。

关键词： 习近平 意识形态建设 传播学视角

意识形态作为一种观念体系，主要是指政党和国家所遵循的一整套世界观、价值观

---

① 本文是四川大学马克思主义学院教改课题"习近平新时代中国特色社会主义的哲学基础"和四川大学马克思主义学院 2017 年学习贯彻党的十九大精神研究课题"网络背景下中国主流意识形态话语权建设研究"（立项编号：SCUMKT2017007）的研究成果。
② 陈文泽，四川大学马克思主义学院教授，主要研究方向为政党政治、马克思主义理论。沈梦娜，四川大学马克思主义学院研究生，主要研究方向为科学社会主义与国际共产主义运动。

念及其理论体系。作为上层建筑重要组成部分，意识形态具有巩固执政合法性、凝聚价值共识和增强政治认同等功能。习近平强调，意识形态工作"事关党的前途命运，事关国家长治久安，事关民族凝聚力和向心力"，是党和国家的"一项极端重要的工作"[1]。

然而，意识形态的效用在于受众认同，而受众认同的程度又取决于传播效果。美国学者沃尔特·李普曼提出了"拟态环境"论，所谓"'拟态环境'是传播媒介通过对象征性事件或信息进行选择和加工、重新加以结构化之后向人们提示的环境"[2]。现代社会是一个传媒高度发达的社会，报纸、电视、广播、网络等层出不穷。人们所获取的信息大多是对媒介形成的"拟态环境"的反映，是被媒体中介过的信息。由此可见，传播在意识形态建设中发挥极其重要的作用。

长期以来，以美国为首的西方发达资本主义国家凭借信息技术霸权地位和传播优势地位，掌管传播国际话语权，使得西方主流意识形态和价值观被定于一尊，有关中国的传播在西方媒体那里大多是负面信息，中国的主流意识形态和政治制度被西方"妖魔化"，西方媒体"拟态环境"下受众心目中的中国形象被扭曲。而中国主流意识形态在传播方面则相形见绌，表现为传播媒介落后、传播主体单一、传播话语僵硬、不注重传播受众的心理等，由此导致中国主流意识形态"声音比较小""有理说不出""说了传不开"[3]的尴尬局面。要扭转意识形态话语权的西强我弱局面，必须在意识形态的传播上下大力气。习近平在全国宣传思想工作会议上的讲话、在哲学社会科学工作座谈会上的讲话、在党的新闻舆论工作座谈会上的讲话、习近平谈治国理政等一系列讲话中谈到意识形态建设和传播问题，形成了逻辑完整的新时代意识形态建设的重要论述，为新时代做好意识形态工作提供了思想指南和重要方向。本文基于传播学视角，对习近平总书记关于意识形态建设的重要论述进行分析与思考。

一、发挥多元主体的引领作用，强调传播主体的责任担当

传播主体即传播者，在传播过程中承担着"信息的收集、加工和传递的任务"[4]。传播学四大奠基人之一的哈罗德·拉斯韦尔认为传播过程的首要因素就是信息的传播者（Who）。在拉斯韦尔看来，传播者是"影响信息内容的编辑、审查人和宣传者"[5]。美国社会心理学家、传播学四大先驱之一的卢因提出了著名的"把关人"理论，所谓"把

关人"主要是指"可决定什么性质的信息被传播、传播多少以及怎样传播的人或机构"[6]。作为信息的首要传递者，传播主体就是传播信息内容的第一个"把关人"，其重要作用可见一斑。

习近平总书记非常注重意识形态传播主体的责任担当，强调各意识形态传播主体应该"守土有责"。在他看来，从党和政府领导的宣传部门和各种主流媒体，到高校等为代表的知识分子，再到网络上以个体形式存在的意见传播者都应该承载主流意识形态的传播功能。

首先，党和政府领导的宣传部门是意识形态传播的主导力量。习近平认为，作为党和国家的"喉舌"，各级宣传思想部门应承担起意识形态宣传主体职责，必须"守土有责、守土负责、守土尽责"[7]。中国共产党是马克思主义政党，始终坚持马克思主义和中国特色社会主义意识形态，党和政府作为政治共同体，具有极高的权威和影响力，因此，中国共产党和政府及其领导下的意识形态宣传部门和主流媒体在传播中必然占据主导地位。习近平强调做好意识形态工作不再单单是宣传部门的工作，必须要"全党动手"，"各级党委要切实加强对宣传思想文化工作的领导，以强烈责任感和担当精神把党管宣传、党管意识形态的要求落到实处"[8]。坚持党管意识形态，就是要坚持党对意识形态工作的领导。党的领导是中国共产党的政治优势和优良传统，是中国共产党九十多年来革命和建设实践的经验总结，必须长期坚持下去。

其次，以高校教师等为代表的知识分子群体是意识形态传播的主体力量。在西方马克思主义代表人物葛兰西的文化霸权思想中，有机知识分子是意识形态宣传的主体力量。习近平很重视知识分子在意识形态传播中主体作用的发挥。在哲学社会科学座谈会上，他指出"自古以来，我国知识分子就有'为天地立心，为生民立命，为往圣继绝学，为万世开太平'的志向和传统。一切有理想、有抱负的哲学社会科学工作者都应该立时代之潮头、通古今之变化、发思想之先声，积极为党和人民述学立论、建言献策，担负起历史赋予的光荣使命"[9]。因此，教师等知识分子作为意识形态宣传教育的主体力量，必然要具有高度的社会责任感和正确的导向意识，充分发挥自己的组织和宣传教育功能。学校是知识分子的主要阵地，也是意识形态传播的前沿地带。著名哲学家、结构主义马克思主义学者阿尔都塞在他的意识形态国家机器理论中也强调，学校是进行意识形态宣传教育的一个最重要的教育意识形态国家机器，承担着意识形态宣传教育的功能以及意识形态理论建设的功能，是意识形态宣传与建设的主要阵地。因此，习近平指出"党校、干部学院、社会科学院、高校、理论学习中心组等都要把马克思主义作为必修课，成为马克思主义学习、研究、宣传的重要阵地"[10]，肩负起主流意识形态教育机器的职责，充分发挥主流意识形态理论生产、传播、消费功能。

最后，网络上以个体形式存在的"意见领袖"是主流意识形态传播的重要力量。习近平认为"新媒体中的代表性人士"，"在净化网络空间、弘扬主旋律等方面展现正能量"[11]，是新时代主流意识形态的重要传播主体。当前，随着改革开放的深入和互联网技术的发展，信息传播过程中的部分角色也发生了变化。尤其是随着网络的发展，新媒体的出现使得受众不仅成为信息的接收者也成为信息的传播者，不少"新媒体中的代表性人士"成为社会舆论的"意见领袖"。根据拉扎斯菲尔德的"意见领袖"概念，"意见领袖"通常指活跃在传播媒介中的向他人提供信息、意见，并具有一定说服力和影响力的人。在网络时代，"新媒体中的代表性人士"的"意见领袖"作用愈发凸显，他们活跃在各网络社交媒体上，对社会热点事件等发表评论或意见，引导公众的认知和判断，赢得受众的认同与支持，从而形成舆论。因此，习总书记强调要多与"新媒体中的代表性人士"沟通，充分发挥其意见领袖作用，传播主流意识形态。

二、适应分众化、差异化传播趋势，加快构建舆论引导新格局

传播受众即传播对象，主要是指传播过程中的客体，即传播信息内容的接收者。传播受众分析是传播学的重要关注点之一，随着传播学从"强效果"理论到"有限效果"理论的发展，传播受众在传播学中的地位日渐凸显。拉斯韦尔曾说："传播过程的有效性由促成合理判断的程度来决定。合理的判断达成有价值的目标。在动物社会里，凡是有助于生存的或者有助于满足群体某一方面需求的传播，都是有效的传播。"[12]由此可见，受众对信息的接受程度是传播效果的重要制约因素。意识形态传播的受众即指社会大众，社会大众对意识形态的接受与认同是意识形态传播的目的，社会大众对主流意识形态的接受和认同程度是衡量意识形态传播效果的主要标准。由于受众的主体选择性和个体差异性的存在，不同受众对同一意识形态内容的接受程度必然存在差异，换句话说，受众对意识形态信息的接受程度必然要受其认知心理、需求特点等因素的影响。

当前，随着时代的发展以及中国改革开放的深入，受众角色已然发生了翻天覆地的变化。首先，受众的主体性增强。随着改革开放与现代化进程的快速发展，社会大众的主体意识逐渐觉醒，个人自主意识的强化使得受众越来越具有自主性。同时在"互联网＋"时代，意识形态传播已经由传统的"单位传播"转向了"社会传播"，从单一的、自上而下的灌输模式转向了传播主体与传播受众间的双向互动模式。在新的传播环境中，受众愈来愈占据主导地位，能够自主选择自己感兴趣的、符合自己利益与偏好的意识形态信息，并积极主动参与信息的选择、发布与传递。受众已然从意识形态传播中的被动受众转变为积极受众。其次，从受众的阶级需求差异来看，受众对意识形态信息的需求呈现差异化。随着中国经济社会的发展，由于经济收入状况等的差异，社会大众间必然存在阶层差异，不同阶层间必然有着不同层次的利益需求。受众自身的需求驱动是影响人的认知心理的根本因素，制约着受众对主流意识形态的接受和认同程度。符合各阶层人民利益需求的意识形态必然符合其认知心理，从而形成受众的认同感，不符合各阶层人民利益需求的意识形态则易引起受众的逆反心理和排斥心理。再次，受众个人的文化素质的差异也是影响受众接受意识形态信息的重要因素，高文化素质的受众更具有理性、对主流意识形态信息的需求更高，他们更倾向于更具学理性、更加权威、更有说服力的意识形态信息，而低文化素质的受众更倾向接受易理解的、感性化的意识形态信息。由此可见，我国主流意识形态受众已经出现分化、细化趋势，传统的不分受众的意识形态传播策略已经不合时宜。

基于此，习近平总书记在党的新闻舆论工作会议上指出，新时代党的意识形态宣传工作要"适应分众化、差异化传播趋势，加快构建舆论引导新格局"[13]。这就要求在意识形态传播过程中根据受众的主体性和个体差异性细分受众、实行精准化传播。如就精英知识分子的高意识形态信息需求而言，我们必须要确保官方媒体意识形态信息的权威性、注重意识形态话语的学理性，要以理服人。

三、综合运用多种媒介，抢占信息制高点

传播媒介，即传播载体，它是信息传播过程的中间环节，是"用以负载、传递、延伸、扩大特定符号的物质实体"[14]。在传播学中，传播媒介的研究日益深入，不少学者

都对传播媒介给予了重要的关注与评价。法兰克福学派著名代表人物马尔库塞指出："大众媒介乍看是一种传播信息和提供娱乐的工具，但实质上不发挥思想引导、政治控制等功能的大众媒介在现代社会是不存在的。"[15]霍克海默与阿多诺则认为"无线电广播则是国家的话筒"[16]。在他们看来，任何传播媒介实际上都是国家和政党的"喉舌"，都蕴含着意识形态信息内容，具备意识形态功能。由此可见，在当今社会，传播媒介不再单纯地作为传播内容的载体，而是赋予了它更多的意义和作用，包括意识形态内容的导向。传播媒介不仅承担着信息传递与娱乐功能，同时也承担着引导与控制舆论的功能。

在今天的意识形态传播中，传播媒介愈加多样化，传播媒介的意识形态功能愈发凸显，综合利用各种传播媒介抢占信息舆论制高点十分必要。以报纸、期刊、电视、网络为代表的各种主流媒体是意识形态传播的主要阵地。习近平强调要着力打造一批手段先进、形态多样、具有高度竞争力的新型主流媒体，建设多家拥有强大公信力、传播力、影响力和实力的新型媒体集团，形成融合发展、立体多样的现代传播体系[17]。

首先，注重发挥网络新媒体的主流意识形态传播功能。当前，随着网络信息技术的发展，网络新媒体迅速发展，正如习近平在网络安全和信息化工作座谈会上所指出的，网络信息技术的发展使得互联网成为一个信息爆炸的空间，成为无数网民获取、交流信息的平台，不仅改变了人们的生活方式，也对人们的精神生活产生了重大影响，潜移默化地影响着人们的思维方式和价值观念。毫无疑问，网络领域已经成为我国主流意识形态发展的最大变量。因此，要充分利用网络建立一批具有正确政治导向的、高质量的网络意识形态宣传与建设平台，包括微博、微信、论坛和网站等各种旗帜鲜明、凝聚力强的马克思主义意识形态宣传阵地，以便及时、准确、深入地对社会热点事件进行客观正面的报道，引导社会舆论。因此，充分发挥网络新媒体的舆论引导作用，就要加强网络信息监管，为主流意识形态传播创造风清气正、健康干净的传播环境与氛围。

其次，积极推动传统媒体与网络新媒体的高度融合。传统媒体能与网络新媒体优势互补，传统媒体具有权威性、可信度高的特征，正如习近平总书记所强调的，党和政府领导下的传统媒体坚守党性与人民性，在宣传马克思主义意识形态理论内核和党的方针政策路线、回应群众的利益诉求等方面起了非常重要的作用。而网络新媒体则具有方便、即时、快捷等特征，能够及时有效传播马克思主义意识形态、社会主义核心价值观、引导社会舆论风向。因此，两者相互融合能够有效引领社会舆论。

最后，充分发挥文化产品的意识形态传播载体功能。因此，要"努力创作生产更多传播当代中国价值观念、体现中华文化精神、反映中国人审美追求，思想性、艺术性、观赏性有机统一的优秀作品"[18]。法兰克福学派认为，在现代资本主义社会，大众文化成为生产资本主义意识形态的文化工业，文化产品，如电影、流行音乐、批量生产的文艺产品、通俗小说、广告等都已成为意识形态的传播载体。在网络高度发达的今天，意识形态传播载体无所不在，必须要充分发挥电影、电视剧、产品广告、新闻报道、流行音乐等文化产品的意识形态传播载体功能，使主流意识形态传播效果最大化。

习近平总书记强调无论何种传播媒介都应具有正确的导向意识。"各级党报党刊、电台电视台要讲导向，都市类报刊、新媒体也要讲导向；新闻报道要讲导向，副刊、专题节目、广告宣传也要讲导向。"[19]而"坚持党性和人民性的统一"[20]，就是意识形态传播的正确导向和立场。中国共产党作为执政党，是中国特色社会主义事业的领导核心，是带领全党全国人民取得中国革命与建设成功的中流砥柱，坚持党性原则是由中国共产党的执政地位决定的，是中国共产党长时期意识形态建设的经验总结，更是今后意识形态建设的方向保证。

四、打造主流意识形态的象征符号，构建中国特色的传播话语体系

传播话语是传播内容的语言符号，正如马克思所说，"思想、观念、意识的生产最初是直接与人们的物质活动，与人们的物质交往，与现实生活的语言交织在一起的"[21]。后现代主义学者福柯认为，"特定的话语背后，总体现着某一时期的群体共识，一定的认知意愿"[22]。任何意识形态的传播都离不开语言，传播话语就是意识形态内容通向受众的语言符号象征。由此可见，传播话语资源是意识形态传播过程中不可或缺的环节。然而习近平强调，现阶段，我国主流意识形态传播话语尚存在"声音还比较小""有理说不出""说了传不开"等诸多困境，因此，习近平强调要构建具有中国特色的意识形态传播话语体系。

目前，我国主流意识形态的传播话语主要是以官方话语、政治话语为主，民间话语、学术话语缺乏。因此，打造中国的话语体系要从以下三个方面出发：

一是注重官方话语与民间话语的转换。长时间来，我国主流意识形态的话语权主要掌握在党和政府手中，意识形态话语表达以官方话语、政治口号、理论灌输为主，官方话语较为严肃、沉稳、抽象、空洞。随着网络新媒介的发展和智能手机的使用，受众更加青睐便捷的网络空间，形成碎片化、感性化的话语表达的民间舆论场。官方舆论场与民间舆论场两大场域日益割裂，民间舆论场对官方舆论场产生了强烈冲击，不接地气的官方话语面对民间舆论场有着巨大压力。因此，主流意识形态话语表达应该"积极正视并关注民间舆论场的舆论动态"[23]，推动意识形态传播话语由宏大叙事的官方话语向贴近生活的民间话语转变，将主流意识形态与广大人民群众的生活结合起来，将官方话语以更加生动活泼、通俗易懂的民间话语表达出来，用群众喜闻乐见的形式讲好意识形态故事。

二是政治话语与学术话语的结合。当前，我国主流意识形态话语传播的一个主要特征是强政治话语、弱学术话语。政治话语虽然具有严谨、权威性强的优势，但缺乏学理性、理论说服力不强。目前国内反映主流意识形态的学术著作、理论成果、话语体系功力不足，真正高水平成果鲜见。相比之下，大多西方意识形态话语都有以理论著作和学术姿态呈现，有独有的术语和完整的理论体系，学理性强、具有极强的说服力。目前，中国人文社会科学大多使用西方教材，沿用西方话语。中国的发展道路和社会制度有别于西方，西方学术话语在中国缺乏适应性，用西方话语表达中国道路和制度文化，难免削足适履，甚至适得其反。因此，习近平强调，对一些西方流行话语、理论等要结合中国语境加以辨别、借鉴吸收，不能生搬硬套。要增强马克思主义和中国特色社会主义意识形态的吸引力和感染力，必须实现传播话语由政治话语向学术话语的转化，打造中国自己的范畴术语，构建中国特色哲学社会科学话语体系，为意识形态传播提供学理支撑。

三是打造对外传播话语体系。在当前的国际舆论格局中，西方话语体系占据着主导地位，国际政治话语呈现"西强我弱"的局面。西方传播话语体系凭借网络信息制霸权将其人权、自由、民主等普世价值包装成国际价值评判标准，并企图侵蚀中国主流意识形态，抢占意识形态高地。而中国主流意识形态在国际上话语权薄弱，这与我国当前的国际地位并不相称。因此，习近平指出"要加强国际传播能力建设，精心构建对外话语体系"[24]。打造对外话语体系，关键是要"要善于提炼标识性概念，打造易于为国际社会所理解和接受的新概念、新范畴、新表述"[25]，即要打造具有广泛认可度的象征符号话语。"人类命运共同体""合作共赢"等话语是中国对外传播话语的成功尝试，作为中国主流意识形态的象征符号，已越来越得到国际社会的认同。

总之，习近平总书记把意识形态建设工作看成党的所有工作的重中之重，要发挥意识形态的强大凝聚力和引领力，增强广大受众的主流意识形态认同，必须高度重视意识形态的传播工作。习近平通过一系列重要讲话形成了较为系统的意识形态传播的重要论述，这些意识形态传播工作的新思想新思路成为新时代意识形态传播工作的重要指导思想。

参考文献

[1] 习近平. 习近平谈治国理政：第 1 卷［M］. 北京：外文出版社，2017：153.

[2] 熊澄宇. 传播学十大经典解读［J］. 清华大学学报（哲学社会科学版），2003（5）.

[3] 习近平. 在哲学社会科学工作座谈会上的讲话［N］. 人民日报，2016－05－19（2）.

[4] 董璐. 传播学核心理念与概念［M］. 北京：北京大学出版社，2008：22.

[5] 哈罗德·拉斯韦尔. 社会传播的结构与功能［M］. 北京：中国传媒大学出版社，2012：35.

[6] 王素萍. 马克思主义大众化过程中传播学理论的借鉴和运用［J］. 深圳大学学报（人文社会科学版），2010（2）.

[7] 习近平. 习近平谈治国理政：第 1 卷［M］. 北京：外文出版社，2017：155.

[8] 习近平. 习近平谈治国理政：第 1 卷［M］. 北京：外文出版社，2017：154.

[9] 习近平. 在哲学社会科学工作座谈会上的讲话［N］. 人民日报，2016－05－19（2）.

[10] 习近平. 习近平谈治国理政：第 1 卷［M］. 北京：外文出版社，2017：155.

[11] 王吉全，单芳. 习近平出席中央统战工作会议并发表重要讲话［EB/OL］.（2015－05－21）. 人民网.

[12] 哈罗德·拉斯韦尔. 社会传播的结构与功能［M］. 北京：中国传媒大学出版社，2012.

[13] 习近平. 习近平在党的新闻舆论工作座谈会上强调：坚持正确方向创新方法手段　提高新闻舆论传播力引导力［N］. 人民日报，2016－02－20.

[14] 段鹏. 传播学基础——历史、框架与外延［M］. 北京：中国传媒大学出版社，2006：166.

[15] 马尔库塞. 单向度的人［M］. 重庆：重庆出版社，1993：7.

[16] 马克斯·霍克海默，特奥多·威·阿多尔诺. 启蒙的辩证法［M］. 重庆：重庆出版社，

1993：150.

[17] 魏婧. 习近平主持召开中央全面深化改革领导小组第四次会议［EB/OL］. （2014－08－18）. 中国网.

[18] 习近平. 在文艺工作座谈会上的讲话［N］. 人民日报，2014－10－15.

[19] 习近平. 习近平在党的新闻舆论工作座谈会上强调：坚持正确方向创新方法手段 提高新闻舆论传播力引导力［N］. 人民日报，2016－02－20.

[20] 习近平. 习近平在全国宣传思想工作会议上强调胸怀大局把握大势着眼大事 努力把宣传思想工作做得更好［N］. 人民日报，2013－08－21（1）.

[21] 马克思，恩格斯. 马克思恩格斯选集：第1卷［M］. 北京：人民出版社，1995：12.

[22] 米歇尔·福柯. 性史［M］. 上海：上海科学技术文献出版社，1989：5.

[23] 吴琼. 创新主流意识形态传播的话语表达方式［J］. 红旗文稿，2017（10）.

[24] 习近平. 习近平在全国宣传思想工作会议上强调胸怀大局把握大势着眼大事努力把宣传思想工作做得更好［N］. 人民日报，2013－08－21（1）.

[25] 习近平. 在哲学社会科学工作座谈会上的讲话［N］. 人民日报，2016－05－19（2）.

新时期中国特色社会主义文化建设论析

黄晓彤①

摘　要： 1942 年毛泽东在延安文艺座谈会上提出了文艺为人民服务的思想，这既是文化发展的目的，也是文化创作的手段，这一根本的原则性规定为革命的胜利奠定了重要的文化基础，也为社会主义建设做出了重要贡献。从这个意义上讲，这是中共领导文化建设的初心。2014 年，习近平在文艺工作座谈会上的讲话重申了文艺为人民服务这一根本的原则性思想，并强调了以人民为中心对于文艺创新的重要意义。对标初心，习近平的新时代文化思想既是对文艺走向迷失的纠偏，同时也是对新时代中国特色社会主义文化发展的方向和路径的规划。

关键词： 毛泽东　为人民服务　文化　习近平　新时代中国特色社会主义

文艺为人民服务的思想是毛泽东在 1942 年延安文艺座谈会上提出来的，这一思想成为中共文化建设的基本原则，可谓是中共文化建设的初心。这一思想在新时代的中国特色社会主义建设时期是否依然适用，如果是，又如何去对标，这些都是值得去深入探讨的问题。

---

① 黄小彤，西南石油大学马克思主义学院副教授，博士，主要研究方向为中国近现代史。

一、明确目的，建立初心："文艺为什么人服务"的问题是根本的、原则性的问题

1942年，中国共产党和党领导下的陕甘宁边区和抗日根据地，成了民族解放的旗帜，大批文艺工作者，尤其是来自白区的文艺青年汇聚延安，给延安的文艺工作带来了勃勃生机。然而，在政治与艺术的关系问题，作家与实际生活问题，作家与工农结合问题，提高与普及问题上，都发生了严重争论。对于这些问题，毛泽东主要从"文艺为什么人服务"的方面进行了回应。

1942年5月2日，毛泽东在延安文艺座谈会上题旨鲜明地提出："为什么人的问题，是一个根本的问题、原则的问题。"[1]毛泽东认为人民大众是文化的服务对象，为人民大众服务是文化的发展方向。以人民大众为目的、服务于人民大众是毛泽东制定的文化战略的核心理念，毛泽东认为中国共产党领导下的文化应为人口占多数的群体即工农群众服务，并最终成为他们所有的事物。[2]

毛泽东确立文艺为人民服务的思想并非全从政治立场予以考量，同时也是从文艺自身的发展规律出发的。

毛泽东认为人民的实践是文艺创作的源泉。他设问："一切种类的文学艺术的源泉究竟是从何而来的呢？"并以马克思主义认识论为基础作了回答，"作为观念形态的文艺作品，都是一定的社会生活在人类头脑中的反映的产物。革命的文艺，则是人民生活在革命作家头脑中的反映的产物。人民生活就是文学艺术原料的矿藏，虽然粗糙，却是最生动、最丰富、最基本的东西，这些特点是一切文学艺术都难以企及的。它们是一切文学艺术的取之不尽、用之不竭的源泉，也是唯一的源泉，没有第二个"[3]。毛泽东将人民的生活实践对于文艺创作的重要性提到了空前的高度，同时也对文艺创作脱离实际生活，尤其是脱离群众生活的现象进行了尖锐的批评，他认为文艺只有真正地结合实践、关注群众才能获取无穷的资源，才能创作出革命的文艺作品。

在回答文艺的普及和提高的问题上，毛泽东强调为人民服务依然是基本的原则。要促使干部具备教育、指导群众的素质和能力，否则，工作就会因离开人民大众而失去方向。[4]毛泽东为文化的发展方向进行了规定，这一方向就是为人民服务。

此外，毛泽东还提出了如何实现文艺为人民服务的路径。他主张放下身段，向群众

学习，并代表群众，只有这样工作才有前途。他强调要教育群众就要代表群众，要想做群众的先生只有先做群众的学生。如果高高在上，鄙视群众，是做不出群众所需的东西的，工作也没有多大的前途。[5]

毛泽东之后又提出，要真正做好文艺工作就要一切从群众的需要出发。联系群众在文艺工作中的涵义就是要从群众的需要和自身愿望出发，而不是从文艺工作者自身的愿望出发，尤其是从自认为良好的意愿出发。他生动地对比了两条原则："一条是群众的实际上的需要，而不是我们脑子里头幻想出来的需要；一条是群众的自愿，由群众自己下决心，而不是由我们代替群众下决心。"[6]

总之，毛泽东认为为人民服务既是文化发展的目的也是文化发展的手段，要始终坚持人民群众在文化中的主体地位，才能做到为人民服务，创作出人民需要的革命文艺。

毛泽东在延安文艺座谈会上的讲话具有划时代意义，是马克思主义文艺理论和中国革命文艺实践相结合的产物，同时也是中国式的马克思主义文艺理论走向成熟的主要标志。为革命的胜利奠定了重要的文化基础，也为社会主义的文化建设作出了重要的贡献。从这个意义上讲，毛泽东为人民服务的文艺思想可谓是中共领导文化建设的初心。

然而，在改革开放以来，尤其是在社会主义市场经济大踏步发展的过程中，对标这一初心文化发展的状况却有所偏离。

二、浮躁迷失，初心偏置：为什么人服务的问题依然是个问题

习近平肯定了改革开放对文艺创作的重要意义，他认为在改革开放这一文艺创作的春天，出现了大量的优秀作品。2014 年 10 月 15 日，习近平在文艺工作座谈会上进一步深刻地揭露了改革开放以来文艺发展中存在的不良现象。他认为改革开放以来在文艺创作中存在着数量有余而质量不足、良品不少而精品不多、有"高原"缺"高峰"的现象，重复模仿、低质循环的问题较为突出。更为严重的是有些文艺作品存在格调低下、趣味低级的问题。如调侃崇高、扭曲经典、颠覆历史、丑化人民群众和英雄人物，有的甚至是渲染社会阴暗面、搜奇猎艳、一味媚俗，这显然是是非不分、善恶不辨、以丑为美的行为。究其原因是有人把作品当作追逐利益的工具了，或把文艺创作当作刺激感官的毒品，因而不惜胡编滥造，文化'垃圾'也就应运而生。[7]

显然，文化建设的市场化发展存在失灵的现象，文化发展存在严重的急功近利行为。例如近年来，在文化体制改革过程中，对于不少被推向市场的新闻、出版等媒体单位，高额的点击率、收视率、阅读率等成了疯狂的追求目标，经济利益成了衡量工作业绩的最重要指标。这与文艺市场上庸俗、低俗、媚俗之风猖獗，多种错误思潮泛滥的现象不无关系。[8]

习近平在同几位艺术家交谈的过程中，当谈到当前文艺最突出的问题是什么的时候，艺术家们集中用了"浮躁"二字来形容，他们认为有些人总想将作品尽快地兑现成实在的经济利益，而不愿花时间和精力去认真地打磨。[9]

因而一方面庸俗文化泛滥。虚无主义文化、技术主义文化和享乐主义文化大行其道。虚无主义文化的主要特征是否认人生和世界意义，也就是否认基础、目的和价值等。技术主义文化的特征是对于当代的传媒技术、信息技术产生严重的路径依赖，追求虚拟世界而忽视现实世界。享乐主义文化的特征是以满足人的各种欲望为目的，将文化生活仅仅视为一种消费行为。[10]习近平认为这样的态度难免误导创作，更严重的是造成低俗作品大行其道，优良的作品难以出头，堪称劣币驱逐良币。[11]

另一方面则是大众文化的普遍失语，在庸俗文化抢占市场的局面下，真正反映普通民众生活的文艺作品日益退缩直至边缘化，广大民众的健康文化需求难以得到满足，造成被动地接受庸俗文化的局面。这种急功近利、竭泽而渔、粗制滥造的局面，不仅伤害了文艺，也伤害了社会精神生活。[12]

对于这种状况，相关的领导并非全无意识，也曾努力地想纠偏。然而，在文化建设中似乎也存在一抓就死，一放就乱的现象。例如，在经济大潮下，部分领导对于文化发展的目标显得无所适从，既不调查，也不研究究竟需要发展什么样的文化，只知道机械地执行上级的政策，单调地重复中央领导同志的讲话和复述中央的文件，以空洞的内容、苍白的说教去指导文化建设。结果催生一批新瓶装旧酒的文艺作品，常因陈腐僵化而拒人于千里之外，"主流"的文艺往往沦为支流甚至末流。还有些领导为了迎合市场的需求搞一些来钱快、政绩明显的所谓文化工程，后果则是为急功近利的文化市场推波助澜，助长了文化市场的乱象。之所以如此，主要原因在于唯上和唯利意识之下，领导文化建设的工作模式既僵化又任性。

显然，以上不正常现象的症结依然出在文艺为什么人的问题上。"凡此种种都警示我们，文艺不能在市场经济大潮中迷失方向，不能在为什么人的问题上发生偏差，否则文艺就没有生命力。"[13]

迷失方向的文艺必将在价值观的引导上导致一系列问题，重则危及国家的文化安全。例如，整体的人文素质和道德风气滑坡就与群众缺乏属于自己的健康的文化而受不良文化的影响有关。这种局面显然有利于西方意识形态的进一步渗透，进而危及我国的文化安全。

现阶段我国的文化发展与为人民服务的初心显然有所偏离，这既与新时代人民对美好生活的需求相矛盾，也与新时代中国的经济、政治和社会的发展不完全适应，与"四个全面"战略布局的新要求还存在较大差距。[14]

文化建设应该朝什么方向发展以及怎么发展是一个再次需要予以回答的问题。对此，习近平对标初心作了明确的回答。

三、对标初心，继续前进：新时代对文艺为人民服务宗旨的重申

2013年8月19日，习近平在全国宣传思想工作会议上发表的重要讲话中指出宣传工作"要树立以人民为中心的工作导向，把服务群众同教育引导群众结合起来，把满足需求同提高素养结合起来，多宣传报道人民群众的伟大奋斗和火热生活，多宣传报道人民群众中涌现出来的先进典型和感人事迹，丰富人民精神世界，增强人民精神力量，满足人民精神需求"[15]。文化艺术无疑是宣传思想的重要内容，因此，习近平的"8·19"讲话，为重申文艺为人民服务的思想作了重要的铺垫。

2014年10月15日，习近平在文艺座谈会上的讲话则明确地重申了为人民服务的文艺思想。他首先提出"社会主义文艺，从本质上讲，就是人民的文艺"。他从"人民既是历史的创造者、也是历史的见证者；既是历史的演员、也是历史的编导"这个逻辑出发，认为文艺就要坚持为人民服务、为社会主义服务这个根本的方向，并将之提到了"党对文艺战线提出的一项基本要求，也是决定我国文艺事业前途命运的关键"[16]的高度。

习近平进而提出了以人民为中心的文艺观。"只有牢固树立马克思主义文艺观，真正做到了以人民为中心，文艺才能发挥最大正能量。以人民为中心，就是要把满足人民

精神文化需求作为文艺和文艺工作的出发点和落脚点，把人民作为文艺表现的主体，把人民作为文艺审美的鉴赏家和评判者，把为人民服务作为文艺工作者的天职。"[17] 以人民为中心是对为人民服务的具体化，习近平既对标了我党文艺思想的初心，又体现了新时期中国特色社会主义思想，即"满足人民精神文化需求"，因为新时期中国特色社会主义的主要矛盾就是人民对美好生活的需求与不平衡不充分发展之间的矛盾，而"人民对美好生活的向往，就是我们的奋斗目标"。

显然，为人民服务的文艺思想不仅没有过时，而且随着时代的发展又有了新的涵义。

文艺为人民服务的理念应被视为创新的源泉而非文艺发展的僵化。需要什么样的文艺以及怎样发展文艺，这看起来是两个问题，但实际上是一个问题，即方向和目的——为什么人的问题。如果方向和目的是明确的，所谓文艺发展的"死"和"乱"也就是假象。

"文艺需要人民。人民是文艺创作的源头活水，一旦离开人民，文艺就会变成无根的浮萍、无病的呻吟、无魂的躯壳。""人民生活中本来就存在着文学艺术原料的矿藏，人民生活是一切文学艺术取之不尽、用之不竭的创作源泉。""文艺的一切创新，归根到底都直接或间接来源于人民。""艺术可以放飞想象的翅膀，但一定要脚踩坚实的大地。文艺创作方法有一百条、一千条，但最根本、最关键、最牢靠的办法是扎根人民、扎根生活。"[18]

习近平这些话语将文艺创新的根源定位在人民，并为文艺的发展建设指出了路径，再次对标了毛泽东当年在延安文艺座谈会上所表达的文化建设思想，即为人民服务既是文艺发展的目的也是文艺创作的手段。

在此，习近平既回答了文艺创新的根源问题，同时也解答了如何避免文化发展僵化的问题，即重新回到为人民服务的道路上来。要对"人民需要文艺，文艺需要人民"，这一重要的关系有充分的认知。文艺作品是否具有活力的关键在于是否践行了为人民服务的原则。

"能不能搞出优秀作品，最根本的决定在于是否能为人民抒写、为人民抒情、为人民抒怀。一切轰动当时、传之后世的文艺作品，反映的都是时代要求和人民心声。""文艺只有植根现实生活、紧跟时代潮流，才能发展繁荣；只有顺应人民意愿、反映人民关切，才能充满活力。"[19]

而要实现这一点的路径则是要热爱人民。热爱人民，即要对人民有感情，只有用情用心才能创作出人民所需要的文艺作品，如果对人民群众没有感情，甚至怀有敌意，肯定就谈不上为人民创作。而且热爱人民不能停留在口头上，要对其有深刻的认知，并付诸实践行动。要深入群众和生活，诚心诚意做人民的小学生才能真正领会人民是历史创造者这一真理。[20]

对标初心，不是简单地重复初心，而是与时俱进地发展创新。

毛泽东的文艺思想产生于革命年代，帮助取得革命斗争的胜利是文艺的首要任务，而新时代的文艺则要面临如何发展和适应市场经济这一重要的环境，习近平并未忽视这一重要的背景。就此习近平还重点谈到了文艺的经济效益和社会效益的关系。

他认为一部好的作品，应该经得起各方面评价和检验，是社会效益和经济效益、社会价值和经济价值相统一的作品。习近平并未否认经济效益的重要性，他认为在社会主义市场经济的条件下，许多文化产品要实现自身的价值就必须通过市场，经济效益当然在考虑之中。但问题在于，当社会效益和经济效益、社会价值和经济价值发生矛盾的时候，就应该把社会效益和社会价值放在首位。[21]

在此，习近平并没有平行看待经济效益和社会效益，而是强调了社会效益的首要地位，在二者有冲突时，优先考虑社会效益。其逻辑出发点依然是人民。

在20世纪40年代，中华民族面临严重的危机，新时代是中华民族"最接近复兴"的时代，尽管时代的背景不一样了，但为人民服务是根本的、原则的问题，这一性质没有变化。什么时候遵循了这一原则，文艺的发展就能实现真正的健康和繁荣。习近平再次重申文艺为人民服务的思想，既是对文艺发展现状的纠偏，同时也是对新时代中国特色社会主义文化发展的方向和路径的规划。

结　语

总之，文化为人民服务的思想在新时期不仅适用，而且相当必要。因为，为什么人的问题实际上是关乎文化领导权的授权、权限及目标的根本问题。权力来自人民，故而只有真正地做到为人民服务，中共才能在文化领导地位的问题上获取人民的授权。共产党获取文化的领导权后还需持续地得到人民群众的广泛认同才能夯实领导基础，如果失去了人民群众的自觉认同也就丧失了领导文化建设的根基。[22]再则，强调人民的本位思想才能据有文化战线上的制高点，获取革命和建设的话语权，并为文化的发展建设指出符合革命和建设要求的方向。文化具有强烈的政治属性，价值观的导向性，文化战线的斗争从来就没有停止过。因此，不能也不容在以人民为中心的问题上有丝毫的怀疑和松懈，不然就会失去既有的地位。因此，需要时时对标初心，树立一种不唯上、不唯利，只唯民的意识，确保为人民服务的文化思想真正落到实处，领导新时代中国特色社会主义的文化发展继续前进。

参考文献

［1］毛泽东选集：第3卷［M］北京：人民出版社，1991：857.

［2］欧阳雪梅. 毛泽东对新中国文化建设的贡献不能抹杀［J］. 中国社会科学报，2014－01－06.

［3］毛泽东选集：第3卷［M］北京：人民出版社，1991：857.

［4］毛泽东选集：第3卷［M］北京：人民出版社，1991：857.

［5］毛泽东选集：第3卷［M］北京：人民出版社，1991：864.

［6］毛泽东选集：第3卷［M］北京：人民出版社，1991：1012－1013.

［7］习近平主持召开文艺工作座谈会强调：坚持以人民为中心的创作导向创作更多无愧于时代的优秀作品［N］. 人民日报，2014－10－16.

［8］朱继东. 当前我国文化安全亟须正视的六大问题和对策［EB/OL］. (2015－05－26). 国防参考.

［9］习近平主持召开文艺工作座谈会强调：坚持以人民为中心的创作导向创作更多无愧于时代的优秀作品［N］. 人民日报，2014－10－16.

［10］高海艳. 当代中国文化的主要问题［D］. 大连：大连海事大学，2015：7.

［11］习近平主持召开文艺工作座谈会强调：坚持以人民为中心的创作导向创作更多无愧于时代的优秀作品［N］. 人民日报，2014－10－16.

［12］习近平主持召开文艺工作座谈会强调：坚持以人民为中心的创作导向创作更多无愧于时代的优秀作品［N］. 人民日报，2014－10－16.

［13］习近平主持召开文艺工作座谈会强调：坚持以人民为中心的创作导向创作更多无愧于时代的优秀作品［N］. 人民日报，2014－10－16.

［14］李国泉. 习近平文化建设思想研究［D］. 济南：山东大学，2015：16.

［15］牢牢把握意识形态工作主动权［N］. 人民日报，2013－08－21.

［16］习近平主持召开文艺工作座谈会强调：坚持以人民为中心的创作导向创作更多无愧于时代的优秀作品［N］. 人民日报，2014－10－16.

［17］习近平主持召开文艺工作座谈会强调：坚持以人民为中心的创作导向创作更多无愧于时代的优秀作品［N］. 人民日报，2014－10－16.

［18］习近平主持召开文艺工作座谈会强调：坚持以人民为中心的创作导向创作更多无愧于时代的优秀作品［N］. 人民日报，2014－10－16.

［19］习近平主持召开文艺工作座谈会强调：坚持以人民为中心的创作导向创作更多无愧于时代的优秀作品［N］. 人民日报，2014－10－16.

［20］习近平主持召开文艺工作座谈会强调：坚持以人民为中心的创作导向创作更多无愧于时代的优秀作品［N］. 人民日报，2014－10－16.

［21］习近平主持召开文艺工作座谈会强调：坚持以人民为中心的创作导向创作更多无愧于时代的优秀作品［N］. 人民日报，2014－10－16.

［22］李雅兴. 新民主主义革命时期毛泽东文化领导权思想［J］. 井冈山大学学报（社会科学版），2014（2）：51.

学习贯彻全国高校思想政治工作会议精神

XUEXI GUANCHE QUANGUO GAOXIAO SIXIANG
ZHENGZHI GONGZUO HUIYI JINGSHEN

高校思想政治工作贯穿教育教学全过程模式创新研究①

何艺新②

摘　要： 切实把思想政治工作贯穿教育教学全过程是中国特色社会主义高等教育的应有之义。高校思想政治工作贯穿教育教学全过程有助于维护高校安全稳定，有助于落实人才强国战略，有助于提升思想政治教育实效等。当前高校思想政治工作面临的国际国内形势不容乐观，存在大格局没有有效形成和发挥作用、整体性考虑不够等问题。本文提出高校思想政治工作多维联动创新模式并从起点、支点到落点探索其逻辑脉络，为构建高校思想政治工作贯穿教育教学全过程模式提供参考。

关键词： 高校思想政治工作　贯穿教育教学全过程　创新模式路径

习近平总书记指出，高校思想政治工作关系到"高校培养什么样的人、如何培养人以及为谁培养人"的根本问题，并强调："要坚持把立德树人作为中心环节，把思想政治工作贯穿教育教学全过程，实现全程育人、全方位育人，努力开创我国高等教育事业发展新局面。"[1]这是新形势下加强和改进高校思想政治工作的顶层设计，在广度与深度上都更加宽阔，在具体要求上更加明确，在实际内容上更加深入。这一顶层设计真正体

① 本文是四川大学 2017 年思想政治教育专题研究项目"构建高校思想政治工作贯穿教育教学全过程模式创新研究"（项目编号：SCUSZ2017025）的阶段性成果。
② 何艺新，四川大学马克思主义学院教授，主要研究方向为思想政治教育。

现出中国特色社会主义高等教育的应有之义。从具体实践来看，高校思想政治工作不局限于某一点或某一层面，应是一个系统工程，需要贯穿教育教学全过程，这就要求探索构建"大思政"格局，创新其有效运行模式。

一、高校思想政治工作贯穿教育教学全过程的重要性

高校思想政治工作历来在高校有着极其重要的地位，其工作方式及效果与时代特征和要求呈正相关，新时代尤其需要思考如何深入领会新形势下加强和改进高校思想政治工作的顶层设计，充分认识其贯穿教育教学全过程的重要性。

（一）有助于维护高校安全稳定

中华人民共和国成立以来，尤其党的十八大以来，我国取得了一系列重大成就，综合国力有了极大提升，人民生活水平有了极大改善，再加之改革开放 40 年来的成功经验，我们得益于一个安定、团结的生产生活环境。然而，从事件影响程度来看，当前高校的安全稳定问题占比相当高。因为高校是思想文化的重要发源地，社会和谐的风向标。高校大学生以青年为主体，青年学生血气方刚、热血沸腾，有着极强的爱国热情和充沛的精神，但是青年人也有不成熟的一面，常常会受到各种外界因素的干扰与利诱。在一些大是大非面前，在一些重要事件面前，在一些利益诱惑面前可能出现把握不准的行为，或正确或偏颇，甚至走向反面。从个人发展来看，从希望能够有一个正确的人生选择非常重要。尤其高校大学生是青年中的精英，指引好他们的人生选择，确保他们明辨什么是对，什么是不对；什么事能做，什么事不能做……因此，在大学生教育教学全过程中，需要来自不同的课堂、不同的教师、不同的场所、不同的活动等要素同向同行，给予大学生教育和引导。通过教育让大学生掌握正确的认识方法论，培育为建设中国特色社会主义努力学习知识与本领的良好学风，从而有助于维护高校的安全稳定。

（二）有助于落实人才强国战略

实现党的十九大提出的宏伟蓝图，人才是关键。邓小平曾经说过："科学技术就是第一生产力。"那么这个科学技术来源于哪里？一定是掌握着科学技术的人才。有了人才才会有创新，有了创新才能推动发展。中国能够从站起来、富起来到强起来，其中有

着一代代优秀人才不断创新发展做出的巨大贡献。从历史与世界的视角来看，一旦掌握科学技术的人才具有报国之志，就能够助推人类社会的发展；反之则会给人类带来灾难。因此，人才强国的一个重要前提就是培养对国家有用的人才。从人才培养的视角来看，大学生是重要群体，只有他们具有报国之志，未来才会助推社会的进步与发展，使中国更加强起来。习近平总书记指出：青年的价值取向决定了未来整个社会的价值取向，而青年又处在价值观形成和确立的时期，抓好这一时期的价值观养成十分重要。这就像穿衣服扣扣子一样，如果第一粒扣子扣错了，剩余的扣子都会扣错。人生的扣子从一开始就要扣好。[2]考入大学后，一些大学生开始出现思想迷茫，这时需要有人指引。要围绕高等教育人才培养的根本问题，结合创新人才的培养计划和大学生生涯规划对每一个大学生有针对性地进行培养与指导，让大学生重新审视自己与社会，把握好人生发展方向与路径，明确责任与使命，培养政治素养、科学精神、人文素养、家国情怀、逻辑判断能力等，努力让他们成为国家的有用人才，助力人才强国战略。

（三）有助于提升思想政治工作实效

高校思想政治工作无论从观念上还是方式上都需要改变。从微观层面看，高校思想政治工作在内容上紧紧围绕"人才培养"这个根本问题，不断创新方法和手段，但存在局限性，主要体现在层次与内涵上。将人才培养贯穿于教育教学全过程，不仅仅是传统意义上负责"主渠道""主阵地"的专职思政工作者独有的工作，而且要求思政工作者不断强化、转换和促进他们的工作力度、话语体系和教育效果。从宏观层面看，"主渠道""主阵地"应该在层次与内涵上不断扩展，让全部课程、全体部门、全方位的渠道加入和开通；让更多的科学家、更多的专业教师、更多的领导、更多的管理服务人员共同开展思想政治工作，这不仅能夯实工作基础，还会拓展工作宽度，挖掘工作深度。从中观层面看，应该完善"主渠道""主阵地"内涵与外延覆盖不了的教育教学部分，尝试多种改进途径与方法。因此微观的精准、宏观的拓展、中观的有效补充，在范围上、内容上、方法上呈现出贯穿教育教学全过程的要求，其结果必然会提升工作的针对性、实效性。

二、高校思想政治工作现状分析回顾

高校思想政治工作发展状况，呈现出可喜的一面：有党中央的高度重视和有力领导，不断加强顶层设计；有高校党委的有力保障，积极贯穿落实顶层设计；有"主渠道""主阵地"内涵外延从微观向宏观迈入；有工作队伍由兼职为主向专兼并重专业化发展；有以载体建设为依托，为创新活动形式注入了动力；最为可喜的是大学生的认同度不断提高，思政工作实效显著提升。同时，思政工作遇上历史发展机遇，各方重视程度、政策倾斜程度以及保障力度前所未有，整体工作向纵深发展。当然，工作中也存在一些问题与挑战。

（一）高校思想政治工作面临的国际国内形势不容乐观

从国际形势看，国际经济金融危机深层次影响仍然存在，国与国之间险恶政治经济竞争没有改变，发展中国家崛起面临的困难和阻力没有减弱[3]，国际反华势力在思想政治、经济、文化等领域不断渗透，和平演变的战略没有改变。从国内形势看，产业结构不够合理、自主创新能力需要加强，内需拉动不够、产业安全令人担忧，资产泡沫继续发展、通货膨胀压力越来越大，生态环境仍需改善、社会治理能力有待提升。从目前教育对象来看，多为"95后"大学生，他们具有明显的新时代特征，再加之各种思想文化、各种社会思潮不断冲击着大学生群体，给他们的健康成长带来一定的负面影响。如果不改变旧有的工作模式，势必会导致大学生价值取向偏离，出现困惑与焦虑并存等问题。

（二）高校思想政治工作大格局尚未有效形成和发挥作用

在以往的思维定式和实际工作中，对高校思想政治工作的理解上还存在狭隘的一面。思想政治工作的内容不仅仅是教育培养大学生的政治素质，还应包含培养大学生的科学精神、人文素养、家国情怀、逻辑判断等，而目前更多体现在政治素质的培养；工作机构不仅仅是一两个部门单打独斗，而应是多部门共同参与同向同行；队伍上不仅仅是思想政治理论课教师和辅导员，还应包括专家、学者、管理服务人员等；阵地上不仅仅是狭义的微观层面的"主渠道""主阵地"，应扩大为更为广义的宏观层面的全程全方位等。虽然专家学者以及各级领导从认识上对构建"大思政"格局有一定的共识，但在具体实施中没有有效形成"大思政"格局，尚未整合各方力量来发挥作用。比如，在实际的教育教学过程中，思政课教师和辅导员教育可能会与个别专业教师的教育存在一定冲突，给大学生带来思想困惑，影响教育效果；在实际教育过程中，思想教育通过科学家的讲解等方式，大学生的认同度会更高，接受度也会更强。因此，"大思政"格局要有效形成，必须整合各方力量，共同教育培养大学生良好的政治素质，同时培养他们的科学精神、人文素养、家国情怀、逻辑判断等。

（三）高校思想政治工作整体性考虑不够，没有完全把高校思想政治工作贯穿于教育教学全过程

高校思想政治工作整体性考虑不够，还没有完全建立系统性思维，致使其工作内容、教育方式、教育手段以及运行保障机制等方面都存在滞后现象。在教学内容上，话语体系转化不够；在教学方法上，与时俱进改革不够；在教学质量上，消化吸收提升不够；整体上存在割裂现象，在运行保障上各方较量顾此失彼。第二课堂开展的一些活动形式大于内容的现象多有存在。这些情况致使课堂上依然存在部分"低头族"，课外活动依然存在部分"签到族"，生活中依然存在个别大学生缺乏理想信念的现象。无论是从微观、宏观还是中观层面来分析，都需要建立系统思维，从整体把握。从微观来看大学生思想政治教育工作创新很多，成效也不小，但整体性不足，在队伍建设、方式方法创新以及效果评估与监督等方面都存在诸多问题；从宏观来看，看似多方力量参与，但没有形成系统，依然各据一方；而从中观来看，将思政工作纳入整体思考不足，没有更好地整合各方力量形成协同效应。

三、高校思想政治工作贯穿教育教学全过程

从方法论视角来看，"模式"可以认为是解决某一类问题的方法。当解决某类问题的方法能够总结归纳到应有的定式，那就是模式。在一个良好的模式下运行，有助于达到事半功倍的效果。同理，高校思想政治工作同样需要有其工作模式。很多高校结合自身实际建构了一些工作模式，但形式较为单一，仍然处于微观层面，不能适应新时代新要求，也不易解决上述问题与挑战，因此，必须要构建新模式。

在习近平新时代中国特色社会主义思想指导下，我们应按照全国高校思想政治工作会议精神，在原有工作模式基础上，构建起多维联动创新模式。该模式具体体现在将"以学生为本，全员全过程全方位育人"作为指导原则，以构建"全员育人工作体系"为根本，以打造"多位一体"思想政治工作队伍体系为支撑，以第一课堂与第二课堂和党建、团建、学生会、学生社团等交叉互动工作模式为载体，以"宏微并重"协同思政格局为构架，实现贯穿教育教学全过程的目标。

分段多维联动的创新模式，具有严密的逻辑脉络：

一是逻辑起点。以"以学生为本，全员全过程全方位育人"为遵循，这是多维联动的基础，着重于思想观念、育人理念的认识与转变，高校思想政治工作不仅仅是辅导员的工作，也不仅仅是思想政治理论课教师的工作，不仅只针对大一新生，更不仅只针对问题学生，而应是全员全过程全方位的，因此在育人上应该强调和体现"以学生为本，全员全过程全方位育人"的教育理念。高校各级领导和师生员工都要提高认识，转变思维，主动在思想政治工作中承担起各自的角色，履行好各自的职责，形成特色的话语体系、话语方式，促进工作取得实效。

二是逻辑支点。这是多维联动的重点，以思想政治理论课引领带动、专业课影响深化、第二课堂有效补充的全员、全课程、全过程同向同行培育路径。其中以"全员育人工作体系"为根本，这是多维联动的关键，体现在领导抓全面与统筹协调，辅导员、班主任抓常规管理和思想教育统一，专业教师及导师抓专业、科研和德育并重，支部书记抓理论学习和专业学习的结合，行政教辅抓后勤保障与服务学生同步。在实施过程中注重通过精品项目打造以及线上线下有效衔接来推进。以打造"多位一体"思想政治工作队伍体系为支撑，这支工作队伍分为四个层面：一是领导干部；二是专业课教师、学术导师；三是辅导员、思政课教师；四是教导员、班主任、组织员以及行政教辅人员等。无论"多位一体"思想政治工作队伍、交叉互动的各载体还是连接互动的各环节，都要落脚到点−线−面全过程全方位育人。

三是逻辑落点。以"宏微并重"协同思政格局为构架，最终形成连接互动的"大思政"育人模式。在宏观上，无论专业课、文化素质课，还是专门开设的思政课，都要包括思想政治工作的内容和要求，大学生从入学到毕业的教育教学过程中"多位一体"培育体系中每一层面都应体现思想政治工作的内容和要求；在微观上，通过狭义的"主渠道""主阵地"有针对性地开展思想政治工作，教育引导大学生牢固树立"四个正确认识"，这是多维联动的目的，通过构建创新模式，探索有效路径，使大学生具有国家认同的价值判断、科学的价值选择、和谐的价值信念，真正成为对国家有用的人才，投身到国家建设的价值实践中。

参考文献

[1] 习近平在全国高校思想政治工作会议上强调：把思想政治工作贯穿教育教学全过程，开创我国高等教育事业发展新局面 [N]. 人民日报，2016-12-09.

[2] 习近平在北京大学考察时强调：青年要自觉践行社会主义核心价值观，与祖国和人民同行努力创造精彩人生 [N]. 人民日报，2014-05-05.

[3] 当前国际国内形势分析 [EB/OL]. 豆丁网，http://www.docin.com/p-1577545157.html.

推动党的十九大精神有效融入高校思政课堂研究

肖凯强　周煊涵①

摘　要：高校思政课堂作为大学生思想政治教育的主渠道，是高校学习宣传阐释党的十九大精神的重要阵地，本文从学校、教师和学生三个层面探讨党的十九大精神融入高校思政课堂的方法和路径，切实让党的十九大精神入耳、入脑、入心。

关键词：党的十九大精神　高校　思政课堂　融入

高校思政课堂作为大学生思想政治教育的主渠道，是高校学习宣传解读阐释党的十九大精神的重要阵地。如何将党的十九大精神有效融入高校思政课堂，切实让党的十九大精神入耳、入脑、入心，是需要深入研究和探讨的重要课题。

一、党的十九大精神有效融入高校思政课堂的重要意义

当前高校思想政治工作面临较为复杂的形势，境内外各类非主流社会思潮对广大青年学生正确思想观念和政治方向的树立产生很多消极的影响。只有创新思路和途径，牢牢掌握思政课堂的话语权，积极推动党的十九大精神有效融入思政课堂，扩大党的最新

---

① 肖凯强，西南石油大学基础教学部助教，主要研究方向为马克思主义中国化。周煊涵，西南石油大学南充校区宣传统战干事，主要从事宣传统战工作。

理论成果在青年学生中的影响力，才能不断开创高校思想政治工作和意识形态工作的新局面。

培养又红又专、德才兼备、全面发展的中国特色社会主义事业建设者和接班人是当前我国高校的根本任务。思政课堂的教育教学活动是实现这一根本任务的必要保证，因为高校思政课堂的主要任务就是要使广大青年学生掌握马克思主义基本理论，树立正确的世界观、人生观和价值观，具有良好的思想道德素质，坚定正确的政治方向和路线。[1]学习宣传贯彻落实党的十九大精神，是当前和今后一个时期的首要政治任务，高校思政课堂作为学习、研究、宣传马克思主义的重要阵地和主要渠道，是帮助大学生深入学习、理解和掌握党的十九大精神，推进党的十九大精神融入大学生思想政治教育全过程的有效平台。

"青年兴则国家兴，青年强则国家强。青年一代有理想、有本领、有担当，国家就有前途，民族就有希望。"这是十九大报告对青年人的殷切希望。大学生作为青年人中的佼佼者，是建设富强民主文明和谐美丽的社会主义现代化强国的中坚力量。但是当前受多种外在因素的影响，大学生群体当中存在一些思想认识问题，主要表现为理想信念意识比较淡薄、政治学习积极性不高、对当前国内国际大事关注度较低等。加强大学生思想政治教育和意识形态教育，提高其政治觉悟、思想水平道德品质和文化修养就显得尤为重要。党的十九大报告中提出的新时代、新思想、新矛盾、新目标、新举措，都是马克思主义中国化的最新成果，需要大学生认真学习、深入理解。只有充分发挥思政课堂的作用，让大学生学懂弄通党的十九大精神，才能引导大学生真正了解新时代中国特色社会主义发生的历史性巨变，才能深刻认清新时代中国特色社会主义的现实状况，才能科学运用十九大精神武装头脑，才能清晰明确新时代中国特色社会主义的奋斗目标，才能深入领会习近平新时代中国特色社会主义思想的科学内涵，才能真正牢固树立为实现中华民族伟大复兴中国梦不懈奋斗的理想信念。

二、党的十九大精神有效融入高校思政课堂的现实路径

要让党的十九大精神走入高校思政课堂，让广大青年学生真正在思政课上将党的十九大精神内化于心、外化于行，就需要学校、教师和学生的共同努力。

（一）发挥学校整体资源优势，营造浓厚的学习宣传氛围

一是积极营造浓厚的学习宣传氛围。在全校范围内开展各类学习十九大精神的竞赛活动，举办各类宣传十九大精神的讲座和培训，成立十九大精神学习小组、研究会、学习社团等，营造良好的学习氛围，激发并提高大学生主动学习和研究十九大精神的热情和兴趣。当学习十九大精神的兴趣被激发后，大学生在思政课堂上就更容易接受思政课教师所讲授的关于十九大精神的教学内容，也有助于提高大学生在思政课堂上主动思考和回答十九大精神相关问题的积极性。

二是发挥统筹协调作用提升思政课教师的业务素质。运用思政课传播十九大精神，不能仅靠思政课教师的"单打独斗"，学校层面应该发挥统筹协调作用，为思政课教师提升业务素质做好保障工作。例如，协调思政课教师跨学科、跨学校、跨区域集体备课，组织开展示范课堂，让思政教师在交流中碰撞出智慧的火；聘请相关专家学者为思政课教师进行专业培训，使其能够更加系统准确地把握十九大精神的精神实质和丰富内涵；为思政教师选购各类有关十九大精神的书籍和网络资料；为思政教师搭建习近平新时代中国特色社会主义思想的研究传播平台，引导思政课教师加强理论研究，实现教学科研双促进。大力支持思政课教师"走出去"和"引进来"，促进校内外思政课教师和专家学者的交流与合作，为思政课教学提供更多有益的帮助。结合学校实际，集中力量系统分析思政课程的内容体系，组织相关专家深入分析每一门思政课程的理论框架、教学重难点问题和目标，为每一门思政课程量身定制适合学情、校情的内容体系。

（二）发挥思政课教师的核心地位，提升思政课教学质量

思政课教师是对大学生进行思想政治教育的组织者、实施者，对大学生在思政课堂中的学习和实践起着教育、引导、规范等作用，在推进十九大精神有效融入高校思政课堂中起着关键作用，因此思政课教师要不断提高自身的业务素质，改进教育教学方式，提升青年学生在思政课堂学习理解十九大精神的获得感。

一是要加强学习研究，深化对十九大精神的理论认知。党的十九大通过的《中国共产党章程（修正案）》，把习近平新时代中国特色社会主义思想写入了党章，确定为党的指导思想，标志着马克思主义中国化实现了又一次历史性的飞跃。用马克思主义中国化的最新成果武装青年学生的头脑，思政课教师就要第一时间讲好、讲透习近平新时代中

国特色社会主义思想，第一时间学懂弄通十九大精神。首先，要按照"读原著、学原文、悟原理，做到学深悟透"的要求，逐字逐句、原汁原味认真研读十九大报告原文，才能真正领悟十九大精神的实质、内涵和精髓。其次，要广泛阅读有关十九大精神解读的相关学习资料，积极参加关于十九大精神的各类培训讲座，同时利用网络资源进行学习研究。最后，要积极撰写理论文章，加深对于十九大精神的学术解读，加强同行之间的交流互动。此外，思政课教师要通过集体备课、加入课程组和教学组等团队合作方式，在集体交流和探讨中不断深化对于十九大精神的理解。思政课教师只有努力在学懂弄通十九大精神上下功夫，才能更好地担任学生学习贯彻十九大精神的指导者、引路人。

二是要精心设计教案，合理安排授课内容。教案是思政课教师授课的重要环节，好的教案是上好思政课堂的关键。面对当前新教材发生较大变化的具体实际，设计好教案尤为重要。要将十九大确立的重大战略思想和理论观点融入教案，实现十九大精神与教材内容的无缝对接。将习近平新时代中国特色社会主义思想作为各门思政课的核心教学内容，确保十九大精神全方位、多角度融入思政课堂。针对每一门思政课，安排符合课程要求和体系的内容进行讲述，如将习近平新时代中国特色社会主义思想的形成背景、思想内核、基本方略和现实意义讲清楚是十九大精神融入"概论"课堂的关键；将习近平新时代中国特色社会主义思想所蕴含的马克思主义基本原理、观点和方法讲清楚是十九大精神融入"原理"课堂的关键。[2]

三是要创新授课模式，发挥课堂教学的主渠道。"思想政治理论课要坚持在改进中加强，提升思想政治教育亲和力和针对性，满足学生成长发展需求和期待"，这是习近平总书记在全国高校思想政治工作会议上对上好思政课提出的要求。新形势下传统的思政课授课模式已经不能完全适应大学生的需求，思政课教师要拓展思路，不断创新授课方式和手段，综合运用线上线下教学资源，不断提高大学生在思政课堂的获得感，更好地激发大学生学习宣传贯彻十九大精神的积极性。例如，利用"翻转课堂"教学模式，改变传统教师作为主角的"满堂灌"模式，启发学生更加积极主动地讲述探讨自身对十九大精神的认知和理解，保证课堂的高效有序运转；使用课堂派、雨课堂等智慧教学工具，在课堂中穿插十九大知识问答、视频观看以及问题解答等，用学生喜闻乐见的形式传播十九大精神，让学生思维动起来，教学内容活起来。

（三）发挥学生课堂主体地位，推进十九大精神入脑入心

推进十九大精神入耳、入脑、入心，是当前衡量思政课教学效果的重要标准。在学校不断营造良好学习氛围、教师不断提高思政课教学质量的基础上，青年学生应该积极发挥主动性和创造性，学会"听、说、读、写、行"，在思政课堂上真正学懂弄通十九大精神。

一是要学会"听"。学生要学会在思政课堂上认真听重点，听清楚、听明白老师讲授的十九大精神有关内容。"听"是一种手段，更重要的是对听到的内容进行思考和分析，深入理解老师所讲授十九大精神的深层次含义，进而真正把握十九大精神的实质内涵。

二是要学会"说"。对于课上课下、网上网下所讨论的学习内容，学生要勇于发表自己的意见和看法，对于老师在思政课程上讲授的内容，不懂的地方要积极提问，有不同意见的地方要敢于质疑，增强对十九大精神的认知认同。

三是要学会"读"。认真读十九大报告原文，主动读专家学者有关十九大精神解读的理论文章，积极观看宣传十九大精神的影视资料，只有在对十九大精神深入学习认识的基础上，才能在思政课堂上更好地理解老师的讲授内容，推进十九大精神进头脑。

四是要学会"写"。一方面，要在读原文、读原著和看影视资料的过程中，做好笔记，认真撰写关于十九大精神的心得体会；另一方面，在思政课堂上，做好十九大精神有关内容的学习笔记，便于记忆和思考，实现学有所获。

五是要学会"行"。这里的"行"是指社会实践，"实践是认识的来源，实践是认识发展的动力，实践是检验认识正确与否的标准，实践是认识的目的"[3]。学生应该将党的十九大精神与丰富多彩的社会实践相结合，如参观爱国主义教育基地、开展专题调研等，通过身体力行深化对十九大精神的认识，切实将十九大精神内化于心、外化于行。

参考文献

[1] 杨大光. 切实推动党的十九大精神进课堂、进头脑 [J]. 新长征，2018（2）：8—9.

[2] 王岩. 党的十九大精神融入"马克思主义基本原理概论"课教学的建议 [J]. 思想理论教育，2018（1）：60—65.

[3] 刘敬东，张玲玲.《实践论》《矛盾论》导读 [M]. 北京：中国民主法制出版社，2012：37—41.

民族高校大学生思想政治教育成效实证研究

耿亚军　李亚星　曾素君①

摘　要：提高民族高校大学生思想政治教育的实效性，需认真分析民族高校大学生思想政治教育现状。通过实证研究，看到了教育的成效和不足。要进一步完善思想政治教育，提高其实效性，应立足民族高校实际，围绕"五个认同"，通过突出学生的主体地位，注重教育层次性，采用多种方式增强教育的针对性，尊重和发挥学生的积极性、主动性和创造性。

关键词：民族高校　思想政治教育　现状　实效性

习近平总书记指出，加强高校思想政治工作，办好高等教育，事关国家发展、事关民族未来，事关中国特色社会主义前途命运。民族高等教育是我国高等教育事业的重要组成部分，做好思想政治工作，是民族高校必须坚持的光荣传统和历史基因。和其他普通高校思想政治工作相比，民族高校的思想政治工作有一定特殊性，新形势下又出现了诸多新情况、新特点。通过实证调研的社会学方法，深入探讨研究民族高校大学生思想政治教育工作现状，找出问题与不足，实施有效的教育措施和方法，坚持"立德树人"

---

①　耿亚军，博士，西南民族大学副研究员，主要研究方向为思想政治教育理论与方法创新研究。李亚星，硕士，西南民族大学讲师，主要研究方向为新媒体应用研究。曾素君，硕士，西南民族大学讲师，主要研究方向为党建与思想政治理论研究。

根本任务，坚持全员育人、全过程育人、全方位育人，以适应时代发展，不断增强思想政治工作的有效性，是民族高校的重要任务。

一、基本情况

本次实证调研以西南民族大学 56 个民族大学生为被试，根据已有理论和研究成果，结合工作实际，自行编制《民族大学生思想政治教育状况调查问卷》和综合访谈提纲，对大学生道德观念、国家认同、思想政治理论课教育等方面情况进行了问卷调查，并根据问卷统计结果，进行了有重点的综合性访问或座谈。

此次实证研究，以社会分层抽样法选取各族大学生为被试，尽可能全面考虑地域、家庭、性别、民族、年级、教育等变量的平衡，使研究具有一定代表性。调研问卷共发放 1200 份，回收问卷 1096 份，有效统计问卷 1000 份。基本情况如图 1 所示。

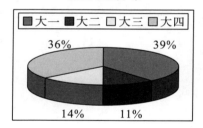
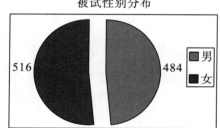

图 1　被试基本情况

在统计分析中，运用了最新的 SPSS（Statistical Package for the Social Sciences，即"社会科学统计软件包"）对问卷所得数据进行分析。

二、民族高校大学生思想政治教育成效实证状况

面对全球化、网络化的深刻影响，面对改革发展的新形势，在新时代，大学生的思想状况出现了许多新的变化，从调查统计分析结果可以看到，民族高校大学生思想政治综合素质总体状况是好的，主流值得肯定，发展态势的取向是稳定的，大学生思想政治素质与道德水平主流是健康、积极、向上的。在大是大非问题上能够与党和政府保持高

度一致，国家认同感、政治认同感、法律道德认同感、文化认同感都很高（如图2和图3所示）。

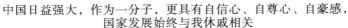

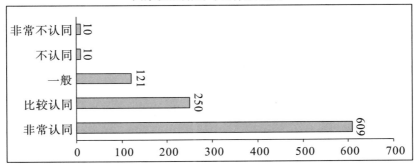

图2　国家发展与个人始终休戚相关的认同心理调查

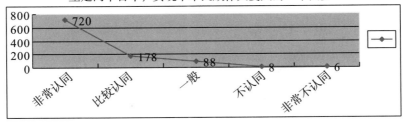

图3　努力实现"中国梦"的认同心理调查

大学生群体是国家的未来，他们的国家情感和认同，直接关系国家的前途。在实证研究中，被试表现出强烈的爱国热情和社会责任感、使命感，如关于国家主权、国家荣誉等。他们对国家的发展和民族进步的未来信心十足，近五年来，对党和国家的信任和支持程度有大幅上升或者有较大上升的被试人数达到829人，肯定回答占到82.9％。在相关访谈中，调研组也能深刻体会到，学生们对国家的强烈认同，为国家的发展点赞，对国家未来信心满满。

调查总体显示，被试中认为学校思想政治工作成效较好，对学校思想政治工作总体评价较高。被试中，有93％表示学校对思想政治工作整体上是"非常重视"和"重视"（如图4所示）；87％认为学校现有的领导体制和工作机制对思政工作具有"积极促进"和"相互适应"的影响；84％认为学校对思想政治工作规律的认识和把握程度深刻准确；87％认为学校思政工作实效"卓有成效"及"成效较好"（如图5所示）。针对"学校全员育人现状"等调查均有逾八成被试表示满意，认为"卓有成效"和"成效较好"。

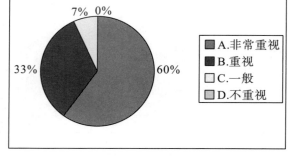

图4　学校对思想政治工作整体的重视程度

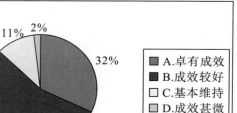

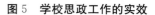

图5　学校思政工作的实效

　　根据调研数据对思想价值引领、课堂主渠道发挥、教材选用、校园文化建设、教师思政创新、民族团结进步创建等进行实效分析。调查显示，95％的被试高度赞同"五个认同"。超过八成的被试认为学校开展"我的中国梦"和社会主义核心价值观等主题教育工作"成效较好""卓有成效"。86％的被试认为学校民族团结进步创建工作"成效较好""卓有成效"（如图6所示）。

民族团结进步创建工作的成效

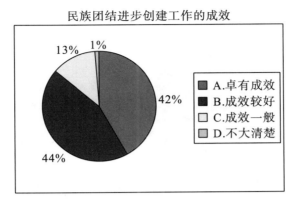

图 6 民族团结进步创建工作的成效

85％的被试表示，学校课堂主渠道在思想教育过程中的作用发挥较好，在哲学社会科学学科体系和教材体系的构建方面比较完备。94％的被试认为学校校园文化活动丰富多彩、比较丰富（如图 7 所示），84％的被试对学校开展中华优秀传统文化、革命文化和社会主义先进文化的宣传教育成效比较满意。在学校思想政治工作与信息技术融合、学生互动社区、主题教育网站、专业学术网站和"两微一端"建设中，超过八成的师生表示成效很好（如图 8 所示）。

校园文化活动成效

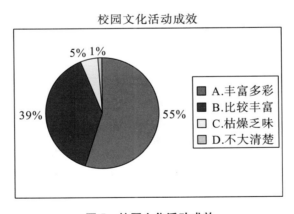

图 7 校园文化活动成效

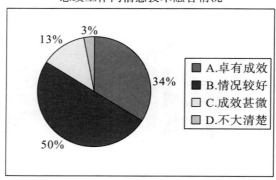

图 8　思政工作同信息技术融合情况

85％的被试认为学校思想政治工作评价体系完备，学校对学生的学业帮扶、就业指导、心理疏导和经济资助育人实效成效较好，教师思政工作成效较好（如图 9 所示）。

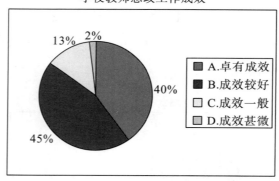

图 9　学校教师思政工作成效

可以说，通过民族教育战线的不懈付出与努力，民族高校大学生思想政治教育取得了可喜成绩，但仍然存在一些亟待解决的问题，例如，如何提高大学生对思想政治理论课的兴趣；如何使他们更加坚定信仰，保持正确的价值取向；如何使他们坚守诚信，做有道德的公民，社会责任感更强、团结协作观念较好、心理素质较高。

（1）对思想政治理论课的态度。对于开设思想政治理论课的态度，调查显示结果如下：

非常必要	必要	说不清楚	很没必要
20.2％	35.3％	36.5％	8％

在研究调查中，55.3％的被试认为开设思想政治理论课非常必要或有必要，而有36.5％的被试对于开设思想政治理论课的态度持模糊不清的态度。

对思想政治理论课的兴趣，调查结果如下：

非常感兴趣或感兴趣	不太感兴趣或反感	说不清楚
12.2％	75.8％	12％

被试认为，他们对这门课的兴趣不高，最主要的原因是课程内容和方法不得体。

（2）知行脱节。调查显示，被试在思想认识上能够分清是非善恶，但不能做到言行一致，往往是说得极其完美动听，可做起来眼高手低，效果极差。在访谈中，大部分被试都表示应该在服务社会中得到锻炼和发展。但真正参加社会服务学习实践、体会生活的却不多。

"是否经常参加社会活动"

经常参加	不经常或从没参加
18.9％	81.1％

三、民族高校思想政治教育工作面临的新形势和新挑战

当前，民族高校的思想政治教育工作面临的新形势和新挑战，具体表现在以下四个方面。

第一，从国际形势看，世界正处于百年不遇的大变局之中。中国正日益走向世界舞台的中心，中国的发展理念、发展道路、发展模式影响不断增强。世界范围内特别是社会主义与资本主义两种制度之间、大国与大国之间围绕价值观的争夺与较量日益突出。中国与外部世界的利益摩擦、舆论斗争更加激烈，极端民族主义和民粹主义思潮盛行，西方敌对势力利用民族问题对我国进行的渗透破坏活动日益加剧。

第二，从国内形势看，我国正处在全面建成小康社会的决胜阶段，经济发展进入新常态，改革进入深水区和攻坚期。我国经济在保持长期向好势头的同时，也面临诸多矛盾叠加，各种风险隐患交汇的挑战，协调利益关系、凝聚思想共识，化解社会矛盾、理顺不良情绪，维护社会稳定、形成良好风尚的任务非常艰巨。

第三，从民族工作看，民族工作面临一些新的阶段性特征，改革开放和社会主义市场经济带来的机遇和挑战并存，民族地区经济加快发展势头和发展低水平并存，国家对民族地区支持力度持续加大和民族地区基本公共服务能力仍然薄弱并存，各民族交往交流交融趋势增强和涉及民族因素的矛盾纠纷上升并存，反对民族分裂、宗教极端、暴力恐怖斗争成效显著和局部地区暴力恐怖活动活跃多发并存。

第四，从高校情况看，当前，我国高校总的形势向好，主流思想舆论占据强势，广大师生精神面貌昂扬向上。但受诸多因素影响，高校意识形态领域也很不平静。西方敌对势力对高校渗透加剧。同时，互联网环境下，各种思想舆论在网上相互影响，进而照射到现实生活，引发师生社会思想意识多元多样多变，高校思想政治工作的难度系数增加，民族高校也概莫能外。

四、以"五个认同"为引领，提高民族高校大学生思想政治教育成效的策略

如何在新形势下不断提升各民族师生对伟大祖国、对中华民族、对中华文化、对中国共产党、对中国特色社会主义道路的认同，不断探索和开拓民族高校立德树人之路，是民族高校所面临的重大历史性课题。

首先，抓住教师队伍建设切入点。习近平总书记强调："一个人一生遇到一个好老师，这是一个人的幸运；一所学校拥有一些好老师，这是这个学校的光荣；一个民族拥有源源不断的好老师，这是这个民族发展的根本依靠、未来依托。""做好老师要有理想信念、有道德情操、有扎实学识、有仁爱之心。""广大教师要做学生锤炼品格的引路人，做学生学习知识的引路人，做学生创新思维的引路人，做学生奉献祖国的引路人。""坚持教书和育人相统一、坚持言传和身教相统一、坚持潜心问道和关注社会相统一、坚持学术自由和学术规范相统一。"这些重要论述充分体现了党中央对广大教师的亲切关怀和殷切期望，是新时期进一步加强教师队伍建设的重要遵循。民族高校教师既需符

合一般高校教师承担的教书育人神圣使命，又承担着对学生进行马克思主义国家观、民族观、宗教观和党的民族理论与政策的教育职责，肩负着培养学生对各种信息的分辨、选择、自控的能力，引导学生自觉抵制一切破坏民族团结的行为，形成良好的政治思想品质的重任。民族高校在教师队伍建设中，应着眼"五个认同"教育，加强教师思想政治教育和师德建设，大力提高教师职业道德素养，引导教师将"五个认同"的情感、态度和价值观融入整个教育教学过程，并辐射到广大民族地区人才培养中。

其次，抢占课堂教学制高点。民族高校必须把"五个认同"教育融入民族高校发展战略，融入教育教学和人才培养全过程，抢占"五个认同"教育制高点，使课堂成为思想政治工作主战场、学生成长成才的高平台。民族高校要把"五个认同"教育纳入人才培养方案，努力探索既符合高等教育发展的普遍规律，又符合民族高等教育发展的特殊规律；既适应市场经济和社会发展的需要，又适应民族地区和少数民族需求的人才培养模式；注意发挥思想政治理论课主阵地、主渠道作用，推进思想政治理论课教学改革，重视案例教学和实践教学；提高"民族理论与民族政策"课授课质量，增强教学的针对性和实效性；加强党史国情教育，推动"形势与政策"课课程改革，逐步建立课堂教学、专题报告（讲座）、网络教育、实践教学四位一体的教学体系。同时还大力推进教学手段的现代化，进一步健全教学督导制和教学质量监控体系，强化课堂教学过程管理，使各类课程与思想政治理论课同向同行，形成协同育人效应。

再次，找准民族团结教育着力点。"民族团结是各族人民的生命线。"习近平总书记进一步强调："要始终高举民族团结旗帜，坚持和发扬各民族心连心、手牵手的好传统，深入开展民族团结进步宣传教育，精心做好民族工作。"民族团结教育是高校思想政治工作的重要组成部分，也是加强"五个认同"教育的重要载体，有力促进各族师生手足相亲，守望相助。民族高校要开展符合自身实际的主题活动，推动民族团结教育落地生根，形成了一批特色鲜明的品牌项目。与此同时，坚持以生为本，突出人文关怀。开辟"新生绿色通道"，对经济困难学生在奖助贷方面给予倾斜；强化对学业困难少数民族学生的精准帮扶，采取分层教学；做好少数民族学生就业和生涯规划指导、心理健康危机干预，切实让他们感受到民族大家庭的温暖。

最后，深化文化育人立足点。民族高校作为我国民族多元文化聚集地，"各美其美、美人之美、美美与共"是必须坚守的文化传统。民族高校应把"五个认同"教育有机融入学校文化建设，让校园文化成为"五个认同"教育实践养成的重要平台和强大"磁场"。一是开展中华优秀传统文化教育，增强学生对中华优秀传统文化的认知，培育中华民族共同体意识。二是充分发挥民族文化"富矿"优势。立足"民"字号特色优势学科建设，形成特有品牌。三是大力加强校园文化建设。结合学校办学历史、文化传统、治学理念，着力打造品牌特色校园文化活动，为建设扎根中国大地的一流大学凝聚强大正能量。四是不断加强新媒体舆论引导能力。因事而化，因时而进，因势而新，大力推进传统媒体与新兴媒体深度融合，打造校园新媒体矩阵，建立全媒体工作格局，创作更多有思想、有温度、有品质的作品。配齐配强网络舆情监控力量，及时应对处置网络舆情。

调研显示，民族高校新媒体运营与发展总体上稳中有进，稳中有新。信息内容和呈现形式出现多元化发展态势，信息传播影响力稳定；内容丰富并充满活力，尤其是互动活动较多，展现了当代青年学子朝气蓬勃的精神风貌；官方微博传播氛围轻松愉悦，兼顾实用性，彰显教育的广度与厚度，实现了传播的核心价值，体现了校园新媒体的使命意识和责任担当。同时，研究也发现校园新媒体发展也存在不足之处，诸如矩阵账号发展不均导致两极分化凸显；双微（微信、微博）传播内容对内宣传有余，对外宣传不足；现象级传播不突出，缺少爆款传播内容，导致品牌印象不够鲜明；优质资源与受众的深度连接还不够完善等。要抓好网络文化育人，就要强化互联网思维，加强学生互动社区、主题教育网站、专业学术网站建设，创建网上党建园地、"微学工"及"青语民大"等思想政治工作网络集群；夯实新媒体联盟，利用微博、微信、公众号等新媒体，创新网络思想政治教育。

"四有" 好老师特质培育与加强高校辅导员队伍建设的思考

李健怡①

摘　要：本文从高校辅导员角色定位的角度阐释了"四有"好老师特质的内涵，阐述了"四有"好老师培养与加强高校辅导员队伍建设的关系。从学校培养和辅导员个人成长两个方面提出了加强辅导员队伍建设的思路和高校"四有"好老师的培养途径。

关键词：高校辅导员　"四有"好老师　特质内涵　队伍建设　关系　路径

2014 年 9 月 9 日，习近平总书记在北京师范大学发表重要讲话——《做党和人民满意的好老师》，他指出：好老师没有统一的模式，可以各有千秋、各显身手，但有一些共同的、必不可少的特质。[1]进而提出了有理想信念、有道德情操、有扎实学识、有仁爱之心的"四有"好老师标准。2017 年 12 月 8 日，习近平总书记在高校思想政治工作会议上的讲话中，再次强调"立德树人老师是关键"。讲话给所有教师指明了努力方向，对于高校辅导员来说更应该把这个标准和要求作为自己工作的行动指南和价值追求。

---

① 李健怡，成都工业学院辅导员，讲师，主要研究方向为思想政治教育。

一、"四有"好老师特质的内涵解读

要培养高素质人才必须要有好老师，大学生的成长成才呼唤有更多好老师。习近平总书记以好老师身上共同具有的"四有"特质，深刻阐述了什么样的老师才是"好老师"。

（一）要有理想信念

坚定的理想信念是好老师的人格基石。习近平指出："我不能想象一个没有正确理想信念的人能够成为一名好老师。""好老师心中要有国家和民族，必须明确肩负的国家使命和社会责任。"[2]

高校辅导员是政治辅导员，其工作性质要求他们必须要有较高的思想及政治素养、目标追求和科学的"三观"，才能够科学引领和指导大学生树立奋斗目标，让学生爱生活，有学习的动力、创新创业的激情、创造更美好生活的人生追求。大学生正处于人生道路的十字路口，他们对未来充满了希望和困惑。面对当前复杂的国内外形势，辅导员在理想信念方面的引领作用尤显重要。如果辅导员缺乏理想和信仰，自身就"缺钙"，何以引领他人，如何自我奋进与激励？更谈不上实现个人梦，融入中国梦的奋斗洪流。

（二）要有道德情操

高尚的道德情操是好老师的核心品质。教师的职业是塑造人们思想和灵魂的工作，它的独特性决定了教师必须具有高尚的道德情操。古人云：经师易求，人师难得。习近平同样指出："一个老师如果在是非、曲直、善恶、义利、得失等方面老出问题，又怎么能承担立德树人的责任呢？"[3]

高校辅导员的道德情感体现在爱国情感、职业道德、思想意识、道德标准以及知识与行动的结合上。只有首先提高自身素质，才能真正帮助年轻学生拥抱生活、面向未来。当前我们的社会正处于一个深刻变革的时期，一个矛盾突出的时期，一个深化改革攻坚克难的关键时期。只有有意识地坚守这片精神家园，坚持人格底线，干一行爱一行钻一行，以实践社会主义核心价值观的榜样行为为示范，展示、带动和影响学生，教育才能真正感化人、引领人、教化人。

（三）要有扎实的学识

扎实渊博的学识是好老师的基本要义。习近平强调："扎实的知识基础，优秀的教学能力，勤奋的教学态度，科学的教学方法是优秀教师的基本素质，其中知识是基础。"

作为高校辅导员，不仅要以自身专业背景为依托，更要引导大学生从伏案学习到站起来四面瞭望开阔眼界。要引领大学生在知、情、意、行各个方面健康成长与个性发展，要把高大上的深奥道理讲得易于理解和接受，尤其面对当前网络时代的挑战，必然要求辅导员成为拥有扎实学识和"一专多能"的复合型人才。为了做好思想政治教育工作，我们可以通过各种途径彰显自身的人格魅力，提高教育工作的有效性；反之，不学无术、虚度敷衍必然会顾此失彼、得不偿失。

（四）要有仁爱之心

爱是教育的本质。好老师的仁爱之心体现在爱是尊重，爱是平等；爱是严格，爱是宽容；爱是鞭策，爱是支持。习近平曾说："好老师要用爱培育爱、激发爱、传播爱，通过真情、真心、真诚拉近同学生的距离。"[4]老师的爱不同于父母的爱，它是超越血缘关系的爱，是不求回报的人间大爱。

高校辅导员工作是一项仁者爱人的伟大事业，事事处处都需要启迪心智、传递真情和智慧表达。在大学生成长过程中他们渴望得到关心、尊重和爱护，需要老师的严格要求与宽容引导，辅导员要抓住学生这一心理渴望，主动积极回应学生，切实贯彻习近平总书记系列重要讲话精神，把思想政治工作贯穿教书育人全过程，实现全程育人、全方位育人、全员育人。

二、"四有"好老师特质培育与加强高校辅导员队伍建设的关系

高校辅导员队伍整体素质的高低对引导大学生成长成才起着直接而重要的作用。以"四有"特质培育来引领和加强高校辅导员队伍建设是主动适应新时期、新对象、新情况、新问题、新需求的必然要求，也是促进高校内涵式发展的重要组成部分。

（一）辅导员"四有"特质培育是当前加强队伍师德建设的必然要求

"一个人遇到好老师是人生的幸运，一个学校拥有好老师是学校的光荣，一个民族

源源不断涌现出一批又一批好老师则是民族的希望。"[5]当今世界多元价值观并存、利益与矛盾交织并存、挑战与机遇并存，金钱、物欲、名利的无尽追逐同样给大学校园带来巨大冲击，学术不端、不思进取、道德失范、责任感不强等现象并不鲜见，对此是随波逐流、丧失道德底线，还是独善其身？这些都考验着高校辅导员的道德定力与职业初心。因此，大力倡导和践行社会主义核心价值观，加强师德建设，明确承担的重要历史责任，是"四有"好老师和辅导员队伍建设的必然要求，也是加强辅导员队伍建设从个体成长到整体提升、从点到面提升的内在诉求。

（二）辅导员"四有"特质培育是促进个人专业化和职业化发展的迫切需要

据教育部2015年统计，全国高校专职辅导员人数已超过13万人。目前辅导员队伍是一支年轻化趋势明显、职称较低、学历较高、流动性较大的高知群体，由于相对缺乏辅导员职业能力专业背景的支撑，相对缺乏应对网络环境下思政工作的方法创新，社会各种思潮的影响和冲击致使部分高校辅导员本身的"三观三信"（人生观、世界观、价值观，理论自信、道路自信、制度自信）不牢固，政治辅导员的角色功能被弱化。一些调查表明辅导员缺乏职业归属感和职业理想的现象较为普遍。因此，要强化思想理论教育和价值引领，加强人员的外引内培，抓好抓实校本培训，积极推进高校思想政治工作改革创新。不断提高这支队伍的专业化、职业化水平，让辅导员也能在这条道路上持续地成长进步，稳定这支队伍，逐步成长为某个领域里的专家、名师，看到未来职业发展的上升空间和光明前景，这也是提高思想政治教育工作实效性的现实需要。

（三）辅导员的"四有"特质培育是促进高校内涵发展的重要环节

中国高等教育改革的目的是促进高等教育的进步与发展，高校内涵发展的核心是提高人才培养质量。而教育教学团队的整体素质作为教育的第一资源，是决定人才培养质量的关键环节。面对高等教育发展的新起点，辅导员工作团队是大学管理、专职教师和学生管理三大团队之一，是学校人才培养的重要力量，对推动高校内涵式发展具有重要意义。高校内涵发展要求辅导员必须树立以人为本的育人理念，这种理念正是以人才培养为中心、全面提高教育教学质量为导向，最大化激发学生内生成长动力，使学生工作回归到教育人的价值目标，而非仅仅是日常事务性管理角色。辅导员的思想道德、道德素质、政治素质、学术气质和人格魅力都将对学生产生深远影响，且多为年轻人易于与学生交流，容易得到大学生的认可，能直接影响到青年学生的"三观"。因此高校辅导员应该以良好的政治素养和扎实的专业素养主动契合学校整体的"人才强校"战略、"特色发展"战略、"创新发展"战略等的实施，成为一支推动学校内涵发展的生力军。

三、以"四有"特质培育引领高校辅导员队伍建设

作为具有社会主义性质的大学，建设一支具有坚定政治立场和理想信念的辅导员队伍是毋庸置疑的，为此可以从学校和个人成长两个层面引导培育"四有"特质好老师，以此提升高校辅导员队伍的整体素养。

（一）以社会主义核心价值观引领高校辅导员理想信念和道德教育

社会主义核心价值观 24 个字的内涵与理想信念教育内容高度契合。一方面，社会主义核心价值观从价值层面决定了从个人到社会层面的理想内容，为理想信念教育提供了价值指向；另一方面，通过对辅导员开展社会主义核心价值观的培育和引导，可以丰富理想信念教育的教育领域，提供教育路径，拓展教育内容。[6]因此，高校辅导员的理想和道德教育应以社会主义的核心价值观为引领，把握好在理想信念教育中培育社会主义核心价值观的着力点。核心价值观不仅是个人层面的道德观价值观，也是国家社会层面的主流道德观价值观的体现。社会主义性质的高校是为社会主义国家和社会培养人才之所，在理想信念和道德教育中当然需要体现社会主义核心价值观中包含的明大德、守公德、严私德、树职业道德的要求，同时也是我们培养一个合格公民所必备的基本素养。

1. 培育凝聚共同价值观和精神追求

辅导员的职责决定了其必然成为高校培育和践行社会主义核心价值观的"先行者"。学校层面不仅要通过树立宣传先进师生典型，凝练、践行校风校训，坚持不懈培育优良校风和学风，提炼特色校园文化内涵、凝聚共同价值观等，而且还要加强对"三观"教育途径的探索与创新，保证培养的人具有正确的政治立场、是非观念，识善恶、辨美丑、扬正气，迸发出进取向上的正能量，才能促使年轻辅导员逐步成长为政治素质高、业务精、具有良好纪律和作风的合格辅导员，并逐步成长为学生心目中的好老师。

2. 大力开展职业道德教育

立德树人始终是高校辅导员永恒的工作目标和职业追求，爱岗敬业是师德教育的核

心内容。社会主义核心价值观提出了国家、社会和个人三个层面的要求，是指导我们建设美好社会道德环境的"风向标"。"四有"好老师的标准实际上对教师职业道德提出了具体希望，要求高校辅导员要既为"人师"更为"经师"。尤其要重视和加强新进入职辅导员这一群体的培养与锻炼，强化入职教育和岗前培训。

（二）"四有"特质高校辅导员个人成长路径

1. 做学习型辅导员

今天是一个网络和知识信息爆炸，新思想、新理论频频出现的时代，新情况和新问题不断涌现，闭门造车、孤芳自赏皆不可取。这就要求辅导员广泛探索管理、心理、教育、人际关系等跨学科的知识，使自己的思想永远处于"保鲜期"。读书是获取新知识，以及优化、更新、重构知识的重要途径，是探索如何成为一名好老师，如何成为一名"四有"辅导员的不二之选。辅导员不仅要把博览群书作为一种学习习惯、一种生活方式、一种行为常态，使自己受益，更要潜移默化影响身边的学生。此外，还要会学习，要静下心来学习，做到知行合一，率先垂范。

2. 做专家型辅导员

专家型辅导员，是指专门从事大学生思想政治教育某个领域的工作，通过长期积累，持续进行相关研究，可以独立提供决策咨询的建议，比如是思想教育、心理健康教育，职业规划和学生事务管理等方面的专业人士。[7]专家型辅导员的成长也要遵循职业发展规律，需要经历"新手—熟手—优秀—专家型"的成长发展过程。这对辅导员自身的素质、能力、人格心理等方面都有较高要求，包括职业理想、专业意志、专业知识、专业能力、自我反思能力、科研能力等诸多要素。高校辅导员应学会个性化自我塑造，多元化、多维度发展，拓展职业发展道路；改善优化素质结构，提升业务能力，学会寻求校内外支持系统，帮助自己早日成长为一名专家型辅导员，跳出人们对辅导员职业生涯的一般理解，从而迅速提升职业的成就感、幸福感、认同感、荣誉感和使命感。

3. 做智慧型辅导员

做智慧型辅导员，是指在尊重学生和教育规律基础上，创造性地开展大学生思想政治教育的实践。它是辅导员的教育、知识、情感和价值观，教育机智，危机管理，沟通和服务管理理念、知识和能力的综合体现。[8]智慧型辅导员的"智慧"除一般意义上老师的智慧外，又具有符合自身职业和专业特点的智慧特点，包括识人有眼、用人有计、激励有方、沟通得法、赞美有道和授人以渔。高校辅导员要切实把做智慧型辅导员作为自身职业发展、人格成长的目标和立德树人之道。

4. 做创新型辅导员

创新是国家的灵魂和发展的基础，离不开创新型老师培养创新型人才，包括育人内容与方法的创新、育人平台与载体的创新运用，教育思想、学科理论、育人理念的创新，制度、机制、体制的创新等。唯有创新才能吸引广大青年学生从认知到认同再内化为自觉去实践。当前高校辅导员只有突破原有思维定势，积极探索在网络环境和科学发展观视阈下，在内涵式发展趋势下辅导员工作的新规律、新方法，才能使工作有新的突破。其中，辅导员老师自身的创新能力、创新意识、创新精神将成为自身成长为"四有"好老师，培育"四有"好学生必不可少的助推器。

参考文献

［1］习近平. 把思想政治工作贯穿教育教学全过程　开创我国高等教育事业发展新局面——全国高校思想政治工作会议上的讲话［N］. 人民日报，2016－12－09.

［2］习近平. 做党和人民满意的好老师——同北京师范大学师生代表座谈时的讲话［EB/OL］.（2014－09－09）. 人民网.

［3］习近平. 做党和人民满意的好老师——同北京师范大学师生代表座谈时的讲话［EB/OL］.（2014－09－09）. 人民网.

［4］习近平. 做党和人民满意的好老师——同北京师范大学师生代表座谈时的讲话［EB/OL］.（2014－09－09）. 人民网.

［5］习近平. 做党和人民满意的好老师——同北京师范大学师生代表座谈时的讲话［EB/OL］.（2014－09－09）. 人民网.

［6］陶建新. 大学生社会主义核心价值观培育研究［M］. 成都：西南财经大学出版社，2016：74.

［7］乔檀. 论专家型辅导员的素养及其自我规划［J］. 高校辅导员，2014（4）.

［8］唐彬. 论智慧型辅导员及其成长策略［J］. 江苏第二师范学院学报（教育科学），2015（11）.

职业发展路径视野下新时代大学生党员思想政治教育内涵研究①

兰旭凌②

摘　要：大学生党员是推动国家经济社会发展的预备力量，也是未来党和国家的骨干力量。从思想政治教育上先入为主，以新时代职业发展为基本取向，有利于促进大学生党员自我提升、自我净化、自我完善。基于职业发展需要的思想政治教育，对于大学生党员的精神"补钙"和思想"加油"具有重要的先导意义。面向新时代开展相应的思想政治教育，重在学习贯彻习近平新时代中国特色社会主义思想和党的十九大精神，重在学习贯彻《中国共产党章程（修正案）》的决议精神，重在学习贯彻习近平总书记来川视察重要讲话精神。教育的基本内涵在于"三个加强、三个培养"，即在政治素养上加强教育，培养绝对忠诚的模范；在本领锤炼上加强教育，培养学思践悟的模范；在作风建设上加强教育，培养创先争优的模范。

关键词：新时代　大学生党员　思想政治教育　职业发展

党的十九大以来，以习近平同志为核心的党中央高屋建瓴、系统谋划，对新时代中

---

①　本文是四川大学习近平新时代中国特色社会主义思想研究中心思政专项课题项目"高校思想政治教育工作质量测评研究"（2018XXZ-15）成果。

②　兰旭凌，四川大学讲师，博士，主要研究方向为行政管理、思政教育。

国特色社会主义的改革发展做出了一系列决策要求。新时代意味着新的担当和作为。面对党的十八大以来取得的系列成就，面对我国当前经济社会的主要矛盾变化，面对分两步走建成社会主义现代化强国的战略，面对"八个明确"和"十四个坚持"的通盘部署，大学生党员思想政治教育应当顺势而为、因势利导，同国家的政治部署紧密结合起来，实现理论武装和思想补给的又一次与时俱进。随着党情国情世情的新变化，多元价值思想相互冲撞，不可避免地影响大学生党员的思维方式和行为模式。大学生党员因为专业学科不同，不可避免地会接触甚至研究西方社会的理论和路径，这对其思想意识"不忘本来、吸收外来、面向未来"[1]提出了新的考验。同时，第四次工业革命浪潮已经到来，大数据、云计算、人工智能和自媒体给大学生党员更多的交流沟通和思想碰撞的渠道，更好地利用技术装备武装自己、服务大局，更要求在大学生党员思想政治教育上加强正向引导和正面激励。毛泽东讲过："青年人朝气蓬勃，正在兴旺时期，好像早晨八、九点钟的太阳，希望寄托在你们身上。"[2]走出校园、走向社会，成长为各行各业的骨干中坚，是大学生党员的目标方向和必由之路。这要求从思想政治教育上超前思考、下好先手棋，致力于世界观、人生观和价值观的巩固和提升，系好职业发展的"第一颗扣子"。特别是2018年是我国发展的重要节点，大学生党员思想政治教育重在学习贯彻习近平新时代中国特色社会主义思想和党的十九大精神，重在学习贯彻《中国共产党章程（修正案）》的决议精神，重在学习贯彻2018年"两会"精神，重在学习贯彻习近平总书记来川视察重要讲话精神。在这个过程中，教育导向应当侧重于政治、学习、作风三个方面的提升与养成，厚植事业接班的思想根基。

一、在政治素养上加强教育，培养绝对忠诚的模范

习近平总书记在党的十九大报告中指出："要把党的政治建设摆在首位。"[3]谈到"政治"这个概念，学生普遍感觉厚重、宽泛而又深远；但"政治"对于党员的要求，是具体的、明确的、深刻的。说到底，就是要把"对党绝对忠诚"摆在大学生党员思想政治教育最重要的位置，回答好"举什么旗、跟什么人、走什么路"等一揽子问题。

（一）忠于政治信仰，做到旗帜鲜明

任何事物的发展，必须遵循其本来的规律；任何事业的成功壮大，必须按照基本的

道法来开展和实施。对于大学生党员而言，政治信仰仿佛很远大，感觉上和现实中的个人关系不大。然而实际上，信念信仰每时每刻都在个人思想和行为上起作用，甚至须臾都离开不得。首先，要把政治信仰作为安身立命的"主心骨"。中国共产党人的政治信仰就是共产主义。实现共产主义需要经过漫长的奋斗之路，还会面对各种各样错综复杂的矛盾和问题。但在特定的历史时期和发展阶段所做的事情，都是为了实现终极目标。当代中国正处在社会主义初级阶段，所有事业的发展也都离不开最高目标的引领。所以，开展大学生党员思想政治教育，重点要通过历史史实教育大学生党员，增强其对共产主义理想、中国特色社会主义道路的认同感、感召性和尊崇感。其次，要把政治信仰作为建功立业的"压舱石"。从我国的发展实践看，实现共产主义这个最高目标的根本路径就是坚定不移地走中国特色社会主义道路。走好这条道路，要求党员按照党的十九大的部署要求，虔诚而执着、至信而笃行。中华人民共和国成立以来，尤其是改革开放以来，党团结带领人民坚持走自己的路，社会经济发展保持长期稳定。发展事实表明，我国道路的选择是正确的并且是有光明前途的。大学生党员要想在以后的职业发展中建功立业，就应当沿着国家发展的康庄大道，坚定而执着地前进并做出新的贡献。最后，要把政治信仰作为拨云见日的"定盘星"。在全球化视野下，任何国家和任何群体都不可能独善其身。面对纷繁复杂的社会思潮，面对乱云飞渡的思想冲击，大学生党员要自觉增强政治定力、增强辨识是非的能力，头脑要特别清醒、眼睛要特别明亮、立场要特别坚定，以铁一般的信仰让党的旗帜高高飘扬。

（二）忠于政治核心，做到自觉看齐

一个成熟的政党，必然具备有力的领导，必然形成坚强的核心。邓小平曾经指出："任何一个领导集体都要求有一个核心，没有核心的领导是靠不住的。"[4] 按照历史唯物论的观点指导，确定习近平同志在党中央和全党的核心地位，是历史的选择和人民的选择。这要求包含大学生党员在内的全体党员，同以习近平同志为核心的党中央保持高度一致，在思想和行动上看齐中央、拧成一股绳。第一，在思想上要高度认同。确定领导核心不是偶然事件或者随意选择，是推进事业的迫切需要，是历史和人民做出的必然选择。从近五年的发展脉络来看：党的十八届三中全会对全面深化改革进行了整体部署，推动新一轮的深化改革；党的十八届四中全会推进全面依法治国，明确提出法治兴国的方略；党的十八届五中全会提出"五大发展理念"，为全面建成小康社会提供了重要遵循。党的十八届六中全会正式提出"以习近平同志为核心的党中央"。党的十九届一中全会再次选举习近平同志为中央委员会总书记、中央军委主席。这就是水到渠成、众望所归的事情。大学生党员要深刻认识这一脉络，自觉团结在以习近平同志为核心的党中央周围。第二，在组织上要坚决服从。组织服从，核心是全党服从中央。第三，在行动上要紧紧跟随。唯物史观指出，是人民创造历史，但也强调英雄人物在历史进程中具有重要作用。领袖精神在发展奋进之中的困难之时最能感染人。这就是管理学上所谓的"头雁效应"。确立了核心，如果不看齐、看不齐、天马行空、为所欲为，就会损害党的集中统一领导。党员干部在行动上要增强看齐的主动性，确保队伍行进整齐划一。

二、在本领锤炼上加强教育，培养学思践悟的模范

党的十九大提出的一个重大政治任务，就是用习近平新时代中国特色社会主义思想武装全党。思想政治教育要积极主动引导大学生党员读原著、学原文、悟原理，大力弘扬理论联系实际的马克思主义学风，在学习中增强维护核心的政治自觉、自我改造的思想自觉、锤炼本领的行动自觉。

（一）突出全面性，改造主观世界

毛泽东曾经提出："如果我们党有一百个至两百个系统地而不是零碎地、实际地而不是空洞地学会了马克思列宁主义的同志，就会大大提高我们党的战斗力量。"[5]只有系统地学习了马克思主义中国化的最新理论成果，才能有清晰的理论视野，才能用科学理论来指导实践。一是要结合思想实际，把握理论框架。思想政治教育是"讲政治"的工作，必须要特别注重紧跟形势，在习近平新时代中国特色社会主义思想的指导下，帮助大学生党员学习好、领悟好、掌握好"八个明确"和"十四个坚持"。学习这一思想理论，不能自我感觉"与我无关"而有所取舍，应当全面系统、相互联系地加以理解和把握理论内涵和本质要求。二是要结合职业发展，把握工作重点。大学生党员在学校里学习生活，就好比是在"孵化器"里。"孵化"的目标是更好地走向社会，选择理想的职业岗位，更好地服务国家经济社会发展。大学生党员要聚焦"建设现代化经济体系"这个主题，把自己的职业选择和职业发展放进去，在思想上回答好"五个问题"：围绕党对经济工作的集中统一领导，如何更好地实现中央精神在职业末梢的落地生根；围绕以

人民为中心的发展思想，如何在服务国家发展和人民幸福方面做贡献；围绕"五位一体"总体布局和"四个全面"战略布局，如何凸显职业选择的经济价值和社会价值；围绕稳中求进的总基调，如何认识宏观调控的度、在职业取向中稳中有为；围绕深化供给侧结构性改革，如何在经济社会发展中贡献更大的人本力量。

（二）把握规律性，提升思维水平

习近平新时代中国特色社会主义思想的一个显著特点，就是贯穿其中的科学思维方式。学思想、学精神，也要学思维方式，让思想认识水平更加符合新时代的要求。第一，要用战略思维把全局。习近平总书记指出："战略问题是一个政党、一个国家的根本性问题。"[6]具体到大学生党员个体而言，就是要坚持战略导向，涵养"功成不必在我"的境界，发扬"一张蓝图绘到底"的韧劲，增强"咬定青山不放松"的钻劲，全心全意把手上的事情办好，进而增强战略定力。第二，要用创新思维促发展。习近平总书记强调："我国经济已由较长时期的两位数增长进入个位数增长阶段。"[7]经济社会发展到这样的程度，总会面临一些不平衡、不协调、不充分的矛盾和问题。而分析和解决这些矛盾和问题，必须进行理念上、制度上、管理上、技术上的创新。大学生党员锤炼创新思维，就是要立足未来职业发展实际，敢于打破惯性思维和惰性思维，在科学理论的指导下，多选择思考问题、分析问题和解决问题的视角与路径，并且因地制宜和因时制宜地明确最优路径。第三，要用辩证思维抓根本。习近平总书记要求："要学习掌握唯物辩证法的根本方法。"[8]大学生党员运用辩证思维，要坚持"两点论"，既看到风险与考验，更看到机遇与契机，在顺势而为的基础上更加有所作为。要坚持"重点论"，牢固树立问题导向，应时而变地抓住主要矛盾和矛盾的主要方面，有所作为、助力发展。要坚持"联系论"，加强对规律性的理解和把握，全面梳理并理顺一些看起来分散、碎片的现象和表现，从中挖掘出相对稳定的行事"窍门"和方法。第四，要用法治思维聚合力。习近平强调："要把对法治的尊崇、对法律的敬畏转化成思维方式和行为方式。"[9]大学生党员要在内心中构筑起按法律、按规则、按准绳行事的"硬约束"，真正建立对法治的信仰和敬畏。第五，要用底线思维谋主动。习近平总书记指出："要善于运用底线思维方法。"[10]底线思维对于大学生党员尤为重要。只有看清底线，不越红线，恪守生命线，才能保持政治本色，知敬畏，守规范，不越矩。

（三）注重实践性，克服本领恐慌

党的十九大报告要求："我们党既要政治过硬，又要本领高强。"所以，大学生党员要按照"增强八种本领"的要求，通过学习与实践赢得本领、赢得优势、赢得未来。一要加大学习主动。党和国家的事业发展是崭新而鲜活的，很多事情都是前人没做过的。我们今天在发展道路上遇到的困难、风险、挑战，也有很多过去没有遇到过。关键是看有没有克服它们、战胜它们、驾驭它们的本领。站在对事业负责的高度，如果脑子里装着问题，想要解决问题，想把问题解决好，就应当加强学习，更加自觉地学习。二要加快知识更新。当今时代，知识更新周期大大缩短。[11]所以，大学生党员绝不能停止学习，要根据自身需要和社会发展情况，加快知识结构的优化，说"新话"、办"新事"、出"新招"，推动新发展。三要加强实践运用。学习不在于装点门面，而在于运用到未来的干事创业中去。对于经济、政治、历史、文化、社会等方面的知识，大学生党员都要加快节奏、博览众长，如饥似渴地加强学习。这些知识可能目前看似不需要，但就如同"银行储蓄"一样，只有不断地"投资"和补充，才可能有遇事能用、源源不断的知识"储备"。

三、在作风建设上加强教育，培养创先争优的模范

作风，联系党风，影响民风。作风建设在纵深上面下功夫，必须锲而不舍，坚持问题导向，保持战略定力，营造新风正气，更加科学、更加严密、更加有效地推进作风建设，努力实现风清气正的政治生态。

（一）树立道德的"高线"，加强修养提境界

大学生党员要把"德"字时时事事牢记于心、践之于行，唱响主旋律、发出好声音、传递正能量、营造好氛围。一是"大德"的立场要站稳。主旋律如果唱不响，杂音噪音就会有市场。大学生党员要主动擦亮本色，在乱云飞渡中涵养定力，在繁花迷眼中保持清醒，让正能量相互传递、彼此熏陶，绽放时代先锋模范的光芒。二是"公德"的力量要激发。所谓公德，就是人所共取的精神品德。论及党员干部，立党为公、执政为民是公德；具体到职业发展，任公职、办公事、行公义，也是公德。树立公德的模范形

象、学习公德的典型事迹，就是要在平凡中见伟大、坚守中见忠诚、奉献中放光彩。很多先进事迹，不在于"高大上"，而在于"真善美"。潜心学习、勤勉履职，甘于奉献，就能成为先进群体中的一个代表，成为服务为民的一个剪辑，成为恪守公德的一个缩影。所以讲公德，就在于身边人、身边事。大学生党员要尊崇公心、学习榜样、厚德端行，让道德品行的"最美之花"不断绽放，以厚重的精神力量助力职业发展不断前行。三是"私德"的标准要践行。细微之处能够检验精神，细微之处也能够彰显人的品质。大学生党员要认识到什么是自重、什么是自警，在日常的生活学习中从思想上对自己要求严格，培养健康的生活情趣，自觉净化自己所在的"圈子"，做到校内校外一个样、人前人后一个样、有没有监督一个样。

（二）把牢规定的"红线"，驰而不息反四风

党的十八大以来提到的作风问题关键表现为"四风"问题。经过驰而不息地纠正和治理，"四风"现象已经得到较好的解决，但也呈现出一些新的表现形式。党的十九大后，习近平指出："形式主义、官僚主义新表现值得警惕，看似新表现，实则老问题，四风问题具有顽固性反复性。"[12]纠正"四风"不能止步，作风建设永远在路上。要解决不够彻底全面的问题。落实"八项规定"、治理"四风"问题，抓在平常、重在经常。对此，大学生党员必须从自身实际出发，多排查排查自己身上的问题，多反思反思思想深处的根源，多查找查找身边的现象。对问题和现象，做到心中有数、了然于胸，并且从思想和实践上祛除作风之弊、扫清行为之垢。

（三）划清纪律的"底线"，从心所欲不逾矩

纪律是个"圈"，自由在中间；纪律是块"铁"，谁碰谁出血。大学生党员要时刻把纪律装在脑里、放在心里、抓在手里，以达到身与物相通，心与物相谐，不为外物所累，不为欲念沉沦。一是心有所止，胸中有数。七情六欲，人之常情。健康的欲望，如求知欲、上进欲、成长欲等，应当得到提倡和鼓励；而趣味低下的欲望，只会使人丧失自我，必须抑制。欲望如同火山，调控得好，给人带来动力和幸福；把控不住，则会给人带来灾难和黑暗。大学生党员要学会科学调节和控制欲望，避免趣味低下的不良欲望，上好人生的"基础课"，修好党员的"必修课"。二是心有所知，取舍有方。时间是最公平的，在何处播种施肥，就在何处开花结果；时间又是不公平的，得到有的东西，

就意味着失去别的东西，得到之时就是失去之际。拥有一切，既不现实，也不必要。每个人总会面对各种人生问题。归根到底，在于自己内心的选择。既然选择了爱党爱国，就要为选择付出，深明其中的取舍之道，才能拥有洒脱的自我。三是心有所畏，进退有度。只有"畏法度""守法度"，才能"最自由"。要引导大学生党员把党纪国法铭记于心、运用于行、落实到地。首先在思想上认可，然后是行为上成为自觉，最终实现心灵深处的融会贯通，从而帮助大学生党员守好做人做事的底线。

参考文献

[1] 习近平. 习近平谈治国理政：第2卷 [M]. 北京：外文出版社，2017：339.

[2] 毛泽东选集：第2卷 [M]. 北京：人民出版社，1991：554.

[3] 习近平. 决胜全面建成小康社会夺取新时代中国特色社会主义伟大胜利——中国共产党第十九次全国代表大会上的报告 [N]. 人民日报，2017－10－28.

[4] 邓小平文选：第3卷 [M]. 北京：人民出版社，1993：310.

[5] 毛泽东选集：第1卷 [M]. 北京：人民出版社，1991：422.

[6] 习近平. 习近平谈治国理政：第2卷 [M]. 北京：外文出版社，2017：10.

[7] 习近平. 习近平谈治国理政：第1卷 [M]. 北京：外文出版社，2014：129.

[8] 任理轩. 五大发展理念彰显科学方法论 [N]. 人民日报，2017－01－18.

[9] 习近平. 习近平谈治国理政：第2卷 [M]. 北京：外文出版社，2017：127.

[10] 习近平. 习近平谈治国理政：第1卷 [M]. 北京：外文出版社，2014：24.

[11] 习近平. 习近平谈治国理政：第1卷 [M]. 北京：外文出版社，2014：403.

[12] 评论员：以好效果检验好作风 [N]. 人民日报，2017－12－12.

党的建设

DANG DE JIANSHE

推动全面从严治党向纵深发展的若干思考

邓宗豪　高春凤①

摘　要：全面从严治党自推行以来取得了显著成果，党内政治风气得到净化，党在人民心中的形象不断提升。为巩固已取得的管党治党成果，十八届六中全会做出了推进全面从严治党向纵深发展的决定。全面从严治党向纵深发展不仅包括党的建设各领域的进一步推进，同时也包括从严治党贯彻到各级党组织尤其是向基层延伸。推动全面从严治党向纵深发展是国家富强、人民幸福的重要保证，也是中国共产党巩固执政地位、提升治国理政能力的必要举措。本文对全面从严治党的经验进行总结分析，探讨推进全面从严治党纵深发展的现实意义，并对全面从严治党纵深发展进行理论和逻辑分析，最后探索推进全面从严治党纵深发展的实践路径，对新时期管党治党具有重要的理论价值。

关键词：全面从严治党　纵深发展　党的建设　政治意识　执政能力建设

全面从严治党推行以来取得了显著成果，党内政风极大改善，管党治党成效初步显现。如何继续深入推进全面从严治党、完善从严治党理论体系、巩固已取得的管党治党成果是新时期共产党面临的重大课题。习近平总书记明确表示："全党要坚持问题导向，

---

①　邓宗豪，四川大学马克思主义学院副教授。高春凤，四川大学马克思主义学院硕士研究生。

保持战略定力，推动全面从严治党向纵深发展，把全面从严治党的思路举措搞得更加科学、更加严密、更加有效。"[1]这表明中国共产党继续推进从严治党的决心和信心不减。全面从严治党向纵深推进不仅要延伸治党的宽度——将治党管党主体、范围进一步扩大，更要注重全面从严治党在思想建设、组织建设、作风建设、制度建设等方面深入贯彻，注重从严治党在中央、地方、基层三个领域的执行力度，尤其注重将党要管党、从严治党向基层延伸，拓展从严治党的政治基础。深入剖析全面从严治党纵深发展的必要性和重大意义，探寻全面从严治党纵深发展的理论和逻辑，反思管党治党存在的问题对推进全面从严治党纵深发展具有巨大的参考意义。

一、推进全面从严治党向纵深发展的涵义及现实意义

全面从严治党是党在新时期面临新挑战提出的自我革新的战略举措，不断推进全面从严治党向纵深发展是实现国家现代化和人民对美好生活向往的重要保证。同时推进全面从严治党不断向前发展有利于巩固治党成果，完善党的建设，进一步提升党的执政能力和执政水平。

（一）全面从严治党向纵深发展的内涵

全面从严治党向纵深发展具有深刻的理论内涵，一方面充分肯定全面从严治党已取得的成就，另一方面强调全面从严治党还有继续向更深层次发展的空间和动力。目前全面从严治党面临一系列新挑战：如何巩固已取得的管党治党成果，如何扩大全面从严治党的社会基础，如何建立全面从严治党长效机制使全面从严治党常态化等。推进全面从严治党纵深发展正是为了解决全面从严治党发展的方向性问题和持续发展问题。

从纵向上看，全面从严治党向纵深发展要自上而下层层推进，从党中央延伸到各个基层党组织，强化从严治党在基层的贯彻落实，保持各级党组织的先进性、纯洁性。全面从严治党向纵深发展就是要将全面从严治党向基层延伸，尤其注重对偏远的镇、乡级基层党组织的监察和管理。督促全面从严治党在中央、省、市各级党组织的展开力度在基层党组织落实，加大对乡镇干部、基层管理人员、农村党员干部在党风廉政方面的检查，对某些纪律观念不强、规矩意识淡薄、工作态度消极或不端正的基层工作人员和党员干部严惩不贷。基层党组织管理着中国最广大的人口，处理的都是关系群众切身利益

的实事，相比遥不可及的"老虎"，群众更加痛恨尽在眼前的"苍蝇"。某些基层干部利用职务便利收受贿赂，违规授权建设不达标工程、贪污集体财产和农业补贴、违规收费等行为严重损害广大基层群众利益，损害党在基层群众心中的形象。由于基层管理的效率事关社会的稳定和人民生活质量的好坏，全面从严治党向纵深发展就是要将管党治党新思路、新方法向基层延伸，使全面从严治党的思路举措更加科学、更加严密、更加有效。[2]

从横向上看，全面从严治党向纵深发展就是围绕党的思想建设、作风建设、组织建设、反腐倡廉建设、制度建设而展开的一系列管党治党的行动。在党的思想建设方面强调无产阶级阶级政党的先进性、纯洁性，通过开展各种方式的学习活动加强对党的理想信念教育，提升党性修养、坚定政治立场。在组织和作风建设方面党中央强调改进工作作风、密切联系群众，严厉打击奢靡之风、形式主义、官僚主义等不正之风。反腐倡廉建设是提升政党先进性、纯洁性的必要举措，保持反腐倡廉连续性是全面从严治党向纵深发展的关键之举。政党执政能力和执政效率与反腐倡廉力度正常情况下呈正相关关系，反腐倡廉力度越大，社会资本越大，执政取得社会总收益越大；相反，贪腐现象越严重，社会管理成本越大，社会总收益越小。因此，继续深化反腐倡廉建设是推进全面从严治党纵深发展的重要内容。制度管人是最有效的管理方式之一，制度建设是政党管理自身的必要措施，也是全面从严治党纵深发展的重要内容。十八大以来，党中央陆续制定和完善了多项管党治党规章条例，为建立全面从严治党长效机制、促使全面从严治党常态化提供制度保障。如党中央出台的修订版《中国共产党纪律处分条例》《中国共产党党内监督条例》等党内法规，使全面从严治党有法可依，给权力上了制度枷锁，使权力难以"任性"。[3]

全面从严治党向纵深发展是共产党自我管理、自我完善的重要方式。全面从严治党向纵深发展，纵向上强调全面从严治党由中央、省、市向镇、乡级基层延伸，横向上强调扩宽党的建设领域，完善党的思想建设、组织建设、作风建设、反腐倡廉建设、制度建设等五个方面。因此，推进全面从严治党向纵深发展的核心是完善管党治党方式。

（二）推进全面从严治党向纵深发展的现实意义

1. 实现国家现代化

推进全面从严治党向纵深发展是实现国家现代化的关键举措。政党执政已经成为世界各国的政治常态，因此，一个国家发展的好坏关键看政党治理的效果。习近平总书记曾多次在重要场合讲过："办好中国的事情，关键在党。"[4]中国共产党诞生九十多年的历史足以证明：当中国共产党自身建设取得良好效果时，中国社会就会随之进步；当中国共产党自身建设出现问题而采取错误的方针政策时，中国的社会发展便会受到阻碍。因此，中国共产党建设的好坏直接关系到中华民族的兴衰。全面从严治党是党在面临新的世情、国情、党情做出的新部署，是为应对党在新时期面临的种种危险和挑战做出的战略部署。党中央从严治党的实施取得了良好效果，政治风气得到了极大改善。继续保持风清气正的政治生态进而实现国家现代化必须推进全面从严治党向更宽领域、更深层次发展。

推进全面从严治党向纵深发展是实现 14 亿人民中国梦的关键一步。习近平总书记强调："今天，我们比历史上任何时期都更接近中华民族伟大复兴的目标……正是有了全体中国人民的心往一处想、劲往一处使，才汇集起夺取抗战胜利的磅礴力量。"[5]中国共产党在新的历史时期正为领导全国人民实现中华民族伟大复兴奋斗，在此过程中中国共产党自身建设良好是实现中华民族伟大复兴的关键因素。在推进全面从严治党向纵深发展的过程中，中国共产党始终明确自己作为无产阶级先锋队和中华民族先锋队的使命，通过强化自身建设为实现中华民族伟大复兴中国梦的目标奋斗。全面从严治党向纵深发展是强化党的建设关键一招，是增强党的凝聚力、保持党的先进性、提高党的战斗力的重要战略举措。推进从严治党向纵深发展从而建立起从严治党的长效机制是中国共产党自身建设的必要举措，也是在中国共产党带领下实现中华民族伟大复兴中国梦的必要前提。

2. 强化党的领导

推进全面从严治党向纵深发展有利于强化党的领导，巩固共产党中国特色社会主义事业坚强领导核心地位。全面从严治党包括党的思想建设、作风建设、组织建设、反腐倡廉建设、制度建设等五个方面，通过探索管党治党新方法、新策略不断强化党的领导。从作用上看，推进全面从严治党向纵深发展是强化党的领导的必要举措。推进全面从严治党向纵深发展要求进一步完善党的建设，建立全面从严治党长效机制，进而提高党的自我管理、自我完善的能力，从而巩固党的执政地位，进一步强化党的领导核心作用。十八大以来全面从严治党战略在全国迅速实施，对脱离群众、官僚主义、形式主义、贪污腐败等行为采取坚决打击和零容忍的态度，改善了党在人民心中的形象，营造了良好的党内政治生态，提升了党的战斗力和凝聚力，全面从严治党纵深发展就是要继续保持从严治党高压态势，推动党的建设进一步完善，提升党的执政能力和执政水平从而强化党的领导。从地位上看，推进全面从严治党向纵深发展有利于巩固党的领导地位。全面从严治党推行以来取得了良好效果，共产党精神懈怠和消极腐败的行为受到坚决惩处，其联系群众和解决问题的能力明显提高，从严治党的开展大大改善共产党在人民脑海中的形象，有效提高了共产党执政的合法性。推进全面从严治党向纵深发展关键在于全面从严治党的常态化，通过赋予全面从严治党各项规章制度合法性，使全面从严治党具有可持续性和说服力。推进全面从严治党有利于提高共产党执政能力，改善共产党形象，增强共产党执政认可度，进而提高共产党执政合法性、增强共产党执政权威。

3. 保持党的先进性、纯洁性

推进全面从严治党向纵深发展是加强党的先进性建设的客观需要。十八大以来党中央将全面从严治党提升到战略高度，更加强调党的思想建设、作风建设、制度建设等，完善党的建设与加强党的先进性建设相得益彰。在思想建设方面，习近平强调："思想教育要突出重点，加强党性和道德教育，引导党员干部坚定理想信念，坚守共产党人精神追求。"[6]思想建党要求全体党员要有政治意识，坚定政治方向和政治信仰，保持优良作风，始终坚持群众路线，全心全意为人民服务。

推进全面从严治党向纵深发展是保持党的纯洁性的关键之举。全面从严治党战略的关键举措之一就是反腐倡廉。全面从严治党战略实施以来党中央对于贪腐现象表现出零容忍的态度，贪腐成为全面从严治党首要打击对象。在此过程中中央出台了多项规定，制定或修订了多项有关反腐败的条例。从发现腐败现象到确认腐败行为再到惩治腐败措施这三个环节都进行了严格的立法，同时也新增或完善了专门针对腐败现象的制度，如巡视制度和监察制度等。中央从严治党高压反腐的态势促使党内政治风气有了很大改善，对于保持中国共产党的纯洁性起到了重要作用。推进全面从严治党纵深发展正是使党的先进性、纯洁性得以长久保持的必要举措。

4. 加强党的执政能力建设

推进全面从严治党向纵深发展是加强党的执政能力建设的必要举措。在新的历史时期中国共产党在面临更大的机遇时也面临着更加复杂和危险的挑战，迫切需要共产党提升自身执政能力和执政艺术。我们比历史上任何时候都更接近中华民族的伟大复兴，推进全面从严治党就是通过加强党的思想建设、组织建设、作风建设等方式直接提升党的执政能力。同时我们也面临着"四大考验"和"四种危险"。精神懈怠、能力不足、脱离群众、消极腐败的危险是提升党的执政能力建设最大的障碍。针对"四种危险"，党中央提出了要坚持走群众路线以应对党员干部脱离群众的危险，坚持对党的理想信念教育应对党员精神懈怠，以对党进行思想政治教育和制度建设来应对党员消极腐败的危险，以应对措施间接提升党的执政能力。国家强大与否关键看党的治理成功与否，党的治理效果决定于党的执政能力，只有不断提高共产党的执政能力和执政水平，才能应付新时期国内外的各种挑战，才能带领中国始终走在时代前列，实现中华民族伟大复兴的中国梦。

治国必先治党，治党务必从严。中国共产党是中国特色社会主义事业的核心，做好中国的事关键在党。全面从严治党是大势所趋、民心所向，只有不断推进全面从严治党向更广大基层延伸，向更深层次发展才能不断完善党的建设，保持党的先进性、纯洁性，才能使中国的现代化事业不断推进，实现人民对美好生活的期待。

二、十八大以来全面从严治党中存在的问题

十八大以来全面从严治党在全国迅速展开，全面从严治党取得显著成绩，大大改善了社会政治风气，积累了大量管党治党有益经验。但在推进全面从严治党过程中也面临党员思想落后、官本位思想严重且法制意识薄弱、一些基层党组织政治生活畸形、全面从严治党贯彻不力、全面从严治党长效机制未完全建立等现实困境。

（一）部分党员干部官本位思想严重

在推进全面从严治党过程中遇到的最大困难就是某些党员干部存在严重的官本位思想。他们身居要职甚至是所谓的一把手，在开展全面从严治党工作时却将自己凌驾于普通党员和群众之上，利用自身职位搞特殊化。比如在中央强调各级官员贯彻党的群众路线时，各级领导干部积极下到基层"体察民情"，但某些领导下乡调研不是一个人或几个人，而是一群人和一个车队。普通市委书记调研，市长、下面的区委书记、区长、县

长都拉来作陪,一次普通的调研就这样变成了巡演。[7]虽然干部的虚荣心得到了满足,但是调研的效果可想而知,这样的调研也会引发群众的不满,损害党在群众心中的形象。官本位思想还体现在某些干部行事的许多方面,如在党内民主生活中喜欢一锤定音,对下级的工作喜欢发号施令,面对中央巡视组时阳奉阴违等。这种官本位思想既是对我们党全心全意为人民服务宗旨的背叛,也是对共产党作为中国现代化建设事业核心的破坏。某些党员干部这种严重的官本位思想是推进全面从严治党的一块巨大拦路石,必须将其彻底击碎才使全面从严治党的道路越走越远、越走越宽。

（二）一些基层党组织政治生活畸形长期存在

一些基层党组织政治生活畸形长期存在是阻碍全面从严治党继续推进的主要因素。党内政治生活是组织教育和管理党员并对党员进行党性检验的重要平台,因此是全面从严治党整治的重要领域。良性的党内政治生活应该是民主、透明、气氛热烈的讨论问题。但由于传统的官本位思想和历史原因,一些基层党组织党内民主生活发展越来越畸形。一些地方党内政治生活不民主、不透明,甚至成为某个领导干部的一言堂和个人表演,或者成为检验个人所属帮派的试验场。党内政治生活民主的缺乏会导致极为严重的后果,比如党内组织体系混乱、党内思想文化畸形、党内领导决策个人化等。实施全面从严治党以来,习近平总书记明确指出目前党内政治生活存在的问题:从中央到地方再到基层各级党组织都暴露出不少问题,如官僚主义、山头主义、好人主义、自由主义、拜金主义等各种懒散、不作为现象层出不穷,党内政治生活也充斥着形式主义、个人主义等严重影响了党的效率和团结的问题。[8]针对党内政治生活中存在的种种问题,党中央带头组织进行了多次学习,并督促地方干部也进行规范党内政治生活的学习活动。但要改变传统的官场潜规则仍有很长的路,党内政治生活真正的民主化仍然有巨大的提升空间和改善空间。

（三）部分党员干部法治思想薄弱、规范意识不强

部分党员干部法治思想薄弱、规范意识不强使全面从严治党背景下管党治党效果大打折扣。党的十八大实行全面从严治党以来,党的思想建设、反腐倡廉建设取得良好效果,但党内法治思想仍较薄弱,制度建设仍有待加强。党内法治思想薄弱主要表现为:一方面,党内部分党员干部不能正确认识自身权力,权力本位意识和等级观念浓厚,在

党内和普通群众中间搞特殊化；另一方面，普通党员不明确自身的权利，在上级领导面前丧失了自身享有的民主权利，沦为会说话的工具。某些党员干部无视党内法规，在工作和生活中搞权威主义和个人主义，使党内法规形同虚设。全面从严治党强调组织建设、作风建设及制度建设，党内法规和制度得到一定程度的完善，某些党员干部在践行相关法规和制度时又搞形式主义，使法规和制度沦为形式。如中央八项规定执行后，仍然有下属变相给领导"发红包"、请领导吃喝玩乐、领导给下属违规发放津贴福利等。要使权力在法规和制度下运行，不仅要完善相关法律制度避免其钻制度的空子，更重要的是对其进行思想教育，使法律制度深入普通党员以及领导干部内心。

（四）全面从严治党在基层贯彻不够有力

党的十八大以来，全面从严治党得到党中央的大力推进，并在中央高层和各省市得到很好的贯彻，但其在基层的影响力度存在递减现象。在中央轰轰烈烈开展思想建设、组织建设、作风建设、反腐倡廉建设时，在一些基层尤其是到了最基层的农村就完全只剩一纸文件了。主要表现在：对党员干部的思想政治教育充满形式主义，组织建设更是无从谈起，基层干部任用仍然存在任人唯亲、任人唯利的情况。基层干部在密切联系群众的作风建设上本应有优势，但实际情况也不如想象乐观，一些县级干部去基层直接变巡演，不仅提前告知，去时还带大批同僚或下属作陪。这样的考察和调研结果"皆大欢喜"，但其中的真实性就会打折扣。反腐倡廉建设在基层得不到有力推进，基层群众的监督难以到位，上级的监督难以触及，媒体的监督就更难以普及。这就是小官能巨贪的原因，在个别经济发达地区的基层，普通的村主任、村支书动辄贪腐几千万甚至上亿，在个别经济不发达的地区贪腐也以各种形式上演且监管不到位。因此，推进全面从严治党在基层贯彻应成为今后工作的着力点。

（五）全面从严治党长效机制还未完全建立

全面从严治党自推行以来取得了良好的成效，但还存在认同基础不够牢固，长效机制有待建立完善的问题。在中央大力推进全面从严治党过程中，党内政治风气迅速好转，党的形象也得到提升。虽然党的思想建设、作风建设、组织建设、反腐倡廉建设、制度建设各个方面都取得了耀眼的成绩，但是党内还是有些党员不相信全面从严治党会一直持续下去，还抱有新的领导集体上台后全面从严治党就会面临人走政息的下场等心态。某些党员干部在全面从严治党的各个环节搞形式主义，内心抗拒从严治党，因此对从严治党认同程度不高。比如在面对中央巡视组时应付了事或者消极配合，在面对同级纪检小组时更是不当回事。更有甚者对从严治党存在认识性错误，没有将从严治党作为党进行自我革命、自我更新和提升中国共产党执政能力的措施，而认为这是导致党内部分裂影响政党团结的错误行动。对于从严治党认识的误解导致某些党员干部对从严治党认同基础薄弱，加之从严治党实施时间较短，相关法规制度还不够完善，导致从严治党长效机制还未建立。在今后推进全面从严治党工作中，建立全面从严治党的长效机制应是重点。

全面从严治党在推进过程中暴露出的以上问题为今后推进全面从严治党向纵深发展指明了改进方向和思路，继续推进全面从严治党必须认真反思全面从严治党过程中的现实问题，才能不断提高管党治党科学性、有效性。

三、推进全面从严治党向纵深发展的理论思考

习近平总书记在十八届六中全会强调推进全面从严治党向纵深发展有深刻的理论和逻辑思考。推进全面从严治党不断深入是营造风清气正的良好政治生态的必要举措，也是提升政党认同、巩固中国共产党执政地位的重要保证，更是建立一套内容协调、程序严密、配套完备的制度体系的必然要求。

（一）从政治生态角度看推进全面从严治党向纵深发展

从前文的分析来看，一些基层组织党内政治生活不能正常开展在于已经形成了不健康的政治生态。从生态概念引申而来，政治生态就是政治系统内各要素之间和它与环境之间的有机联系。刘云山认为，加强党的建设，做好各方面工作，必须营造一个良好从政环境，也就是要有一个好的政治生态。[9]政治生态所涉及的从政环境，包括进行政治活动的内外环境和氛围。"蓬生麻中，不扶而直；沙落泥中，不染而黑。"人具有社会性，通常容易受其他社会成员和社会风气影响。同样，共产党党员个人生活在党组织中，更容易受到整个政治风气影响，良好的政治生态对共产党党员个人和集体的影响不言而喻。实施全面从严治党以来，习近平多次指出要努力形成气正风清的政治生态，对于党内存在的官僚主义、山头主义、形式主义、个人主义等不正之风要严厉禁止。全面从严治党向纵深发展就

是要通过完善党的建设，以思想教育和制度约束相结合的方式，整顿党的组织问题和作风问题，建立一支积极向上、干事创业的干部队伍，营造党内风清气正的良好政治生态。

十八大以来，党中央多次强调全党要坚定理想信念，习近平曾多次提出好干部的五条标准，强调作为一名合格共产党干部要有为人民服务的坚定信念，工作生活中要踏实干事、敢于担当责任，时刻保持洁身自好优良品性，强调坚定理想信念的同时要加强全党的思想政治教育。十八大后党中央开展了"三严三实"和"两学一做"等专题教育活动，要求党员严守党的纪律，严格要求自己，做合格的共产党人。在加强思想教育的同时完善制度约束，制度是管党治党的基石，完善党的制度建设是全面从严治党取得成效的重要保障。习近平指出："要坚持用制度管权管事管人，抓紧形成不想腐、不能腐、不敢腐的有效机制，让人民监督权力，让权力在阳光下运行，把权力关进制度的笼子里。"[10]全面从严治党实施以来，中央陆续颁布了《中国共产党党内法规制定条例》《中国共产党廉洁自律准则》《中国共产党问责条例》等制度，给党员干部明确画出一条奉公守法的红线。思想教育与制度约束相结合，有利于改善党的作风问题和腐败问题，也是营造党内良好政治生态的有效途径。

良好的政治生态是检验管党治党成果的重要标尺，同时也是巩固党的执政地位，提升党的执政能力的必然要求。推进全面从严治党纵深发展必须坚持思想教育和制度完善相结合，严肃党内政治生活，改善党的作风，营造风清气正的政治生态。

（二）培育政党认同，加强基层民众对党的认同和归属感

政治认同是政治学中常见的术语，主要是指一国的人民在政治生活中对各种政治主体、政治制度、政治现象等的一种情感和意识上的归属感。如人民对国家、政党、政府、宗教等的认同，都是属于政治认同范围，它通常是一国国民遵循的共同价值和理想信念。当今世界各国几乎都是政党执政，因此政党认同问题是政党政治国家的首要问题。民众的政党认同是执政党执政合法性的基础，政党的兴衰与民众的支持与否直接相关。政党认同度直接关系到政党的执政地位，各国执政党在确定政党信仰、制定政党执政方针及一般政策时都会以提高政党认同度作为前提。中国共产党是中国唯一的执政党，在执政几十年间取得了巨大经济、政治成就，但也面临国际、国内诸多挑战，在新时期提高国民对共产党的政党认同度，巩固中国共产党的执政地位是共产党的主要任务。提高政党认同度有以下两种途径：一方面提高党的执政能力和政治水平，提高执政

的绩效，如提升国家的整体经济实力和国际地位；另一方面提高党的先进性、纯洁性，如改进党的组织建设、作风建设、反腐倡廉建设，提升人民的获得感。全面从严治党正是通过思想教育坚定无产阶级政党理想信念，通过整顿党的作风树立群众观点和为人民服务的宗旨，通过反腐倡廉营造清正廉洁的党风政风。推进全面从严治党纵深发展，要保障管党治党成果，不断推进从严治党在各级党组织尤其是向基层深入贯彻，扩大从严治党的社会基础。

政党认同度取决于广大群众对政党的看法和情感，习近平始终强调人民是历史的创造者，群众是真正的英雄。共产党要建好中国特色社会主义事业，就是要看群众对党的事业满意度、支持度、配合度。推进全面从严治党向纵深发展就是要不断改进党的工作作风，始终将群众观点放在最重要的位置，就是要不断加强反腐力度，将反腐进行到底，改善党在人民群众中的形象。只有不断推进全面从严治党向前发展，树立群众观点，想人民之所想，实现发展成果由人民共享，才能不断提升政党认同度，巩固党的执政地位。

（三）完善党的制度体系架构，全面推进依法治党

"不以规矩，无以成方圆。"一个政党没有一套行之有效的规章制度的约束，就难以拥有强大的战斗力和执行力。共产党几十年的实践经验证明，建立一套协调、完备、严密、可操作性强的党的制度体系是其他党建工作顺利开展的前提和保障。制度建设是具有全局性、根本性、稳定性、长期性的根本问题，是严肃党内生活、规范党的行为的制度约束，对党的事业具有重大指导意义。纵观从严治党各个环节，都有相关的制度体系穿插其中，坚持教育感化和制度约束结合是全面从严治党取得良好成效的必要前提。

推进全面从严治党纵深发展就是要完善管党治党的制度体系，将制度建设贯穿到党的建设的各个领域。习近平强调要扎紧制度之笼，铲除不良作风和腐败滋生的土壤，根本上要靠法规制度。全面从严治党以来，中央制定和完善了近80部党内法规，如2016年颁布的新《干部任用条例》完善了选人任人制度，《中国共产党党内问责条例》《中国共产党党内监督条例》完善了检察和问责制度。习近平十分重视制度的完善，要求广大党员干部要坚持问题导向，制度要有针对性和可操作性，并且制度制定不能前后矛盾，要注重连贯性以及和其他制度的协调，最大限度发挥制度合力。

制度建设是完善党的建设的根本保障，也是保障全面从严治党成果，建立全面从严

治党长效机制的重要保证。推进全面从严治党纵深发展必须抓住制度建设这个根本，将制度建设贯穿到管党治党全过程，通过总结全面从严治党实践经验，建立一套系统且行之有效的制度体系，实现依法治党。

党的制度体系的完善直接关系到政治生态的好坏，政治生态的好坏直接关系政治认同度的高低，政治认同度的高低直接关系到党的执政地位。推进全面从严治党纵深发展正是对党内政治生态、政党认同、党内制度体系架构的深层次思考和把握。

四、推进全面从严治党向纵深发展的有效途径

全面从严治党纵深发展是新时期进一步完善党的建设，提升党的执政能力的必然举措，必须坚定不移始终坚持从严治党不放松，完善党内规章制度建设，建立全面从严治党长效机制，依靠广大人民群众，推进全面从严治党不断向更宽领域、更深层次前进。

（一）加强党性教育，坚定党的政治信仰

思想观念决定人的具体行为，在全面从严治党过程中，中央首要强调的便是加强党员尤其是党员干部的党性教育，坚定党的政治信仰。首先，要加强政党意识。共产党员不仅是一种身份，更是代表具有特殊政治观念的并且对共产党这个组织忠诚的人。加入中国共产党就是要在思想上高度认同党，在实际行动中遵守党的规章制度，时刻牢记自身党员身份。毛泽东同志曾说过："共产党员不但要在组织上入党，更要在思想上入党……思想上没有入党的人，根本不知道什么是无产阶级思想，什么是共产主义，什么是党。"[11]其次，要增强政治信仰。中国共产党是在革命战争年代发展起来的有组织、有纪律、有信仰的政党，共产党的性质要求党员始终坚信自己不仅是无产阶级中的一员并且是无产阶级的先锋队，始终有坚定的共产主义信仰并且勇往直前带领广大群众为实现共产主义奋斗。最后，要增强党员纪律性。各个党组织要经常将党员召集起来了解学习党的历史和党的纪律，明确各个时期党的任务和党的纪律。在回顾历史中了解党的性质、宗旨，增强自身党性，自觉抵制各种歪风邪气和不良诱惑。在不断学习中加强自身修养，明确自身任务和使命，牢记党的纪律，坚决服从党的领导，真正做到严于律己。推进从严治党纵深发展。思想建设是基础，而党性教育又是思想建设的关键点，加强党性教育，坚定政治信仰是阻止我们党员犯错的思想防护墙。我们要做的正是在不断地教

育中加固这堵思想防护墙。

（二）完善党内法规体系，加大违法惩治力度

十八大以来"四个全面"战略思想得到有效贯彻，其中实现全面依法治国必须全面从严治党，全面从严治党必须在党内树立法制意识。党内法规是党的思想行为的重要遵循，广大党员干部只有坚决维护党内法规尊严，按党内法规行事才能正确保持底线。当前，面对迥异的世情、国情、党情更需要中国共产党准确把握新情况、新挑战，根据具体情况的变化及时更新并完善党内法规体系。完善党内法规体系应注重科学性、时代性、可操作性等，切实保证广大党员干部做事有法可依、有迹可循。在完善党内法规体系的同时，要加大违法惩罚力度，通过加重违法成本来减少违法行为。全面从严治党之所以能取得很好的效果，是因为坚持了预防和惩治两手抓策略。通过思想政治教育给广大党员干部打好遵守党内法规的预防针，再通过严厉惩处违规违纪行为使广大党员干部意识到违反党纪国法的严重后果。要推进全面从严治党纵深发展，完善党内法规体系势在必行，只有在实践中不断总结经验，党内法规体系才更具科学性、时代性和可操作性。

（三）保障从严治党成果，建立健全全面从严治党长效机制

推进全面从严治党向纵深发展关键在于建立健全全面从严治党长效机制，建立全面从严治党长效机制关键在于保障从严治党成果。全面从严治党是党中央为提高中国共产党执政能力和完善党的建设的重要举措，从严治党实施以来受到各方关注，包括外国媒体、国内媒体、高层干部、基层干部、基层群众等。各方对全面从严治党战略的看法不一，但总的看法是积极的、正面的，认为这是中国共产党的一次自我革命，是有利于保障中国共产党长久执政的战略举措。全面从严治党推行以来中央相继开展"三严三实""两学一做"等思想教育活动，出台了《中国共产党廉洁自律准则》《中国共产党问责条例》《中国共产党巡视工作条例》等，坚持思想教育和制度约束两手抓，政治生态逐渐向好，全面从严治党取得了较大成果。推进全面从严治党向纵深发展就是要将取得的成果长期保持，以将反腐进行到底的决心建立健全全面从严治党的长效机制。建立全面从严治党长效机制，一方面要对广大党员进行更深入的党性教育、理想信念教育；另一方面要不断完善党内法规体系和相关制度体系，使全面从严治党常态化并上升到法律

层面。

（四）充分发挥新媒体的宣传监督作用

新媒体是近年来发展速度最快、普及最广的新型媒体，推进全面从严治党向纵深发展必须充分发挥新媒体的宣传监督作用。常见的新媒体是以数字技术、网络技术、移动技术等通过互联网等渠道，以手机、电脑、数字电视等为终端的一种传播形态和媒体形态。具有个性化、共享性、及时性等特点，一产生就受到广大用户的欢迎。在推进全面从严治党过程中，传统媒体占据主要地位，一般是通过报纸、新闻媒体等进行宣传和监督，其效果也比较有限。在新媒体时代，推进全面从严治党应抓住新媒体这种新的传播形态，利用新媒体的互动性和共享性来加大从严治党的宣传和监督。如向微博、微信、QQ 等软件用户推送关于从严治党的消息，利用直播平台进行一些关于从严治党的说明，互动式的交流有利于广大干部更多地了解社会对从严治党的看法、了解更多从严治党策略。同时还可以利用新媒体的广泛受众性，发挥其对官员的监督作用，广大网民通过新媒体将自己了解掌握到的有关某些党员干部贪腐行为的证据发送到纪检部门的邮箱，从而使贪腐无藏身之地。

（五）积极吸收治党管党有益经验

在推进全面从严治党向纵深发展过程中，应当适当借鉴世界其他国家的管党治党方法，在不断学习中改进自身建设。例如，中国共产党可以借鉴英国政党管理的方法，英国实行两党制，两党对各自党员的管理严格，在两党内部设有党鞭以保证政党成员忠于本党。无论是哪个党执政，英国政府清廉指数总是位居世界前列，我们可以从中吸取一定的有益经验。英国首先也是对从政人员进行道德教育，通过语言和其他活动相结合帮助其树立正确的价值观。除此之外，充分发挥同级的立法、司法机构人员对行政人员的监督，并且充分发挥监督机构和无处不在的反腐败机构的作用。英国还制定通过了多部专门的防止腐败的法令，使其对腐败性质、轻重、惩处的判定有明确依据，并将反腐败法统一起来以便更好发挥其反腐作用。要使全面从严治党不断向更深更宽领域发展，合理借鉴其他国家管党治党的有益经验可能起到事半功倍的效果。

（六）充分依靠人民群众的作用

人民群众是历史的创造者，推进全面从严治党不断向前发展必须充分依靠人民群众的力量。中国共产党的执政地位是在人民群众的支持下获得的，要提升党的执政能力和执政水平也必须依靠人民群众。在全面从严治党的思想建设、作风建设等方面都要求广大党员干部要坚持群众路线，树立群众观点，将人民群众的利益放在首位，全心全意为人民服务。在反腐倡廉建设方面也要充分发挥群众的作用，群众的眼睛是雪亮的。近年来，纪检部门破获的大部分贪腐案件都是通过群众的检举信或匿名、实名举报所获线索一步步追查，最终查明贪腐属实并给予处罚。要推进全面从严治党不断向前发展，关键是要建立全面从严治党长效机制，建立全面从严治党长效机制必须要使从严治党具有广泛的群众基础。只有得到群众认可的制度才有继续向前发展的动力，只有获得广大人民群众支持的制度才能不断完善。因此，推进全面从严治党不断向前发展重在人民群众，必须使人民群众成为全面从严治党的坚定支持者和严格监督者。

结　语

全面从严治党是共产党实现自我更新、自我改革的战略举措，全面从严治党向纵深发展是巩固管党治党成果，不断完善党的建设的必然要求，也是实现国家现代化及人民美好生活向往，提升党的执政能力的重要保证。在推进全面从严治党向纵深发展过程中要坚持思想教育和制度教育相结合，完善党内法规体系和制度体系，建立全面从严治党长效机制。同时注重吸收他国管党治党优秀经验，利用新媒体并充分发挥人民群众的作用，注重全面从严治党在基层中的贯彻，积极推进全面从严治党向纵深发展。

参考文献

[1] 习近平. 高举中国特色社会主义伟大旗帜　为决胜全面小康社会实现中国梦而奋斗［N］. 人民日报，2017－07－28.

[2] 陈晨. 党风廉政建设和反腐败斗争永远在路上——学习《习近平关于党风廉政建设和反腐败斗争论述摘编》［J］. 奋斗，2015（2）：55－56.

[3] 李文平. 让严格党内生活成为全面从严治党新常态［J］. 求是，2015（3）：37－38.

[4] 中央文献研究室. 十八大以来重要文献选编（上）［M］. 北京：中央文献出版社，2014.

[5] 中共中央宣传部. 习近平总书记系列重要讲话读本［M］. 北京：学习出版社、人民出版

社，2016.

［6］中共中央文献研究室. 习近平总书记重要讲话文章选编［M］. 北京：中央文献出版社，2016：172.

［7］黄小军，朱勇. 习近平全面从严治党思想的内在逻辑［J］. 学术探索，2015（3）：38－45.

［8］中共中央文献研究室. 习近平总书记重要讲话文章选编［M］. 北京：中央文献出版社，2016：83－84.

［9］刘云山. 努力营造良好政治生态［J］. 学习时报，2015－05－18.

［10］习近平. 在庆祝全国人民代表大会成立60周年大会上的讲话［N］. 人民日报，2014－09－06.

［11］毛泽东选集：第5卷［M］. 北京：人民出版社，1997.

论党内政治生活的作用、 现状和责任

吕志辉①

摘　要：严肃党内政治生活是全面从严治党的一项基础性工程。抓好这项基础工程需要对党内政治生活的作用、现状和责任有清醒的认识和准确的把握。党内政治生活对于我们党坚持党的性质和宗旨，保持党的先进性和纯洁性至关重要，是党员进行党性锻炼和党组织有效教育管理党员的主要平台，是解决党内矛盾和问题的重要途径，是纯洁党风政风的"空气净化器"。针对党内政治生活中的现状，我们要突出问题意识，对其严重危害不可低估，同时对问题产生的原因和解决问题的途径要进行深入剖析和辩证思考。严肃党内政治生活需要有锲而不舍的精神和铁面问责的勇气。当务之急是要强化严肃党内政治生活的责任意识，并突出"关键少数"这个重点。

关键词：党内政治生活　作用　现状　责任

习近平总书记就严肃党内政治生活发表了多次重要讲话，提出了一系列新思想、新论断和新要求。在党的十八届六中全会上，党中央对如何在新形势下规范和加强党内政治生活进行了一系列战略部署和重要制度安排。党的十九大报告又进一步提出，要严格

---

① 吕志辉，四川大学马克思主义学院副教授，主要研究方向为马克思主义中国化。

执行《新形势下严肃党内政治生活若干准则》，增强党内政治生活的政治性、时代性、原则性、战斗性，努力营造风清气正的政治生态。目前，严肃党内政治生活已成为以习近平同志为核心的党中央全面从严治党的一项基础性工程，被放在了党的建设更加突出的位置上。对于如何把严肃党内政治生活这项"基础工程"抓紧抓实抓好，笔者认为，首先需要在认知层面上下功夫，特别是对党内政治生活的作用、现状和责任等方面要有清醒的认识和准确的把握。

一、深刻认识严肃党内政治生活的重大作用

习近平总书记在庆祝中国共产党成立 95 周年大会上指出：严肃党内政治生活是全面从严治党的基础。党要管党，首先要从党内政治生活管起；从严治党，首先要从党内政治生活严起。作为一项基础性工程，严肃党内政治生活对于增强党的创造力凝聚力战斗力，保持党的先进性和纯洁性，具有十分重要的意义。

第一，党内政治生活对于我们党坚持党的性质和宗旨，保持党的先进性和纯洁性至关重要。严肃党内政治生活是马克思主义政党的本质要求，是中国共产党区别于其他政党的鲜明标志，也是我们党的优良传统和政治优势。作为一个马克思主义政党，中国共产党是中国工人阶级的先锋队，是中国人民和中华民族的先锋队，它代表先进生产力的发展要求、先进文化的前进方向和最广大人民的根本利益。中国共产党的先进性靠什么来支撑呢？既要有科学的理论指导、共同的理想信念，又要有严密的组织体系和铁的纪律，还需要有严肃的党内政治生活。正是有了严肃的党内政治生活，党的其各方面优势才能得到充分发挥。回首中国共产党走过的 97 年历程，党内政治生活在绝大部分时间里是健康的、严肃的，是积极向上的。并在长期实践中形成了一系列党内政治生活基本规范，如实事求是、理论联系实际、密切联系群众、批评与自我批评、民主集中制等。历史也给我们这样的启示：如果党内政治生活不正常，党的组织就会成为一盘散沙，就会失去正确决策的能力和威信，整个党就会失去凝聚力创造力战斗力，党的建设和党的事业就会出问题。当前，我们处在一个新的历史时期，随着执政环境和执政条件的变化，我们党面临的"四大挑战""四种危险"将是长期的、复杂的、严峻的，要想有效防范和及时清除弱化党的先进性、损害党的纯洁性的诸多消极因素，根本途径也在于严

肃党内政治生活。

第二，党内政治生活是党员进行党性锻炼和党组织有效教育管理党员的主要平台。2014年10月8日，习近平总书记在党的群众路线教育实践活动总结大会上的讲话中指出，党内政治生活是党组织教育管理党员和党员进行党性锻炼的主要平台，从严治党必须从党内政治生活抓起。有什么样的党内政治生活，就有什么样的党员、干部作风。一个班子强不强、有没有战斗力，同有没有严肃认真的党内政治生活密切相关；一个领导干部强不强、威信高不高，也同是否经过严肃认真的党内政治生活锻炼密切相关。严肃认真的党内政治生活对党员具有教育、改造、管理和监督作用，对党组织具有凝聚功能。相比党员在组织上入党，党员在思想上、行为上的真正"入党"更为重要。任何党员的党性都需要在严肃的党内政治生活中加以革命性锻造，通过党性锤炼培养自己党的意识，牢记自己的第一身份是共产党员，第一职责是为党工作，提醒自己时刻不忘应尽的义务和责任。比如，党员过一次高质量的党组织生活，相当于进行了一次政治"体检"，在一定程度上能够起到打扫灰尘、净化灵魂、增强政治免疫力的作用。同时，在党内政治生活这个大熔炉中锤炼后，党员会进一步坚定理想信念，确保全党思想统一、步调一致。习近平指出："对党员、干部来说，思想上的滑坡是最严重的病变。"[①] 党内政治生活和政治生态出现这样那样的问题，往往与党员、干部的世界观、人生观、价值观这个"总开关"出现了偏差，理想信念这个"压舱石"发生了动摇有密切关系。因此，习近平反复强调，我们要通过加强和规范党内政治生活"筑牢信仰之基、补足精神之钙、把稳思想之舵"。

第三，党内政治生活是解决党内矛盾和问题的重要途径。习近平指出："严肃党内政治生活，是解决党内存在问题的重要途径。"党内政治生活不正常是党内其他各种问题产生的根源。作为一项基础性工程，党内政治生活对于增强党的自我净化、自我完善、自我革新、自我提高的能力，意义十分重大。刘云山指出："成功应对重大挑战、抵御重大风险、克服重大阻力、解决重大矛盾，迫切需要以严肃党内政治生活、净化党内政治生态为重点，持续推进全面从严治党，切实解决党内存在的突出问题，把党建设

---

① 参见2014年10月8日，习近平总书记在党的群众路线教育实践活动总结大会上的讲话。

得更加坚强有力。"①

第四，党内政治生活是纯洁党风政风的"空气净化器"。有什么样的党内政治生活，就有什么样的党风政风。改革开放初期，邓小平同志曾深刻指出，"我们党的政治生活、国家的政治生活有些不正常了，家长制或家长作风发展起来了，颂扬个人的东西多了，整个政治生活不那么健康，以致最后导致了'文化大革命'。"② 近年来，纪律审查和多轮巡视查处大量问题，有些地方甚至出现系统性"塌方式腐败"，追溯有些党组织党的建设缺失、管党治党"宽松软"等现象和问题，往往与政治生态受到"污染"、党内政治生活不严肃密切相关。

二、准确把握党内政治生活的现状

回顾党的历史，我党在大部分时间里党内政治生活是健康的、严肃的，是积极向上的。当然，历史上也曾出现过党内政治生活极不正常的时期。比如，在 20 世纪 30 年代初"左倾"错误期间，党内政治生活中出现了严重的"家长制""残酷斗争，无情打击"等问题，使革命事业一度蒙受严重损失；还比如，在"文化大革命"期间，党内政治生活极不正常，党的组织、优良作风遭到严重破坏，给党和国家带来许多不幸。改革开放以后，党内政治生活逐渐恢复正常，积极健康的党内政治生活成为主流，我党在长期实践中形成的一系列党内政治生活基本规范也得到了很好的贯彻和实施。党的十八大以来，以习近平同志为核心的党中央对加强和规范党内政治生活更加重视，把其作为管党治党的重要抓手。经过几年的持续用力，党内政治生活呈现出许多新的气象，良好的党内政治生态也逐渐在形成。但是，我们也要清醒看到，近年来，有些地方和部门，由于管党治党失之于"宽松软"，党内政治生活也存在诸多严重问题。它们严重侵蚀了党的思想道德基础，一定程度上破坏了党的团结和集中统一，损害了党的形象，削弱了党内政治生活的政治性、原则性、时代性和战斗性，给党的自身建设带来严峻挑战。

近年来，关于党内政治生活存在的问题，习近平总书记有过多次深入论述，体现出

① 刘云山. 严肃党内政治生活净化党内政治生态［N］. 人民日报，2016－11－07.
② 1980 年 8 月 21、23 日，邓小平同志会见意大利记者奥琳埃娜·法拉奇谈话时讲到。

鲜明的问题导向。比如，他曾提到过党内政治生活"随意化、平淡化，娱乐化、庸俗化"的问题；"一些地方和部门自由主义、分散主义、好人主义、个人主义盛行"[①] 的问题；"有的干部信奉拉帮结派的'圈子文化'"[②] 等问题。在这些讲话的基础上，党的十八届六中全会对近年来党内政治生活存在的问题进行了全面深入系统的归纳总结，并提到了一些新的表现形式，如宗派主义、山头主义、分散主义、好人主义等，还提到了高级干部中极少数人存在政治野心膨胀、权欲熏心，搞阳奉阴违、结党营私、团团伙伙、拉帮结派、谋取权位等政治阴谋活动等问题。

问题是时代的声音，民意是最大的政治。正视问题、顺应民意，我们才能保持清醒的认识和足够的定力。对党内政治生活目前存在的突出问题，我们必须保持清醒的头脑，对其严重危害更不可低估。同时，对问题产生的原因和解决问题的途径要进行深入剖析和辩证思考。分清楚这些问题哪些是新出现的，哪些是长期积累下来的；哪些是体制机制不健全造成的，哪些是制度执行不严造成的；哪些是管理不到位形成的，哪些是党意识缺失和组织纪律观念不强产生的；哪些是通过对症下药就可以解决的表层问题，哪些是需要综合施策、建立长效机制才能从根本上扭转的深层次问题。有了正视问题的意识，下一步，我们还要找到解决问题的方法，要坚持对症下药、标本兼治，切实提高针对性和实效性。

另外，对于解决这些问题，我们还要有抓铁有痕、踏石留印的韧劲和壮士断腕、铁面问责的勇气。习近平指出："我们也要清醒认识到，解决党内政治生活、政治生态中出现的问题绝非一朝一夕之功，我们需要锲而不舍把这项党的建设基础工程抓紧抓实抓好。"[③]

最后，我们也应当看到，党内政治生活中目前存在的诸多问题尽管严重但并非主流，更不是解决不了的"绝症"。我们既要看到党中央净化党内政治生态、严肃党内政治生活的决心，又要看到近年来党内政治生态和党内政治生活呈现出的良好发展态势，切实树立起解决这些问题的信心。

---

① 参见 2014 年 10 月 8 日，习近平在党的群众路线教育实践活动总结大会上的讲话。
② 参见 2014 年 1 月 14 日，习近平在第十八届中央纪律检查委员会第三次全体会议上的讲话。
③ 2016 年 6 月 28 日，习近平在中央政治局第三十三次集体学习时强调。

三、认真落实严肃党内政治生活的责任

党的十八届六中全会审议通过了《关于新形势下党内政治生活的若干准则》（以下简称《准则》），这是中央面向全党提出的新要求，为严肃党内政治生活指明了方向、提供了遵循。习近平指出："从严治党，最根本的就是要使全党各级组织和全体党员、干部都按照党内政治生活准则和党的各项规定办事。"① 党内政治生活是从严治党的一项基础工程，要把这项基础工程抓紧抓实抓好，当务之急是要认真落实严肃党内政治生活的责任，强化党员干部"严肃党内政治生活人人有责"的意识，并突出"关键少数"这个重点，以点带面，以上率下，层层传导压力，发挥好各级领导机关、领导班子和领导干部的模范带头作用。

第一，各级党组织要全面履行起严肃党内政治生活的领导责任。一方面，要认真落实好党委主体责任，认真抓好领导班子建设，引导领导班子成员严格执行《准则》。另一方面，各级党组织要把严肃党内政治生活作为全面从严治党的一项基础性工程进行周密部署和狠抓落实。另外，各级党组织要加强对下级党组织和党员干部贯彻落实党内政治生活制度的指导督查，确保用"足够的温度"让每一名党员都得到有效的锤炼。

第二，各级党组织的书记要承担起"领头"责任，当好严肃党内政治生活的第一责任人。各级党组织的书记应当把加强和规范党内政治生活当作分内之事，把抓好党建视为最大的政绩，切实对党组织负责，对本地区本单位的政治生态负责，对党员干部的健康成长负责，把责任传导给所有班子成员，层层压实责任，级级示范带动，努力形成上行下效、全党一致的生动局面。

第三，各级领导机关和领导干部要履行好"带头"责任。风成于上，俗化于下。领导机关和领导干部肩负着领导重任，执掌着重要权力，在发挥示范作用方面具有特殊职责。如果领导机关和领导干部能带头践行党内政治生活准则，就能起到以上率下的作用，让下级党组织和普通党员群众感受到榜样的力量。正因为如此，党的十八届六中全会在通过的《准则》中对领导干部特别是高级领导干部提出了更高的标准和更严的要

---

① 参见 2014 年 10 月 8 日，习近平在党的群众路线教育实践活动总结大会上的讲话。

求。《准则》中明确提出，新形势下加强和规范党内政治生活，重点是各级领导机关和领导干部，关键是高级干部特别是中央委员会、中央政治局、中央政治局常务委员会的组成人员。

第四，要认真落实纪委监督责任，强化责任追究，建立健全问责机制。严肃党内政治生活，需要自律，更需要他律。动员千遍不如问责一次。通过问责，追究的是责任，强化的是责任意识。只有通过严格的问责，各级领导机关和领导干部才能真正树立起担当意识和责任意识，严肃党内政治生活才会有制度保障。

党的十八大以来全面从严治党的理论逻辑与实现路径研究[①]

付志刚[②]

摘　要：全面从严治党思想是党的十八大以来中国特色社会主义理论体系的重要理论创新，是中国共产党党建理论的最新时代成果。全面从严治党思想是在中国共产党从严治党历史进程中的升华与发展，是在面对新时期世情、国情、党情的深刻变化下的理论创新与主动调适。新形势下推进全面从严治党的内核是思想建党，制度建党是根本保障，组织建设是基础，作风建设是重塑党的形象的关键，反腐斗争常态化是重要抓手。随着"四个全面"战略布局的全面开展，全面从严治党思想的理论体系成为治国理政框架中的重要一环，为实现社会主义现代化建设提供了强有力的保障。

关键词：全面从严治党　理论逻辑　实现路径　党的建设

① 本文是四川大学中国特色社会主义理论研究中心专项课题（项目编号：ZTZX201613）、四川大学马克思主义学院"学习贯彻习近平总书记'7·26'重要讲话精神课题"研究成果。

② 付志刚，历史学博士，四川大学马克思主义学院副教授，主要研究方向为中国近现代史、中共党史。

一、问题提出

党的十八大以来，以习近平同志为核心的党中央将从严治党上升到"四个全面"的战略布局并指出要将全面从严治党成为党的建设新常态。中国共产党第十八届中央委员会第六次全体会议于 2016 年 10 月 24 日至 27 日召开，全会聚焦全面从严治党问题，审议通过了《关于新形势下党内政治生活的若干准则》《中国共产党党内监督条例》和《关于召开党的第十九次全国代表大会的决议》。其中，全会提出"加强党内监督是马克思主义政党的一贯要求，是我们党的优良传统和政治优势。党的执政地位，决定了党内监督在党和国家各种监督形式中是最基本的、最重要的。只有以党内监督带动其他监督、完善监督体系，才能为全面从严治党提供有力制度保障"。党的十八届六中全会将全面从严治党的问题上升到一个全新的阶段与前所未有的高度。此后，全面从严治党是着眼于解决人民群众反映最强烈、对党的执政基础威胁最大的突出问题，要形成压倒性态势的反腐败斗争，只有这样才能坚定全党理想信念、增强党性，党的自我净化、自我完善、自我革新、自我提高能力显著提高，党的执政基础和群众基础更加巩固，为党和国家各项事业发展提供了坚强政治保证。

二、全面从严治党的历史逻辑与现实逻辑

（一）全面从严治党是党的建设伟大工程的必然历史逻辑

从严治党是中国共产党治党的重要原则，与中国革命、建设、改革的进程共始终。从严治党是推进政党自身建设发展的内在要求和主要动力，也是我们党 95 年来始终充满朝气与活力、经得起风险考验、取得辉煌成绩的重要保证。中国共产党历来重视党的作风建设，这是它历经近百年之所以能不断取得革命与建设胜利的政治优势和法宝。

1. "组织建党"：建党伊始着力制定各项章程，奠定组织基础

党在创建之时就强调始终严明党的纪律，要求"接受党员要特别谨慎，严格审查"。党的一大提出民主集中制这一党的根本组织原则和根本制度，到党的二大制定《中国共产党章程》这一党的根本大法，党章专设"纪律"一章，制定了具体的党员纪律处分细则。三大党章将民主集中制作为党的指导原则，为从严治党打下了组织基础。

"支部建在连上"的原则是在革命时期"组织建党"的生动实践，为日后加强党的组织建设提供了依据。毛泽东在率领军队放弃攻打长沙转而进入井冈山地区的途中，在三湾村对组织思想涣散、旧军阀习气浓重的部队加以整编。其中最为重要的变化来自在部队中建立党的各级组织，连队设支部，营、团设党委，部队的一切重大问题，都要经过党组织集体讨论才能作出决定。经过"三湾改编"，"支部建在连上"的原则正式确立了，从而在组织上确立了党对军队的领导。此后的古田会议进一步明确了这一组织原则，在抗战时期进一步发展为军队的政委制度。

"支部建在连上"的原则抓住了"组织建党"的本质和核心，使我们党找到了载体和依托，只有党的组织生机勃勃，党的整个组织才能坚强有力、有朝气，成为"组织建党"的思想源泉与理论创建。

2. "思想建党"：革命时期和建设初期开展思想整风，加强思想教育

土地革命战争阶段，毛泽东就感觉到了"思想领导"的重要性，并在古田会议上提出了"纠正党内错误思想"，主张用无产阶级思想克服党内各种非无产阶级思想，以保持党的无产阶级先锋队性质，为我们党和军队赋予了政治灵魂。延安整风时期，毛泽东关于着重从思想上建党的理论经过实践系统展开而达到成熟。从理论上看，毛泽东明确提出"着重思想"建党的论断，并且概括出思想建设的基本内容；从实践上看，延安整风作为共产党人进行马克思列宁主义思想教育的一大创造，则是实行思想建党的典范，是国际共运史上的一个创举，目的就是端正思想路线。在延安整风结束后召开的党的七大，把着重从思想上建党上升到毛泽东的建党路线的高度，并作了完整的说明。中华人民共和国成立后，我们党更加注重从严治党的优良传统，八大党章强调"必须不断地发扬党的工作中群众路线的传统"，提出了坚持民主集中制的 6 条原则、党员的 10 项义务和 7 项权利。

在加强思想建党的理论与实践过程中，我们党多次开展整风运动，加强对党员的教育，严肃党的纪律，推进从严治党，理论联系实际、密切联系群众、批评与自我批评成为从严治党的优良传统作风。

3. "制度建党"：改革开放以来党完善制度建设，加强"拒腐防变"

制度治党是思想建党的有力保障。制度更带有根本性、全局性、稳定性、长期性。靠制度管党、治党，是我们党加强自身建设的又一重要举措。1985 年 11 月 24 日，中共中央整党工作委员会发出《关于农村整党工作部署的通知》，提出"要从严治党，坚

决反对那种讲面子不讲真理，讲人情不讲原则，讲派性不惜牺牲党性的腐朽作风"。这是中央文件中首次明确提出"从严治党"。

党的十四大强调要坚持党要管党和从严治党，并将"坚持从严治党"写入章程，使从严治党上升到党的根本大法的高度，标志着我们党正式将其作为管党治党的总遵循和根本原则。此后，党的十五大明确提出"从严治党，是保持党的先进性和纯洁性，增强党的凝聚力和战斗力的保证""把从严治党的方针贯彻到党的建设的各项工作中去"。党的十六大又提出"全面推进党的建设新的伟大工程"，党的十七大提出"以改革创新的精神全面推进党的建设新的伟大工程"，党的十八大进一步明确提出"全面提高党的建设科学化水平"。

4. "三位一体"：新形势下全面从严治党融合互动

新形势下，需要全面总结建党以来的管党治党经验，将"组织建党""思想建党"与"制度建党"三位一体的方式切实统一于"全面从严治党"的新的伟大工程之中，实现三者的融合互动。

党的十八大以来，以习近平同志为核心的党中央将从严治党上升到"四个全面"的战略布局，并指出要使全面从严治党成为党的建设新常态。中国共产党第十八届中央委员会第六次全体会议更是聚焦全面从严治党问题，提出"加强党内监督是马克思主义政党的一贯要求，是我们党的优良传统和政治优势。党的执政地位，决定了党内监督在党和国家各种监督形式中是最基本的、第一位的。只有以党内监督带动其他监督、完善监督体系，才能为全面从严治党提供有力制度保障"，将全面"从严治党"的问题上升到一个全新的高度，标志着全面从严治党思想的形成，体现了全面从严治党的战略地位。

总之，由"从严治党"到"全面从严治党"的过程，展现了新时期中国共产党加强自身建设的历史图景。亦可看出，"全面从严治党"的提出，是我们党管党治党经验的深刻总结，既传承了党加强自身建设的优良传统，又总结了党的十八大以来管党治党实践的新经验，有着深厚的历史底蕴、鲜明的时代特征和坚实的实践基础。

（二）新时期深刻形势变化中全面从严治党的现实逻辑

习近平全面从严治党重要论述的形成是党应对党的十八大以来新的世情、国情和党情而做出的必然选择，是保持党的纯洁性、密切新时期党群关系的现实要求。

1. 全面从严治党是马克思主义党建理论的发展与创新

实现无产阶级解放重要的条件之一就是"为保证社会革命取得胜利和实现革命的最高目标——消灭阶级，无产阶级这样组织成为政党是必要的"[1]。马克思提出了无产阶级政党的奋斗目标，用科学的理论武装党，提出党的纲领，这构成马克思主义党的建设理论的核心内容。列宁加强和改进布尔什维克党的建设，主张从严治党，着力进行反腐败斗争。消极腐败现象损害了党的形象和声誉，给社会主义事业"带来巨大的实际损失"[2]。

从马克思到列宁，无产阶级政党理论实现了飞跃式的发展，实现了建党到治党、革命党到执政党的跨越。特别是列宁关于执政条件下党的建设的总体思路，对中国共产党的从严治党有着重要的启示意义。

2. 全面从严治党的提出是应对国际环境激荡的主动适应

在风云际会的国际局势中，中国共产党需要全面从严治党，统一全党思想，在国际性挑战与机遇中立于主动地位。

从整体的国际局势判断，和平发展依然是主流，但国际形势波谲云诡，地方性冲突此起彼伏，多元文化交流交融交锋，国际力量较量又出现新态势，各国各地区之间政治经济竞争、文化意识形态竞争也愈演愈烈，世界局势充满了不确定性。波谲云诡的国际局势给我国带来新的机遇和挑战。

全球性的经济合作纵深发展，"地球村"越来越成为现实，国际经济、政治、文化等各领域的合作深入发展，也为在错综复杂的形势下寻求发展机遇提供了条件。总体来看，中国共产党既面临颠覆和制裁等挑战，也面临合作与发展的机遇。中国共产党只有推进全面从严治党，不断提高自己的理论水平和执政能力，推进党的治理能力和治理水平的现代化，用新颖宽广的视野把握世界发展的大趋势，才能应对好、解决好层出不穷的国际新课题。

3. 全面从严治党的提出是顺应国内形势的理论调适

中国共产党已成立90余年，有8900多万党员，保持着连续68年的长期执政。能否始终保持党的先进性、纯洁性关乎党的形象，关系人心向背，关系党和国家生死存亡。

在全面深化改革中矛盾与问题不断浮现，通过全面从严治党不仅可以重塑党的先进性及其在全国各族人民中的形象，还能提高权威性和公信力，有力领导全党全国全面建成小康社会，夺取中国特色社会主义伟大胜利，实现中华民族伟大复兴中国梦。

经过改革开放前 30 年的努力，我国社会经济发展已经取得了举世瞩目的成就，改革红利不断释放。一方面，当前处于中华民族民族复兴由大向强的关键期和"两个一百年"目标的衔接期。我国初级阶段已经处于初级阶段与现代化的衔接过渡期，走出初级阶段的酝酿加速期，初级阶段的质量水平提高期，实现新型工业化、信息化、城镇化、农业现代化的跃升期。与此同时，也迎来了改革的深水区，诸多矛盾风险隐患高发、频发，面临着"塔西佗陷阱""中等收入陷阱"等现实问题。正如习近平指出的"实现'两个一百年'奋斗目标，实现中华民族伟大复兴的中国梦，必须坚持党要管党、从严治党"[3]。全面从严治党作为"四个全面"战略布局中非常重要的一个方面，然而要随着四个全面战略布局的纵深推进而推进，四个全面战略布局的展开与推进，离不开全面从严治党。

习近平总书记指出，全面从严治党永远在路上。一个政党，一个政权，其前途命运取决于人心向背。对党的十八大以来全面从严治党取得的成果，人民群众给予了很高评价，成绩值得充分肯定，经验值得深入总结。但是，我们绝不能因此而沾沾自喜、盲目乐观。全面从严治党依然任重道远。全党要坚持问题导向，保持战略定力，推动全面从严治党向纵深发展，把全面从严治党的思路举措搞得更加科学、更加严密、更加有效，确保党始终同人民想在一起、干在一起，引领承载着中国人民伟大梦想的航船破浪前进，胜利驶向光辉的彼岸。[4]

三、党的十八大以来"全面从严治党"的实现路径

全面从严治党不是在历史经验基础上的简单叠加，有着全方位考量、全新的现实格局、严密的思路和坚决的执行。从严治党新格局的构建既要继承党的优良传统，又要在汲取党的建设经验的同时结合党的时代使命，走出一条符合时代要求的、适合中国特色社会主义道路的全面从严治党之路。

（一）思想建党是新形势下推进全面从严治党的内核

思想建党是我党的传家宝，是在革命和建设时期我党不断形成的政治优势和优良传

统，也是新形势下推进全面从严治党的内核。坚持思想教育从严，加强全党的思想建设，才能抓住全面从严治党的根本。

加强思想建党首先需要不断强化全体党员干部的理想信念。习近平在多个场合始终强调党员干部要有坚定的理想信念，"要坚定理想信念，切实解决好世界观、人生观、价值观这个'总开关'问题"[5]，"思想上的滑坡是最严重的病变"[6]，当前进入改革的深水区，多元思想交流碰撞，诱惑与挑战花样翻新，一些党员干部的思想道德"防线"不断下滑乃至崩塌。十八大以来，200多名原中管领导干部因腐败问题被审查，100多万人因违纪违规受到组织处理，约20万人因违反中央八项规定精神被处分。这些党员干部被查处，究其根本都是因为理想信念出了问题，"软骨病"导致政治蜕变、经济贪婪、生活腐化，最后滑向违法犯罪的深渊。因此，思想建党关键是加强广大党员干部对共产主义的信念，才能切实增强党的自我净化、自我提升、自我完善、自我革新的能力，才能永葆党的先进性、纯洁性，才能保证党始终是伟大事业的坚强领导核心。

加强思想建党需要不断展开群众教育实践活动，切实培育和扎实践行社会主义核心价值观。党的十八大召开后不久，党中央通过问题为导向，展开了以"四风"建设为中心的群众教育实践活动，通过"照镜子、正衣冠、洗洗澡、治治病"等方式，适时制定和推出中央八项规定，以整风的精神开展批评和自我批评，分析原因，对症下药，即实现自我净化、自我完善、自我革新、自我提高。一时间，全党上下不良风气得到及时遏制和扭转。与此同时，把培育和弘扬社会主义核心价值观融入思想建党的全过程，以价值力量凝聚起共产党人的精气神。党员和领导干部是践行社会主义核心价值观的领导力量和先锋模范。社会主义核心价值观是广大党员道德规范的硬准则。共产党人要在践行社会主义核心价值观上见行动、走在前，要带头弘扬传统美德、恪守社会公德、遵从职业道德、培育家庭美德、修炼个人品德，从"严"上要求、从"实"处着力，以核心价值观的坚守引领正确的事业观、政绩观、权力观，清清白白做人、干干净净做事、坦坦荡荡为官。

（二）制度建党是新形势下推进全面从严治党的根本保障

制度建党是思想建党的深化、发展和巩固，健全和完善党的制度体系建设是管党治党的根本之策，是新形势下推进全面从严治党的根本保障。习近平总书记在党的群众路线教育实践活动总结大会上明确指出：要坚持思想建党和制度建党紧密结合。

全面从严治党要加强制度对权力的约束力，通过制度权威抑制权力的过度膨胀，将权力容纳到制度可控的范围，完善的制度建设才能将权力发挥到有效之处。为此，中共中央于 2015 年 10 月 18 日颁布新修订的《中国共产党廉洁自律准则》和《中国共产党纪律处分条例》，从道德情操和纪律规范两方面将全面从严治党提升到制度的高度和层面。通过德治和法治双管齐下，明确要求干部严于律己，清正廉明，构建风清气正的政治生态。

全面从严治党要加强制度的健全、工作的落实和权力的监督机制。将党的纪律要求上升为严密的党内法规，成为根本性法规党章、实体性法规、程序性法规有机统一的党内法规体系，确保党纪党规党法的严肃性和权威性。党章和党内各项法规条例是调整党内关系、维护党内秩序、约束党员行为的根本规范，党员行为和党内活动画下了清晰的界线，从而编织严密的"制度笼子"，约束党员特别是领导干部的行为及权力行使。

制度建党中"要完善党内法规制定体制机制，注重党内法规同国家法律的衔接和协调"[7]。实现两者的衔接和协调必须坚持党纪严于国法。党的各级组织和广大党员干部不仅要模范遵守国家法律，而且要按照党规党纪以更高标准严格要求自己坚决同违法乱纪行为作斗争。要建立协调顺畅的案件查处机制，发现党员违纪问题，纪检监察机关查清其违纪事实，及时作出党纪处分。如涉嫌违法犯罪，必须移送司法机关依法处理。

补齐制度短板，查处"微腐败"，紧扎制度的笼子。"牛栏关猫"的制度被试探久了必将成为"稻草人"，在查处基层"微腐败"的同时要深入研究剖析，弥补制度"漏洞"，补齐制度"短板"，用严密的制度规范基层党员、干部的言行举止。制度的生命在于执行。要加强监督检查，狠抓制度执行，不留"暗门"、不开"天窗"，坚持制度面前人人平等，坚决查处跟制度"叫板"的行为，切实维护制度的严肃性和权威性，使制度成为"带电的高压线"，充分发挥制度的效力，强化责任追究。

（三）党的组织建设是新形势下推进全面从严治党的基础

党的组织建设是新形势下推进全面从严治党的基础，组织建设的中心工作在于从严治吏，加强和改进党的选人用人机制，切实推动基层党组织建设。

习近平总书记多次强调"从严治党，关键在于从严治吏"[8]。从严治吏首先要建立健全严格规范的官员选拔运行机制，严格选人用人，完善选人用人的标准。切实按照"信念坚定、为民服务、勤政务实、敢于担当、清正廉洁"[9]的原则，启用真正理想信念坚定、气正风清、德才兼备、以德为先，愿意为人民服务，敢于担当，勇于开拓创新的党员干部。同时，要加强对权力的监督。绝对权力滋生绝对腐败，只有将权力关进笼子里，实行"重大责任终身问责"，通过纪律监督、群众监督、舆论监督、网络监督等多种方式相结合，建立完善干部全方位监督的制度机制，才能真正做到权为民所用、权为民所监。

其次，基层党组织建设是落实全面从严治党的"牛鼻子"。党的基层组织是党在社会基层组织中的战斗堡垒，是党的全部工作和战斗力的基础。基层党组织是我们党的执政根基，是整个党组织的"神经末梢"，是落实党的路线方针政策和各项工作任务的"毛细血管"。长期以来，权力任性、权力寻租现象在基层表现得更为明显与突出；不守纪律、不讲规矩现象在基层更为普遍，严重影响了党和政府的形象，成为人民群众对党消极看法的直接来源。这些乱象的出现都与基层党组织软弱涣散有着直接或间接关系。

习近平总书记在江苏调研时就指出，从严治党是全党的共同任务，既需要全党"大气候"，也需要局部"小气候"。各级党组织要主动思考、主动作为，通过营造良好小气候促进大气候进一步形成。[10]基层党组织是党密切联系人民群众的桥梁和纽带，是党的各级领导机关了解人民群众愿望和要求的主要渠道，是人民群众认识和了解党的"窗口"。

基层党组织需要以更加严格的标准和尺度来加强组织建设，发挥"战斗堡垒"作用。严格筛选任用基层书记领导，发挥领头羊作用；健全考核评价机制，强化问责制度，发挥监督监管效能；密切联系群众，提高工作水平和服务质量，发挥社会服务职能；创新工作机制，拓展工作思路，建立信息化、数字化平台。

（四）作风建设是新形势下推进重塑的党的形象的关键

作风建设是中国共产党在革命与建设时期不断形成与改进的优良传统，是党建工作的重要内涵，更是全面从严治党的必要内容，是新形势下推进重塑党的形象的关键。早在七届二中全会上，毛泽东就提出了"务必使同志们继续地保持谦虚、谨慎、不骄、不躁的作风，务必使同志们继续地保持艰苦奋斗的作风"[11]，以强调作风问题在革命胜利的关键转换中的关键作用。此后几代领导人也在重要场合多次严厉告诫全党要加强作风建设，提高拒腐防变的能力。

党的十八大以来，以习近平同志为核心的党中央以作风建设作为全面从严治党的切入点和突破口，以"治病救人"为目的，抓作风、改作风、反四风，逐渐转变了党风，改变了党的政治生态，在党内形成风清气正的良好局面。中央政治局首先通过了"关于改进工作作风，密切联系群众的八项规定"，对腐败零容忍，接收群众的全面监督。以此为契机开启了全面从严治党的历史新进程，形成了常态化的反腐高压局面，改变了政治生态，获得了人民的高度赞誉，巩固了党的执政基础。

此后，党中央进一步加强整风建设，开展了"三严三实"主题教育活动，把作风建设向更深更广的领域推动。一方面，中共中央办公厅印发《关于在县处级以上领导干部中开展"三严三实"专题教育方案》，对 2015 年在县处级以上领导干部中开展"三严三实"专题教育作出安排。另一方面，开展批评与自我批评。党的十八届六中全会重申党内政治生活中必须坚持严格的批评和自我批评。"批评别人与自我批评都要坚持以事实为依据，排除私心杂念和外界的干扰，使批评经得起群众的评判和历史的检验。"[12] 在批评教育中，领导要率先垂范，发挥领导干部的先锋模范作用；要制定详细而周全的批评与自我批评的制度性程序，充分发扬党内民主；要敢于接受意见，乐于接受意见，及时纠正意见中的问题。

（五）反腐斗争常态化是新形势下推进全面从严治党的重要抓手

全面从严治党永远在路上，反腐斗争常态化是党始终保持的先进性和纯洁性的重要要求，也是党肩负的伟大而艰巨的历史使命所决定，还是新形势下推进全面从严治党的重要抓手。

习近平总书记在十八届中央纪委五次全会上反复告诫要"打赢党风廉政建设和反腐败斗争这场攻坚战、持久战"[13]，这表明党中央坚定地要通过反腐斗争常态化将全面从严治党进行到底的决心和勇气。反腐败斗争贯穿于中国共产党成立以来的历史全过程，不是阶段性、运动式的，而是长期性、持续的，是常态化、制度化的，在革命时期，中国共产党走上执政地位是历史和人民的必然选择，其重要原因之一就是通过从严治党形成了强大的凝聚力和战斗力，承担起实现民族独立、人民解放的历史重任，保持了与人民的血肉联系。在中华人民共和国成立以来的建设时期，不断取得新成就，不断夯实党的执政基础，不断巩固党的执政与领导的合法性，也是在于始终坚持党要管党、从严治党。在实现两个一百年的宏伟目标过程中，在中国共产党在领导人民实现中华民族伟大复兴、建设中国特色社会主义的继往开来中，必然仍将坚持全面从严治党，反腐败斗争不会也不能"暂停"或"中止"，永远在路上。

四、结语

全面从严治党思想是党的十八大以来中国特色社会主义理论体系的重要理论创新，是中国共产党党建理论的最新时代成果。全面从严治党思想是在中国共产党从严治党历史进程中的升华与发展，是在面对新时期世情、国情、党情的深刻变化下，回答了"建设什么样的党，怎样建设党"的问题，有着深刻理论逻辑和理论思考。随着"四个全面"战略布局的全面开展，习近平关于全面从严治党的重要论述成为治国理政框架中的重要一环，为实现社会主义现代化建设提供了强有力的保障。

参考文献

[1] 马克思恩格斯文集：第3卷［M］. 北京：人民出版社，2009：228.

[2] 列宁全集：第34卷［M］. 北京：人民出版社，1985：422.

[3] 习近平. 习近平谈治国理政［M］. 北京：外文出版社，2014：390.

[4] 习近平. 在省部级主要领导干部"学习习近平总书记重要讲话精神，迎接党的十九大"专题研讨班开班式上的讲话［J］. 2017－07－26.

[5] 习近平. 坚持用好批评和自我批评的武器提高领导班子解决自身问题能力［N］. 人民日报，2013－09－26.

[6] 习近平. 在党的群众路线教育实践活动总结大会上的讲话［N］. 人民日报，2014－10－09.

[7] 习近平. 习近平关于党风廉政建设和反腐败斗争论述摘编［M］. 北京：中央文献出版社，2015：49.

[8] 中共中央文献研究室. 十八大以来重要文献选编（上）［M］. 北京：中央文献出版社，2014：350.

[9] 中共中央文献研究室. 十八大以来重要文献选编（上）［M］. 北京：中央文献出版社，2014：337.

[10] 习近平. 在江苏省调研时的讲话［EB/OL］.（2014－12－14）. 中央纪委监察部网站.

[11] 毛泽东. 毛泽东选集：第4卷［M］. 北京：人民出版社，1991：1438－1439.

[12] 马朝琦. 落实从严治党要坚持深入开展批评与自我批评［N］. 光明日报，2015－06－07.

[13] 习近平在十八届中央纪委五次全会上的重要讲话［N］. 人民日报，2015－01－14.

近年来国内 《共产党宣言》 研究的五个重心及四点展望

纪志耿　　祝林林[①]

摘　要：《共产党宣言》作为共产党人首个全面完整的纲领，一直都是国内外学术界研究的热点和重点。近年来，国内学术界围绕《共产党宣言》的传播历程、文本精神、核心思想、当代价值等主要问题进行了积极的探讨和研究，并取得了五个方面的丰硕学术成果。但作为一部内容丰富、思想常青的经典文献，现有的研究成果在研究方法、研究内容、时代价值等方面还有待创新和深化。因此在以后的研究中，应加强它与马克思主义经典文献的比较研究、深化其七篇序言的研究、加强它与习近平新时代中国特色社会主义思想的关系研究以及深度挖掘其时代价值。

关键词：共产党宣言　五个重点　四点展望

　　《共产党宣言》（以下简称《宣言》）是科学社会主义诞生的标志，一直都是国内外学术界研究的重要文献。通过回顾和梳理近年来国内学术界对《宣言》的研究，可以发现研究成果不仅有对《宣言》传播历史的考究，还有对其核心思想的辨析以及多角度的解读。厘清当前对《宣言》的研究现状与未来的研究理路，有助于更加明确我们在新时代"坚持和发展什么样的中国特色社会主义"以及"怎样坚持和发展中国特色社会主

---

　　① 纪志耿，四川大学党委宣传部副部长，马克思主义学院副教授，硕士生导师，主要研究方向为马克思主义中国化。祝林林，四川大学马克思主义学院硕士研究生，主要研究方向为马克思主义中国化。

义"。

一、关于《宣言》创作历史与传播历程的研究进展

以前对《宣言》的创作历史和传播历程研究主要集中在出版时间的考证、在中国的翻译历程研究、中译版本的考证、部分关键词句译文的研究以及传播原因的研究等方面。[1]近年来，学术界不仅对《宣言》的汉译版本进行考究，而且在马克思、恩格斯本人对《宣言》的发展、传播的载体、传播的成果等方面展开了探讨与研究。

（一）《宣言》写作过程研究

《宣言》作为马克思主义发展史上极为重要的一部文献，它的形成并不是一蹴而就的。在它之前有两篇重要的文献为其奠定了基础，即恩格斯撰写的《共产主义信条草案》（以下简称《信条》）和《共产主义原理》（以下简称《原理》），尤其是后者对《宣言》撰写影响极大。这样的创作历史给西方的"马克思主义"学者留下了可以深入钻研的余地，即"马克思、恩格斯关系问题"的探讨。他们认为《宣言》和《原理》之间是"对立"的，这就是目前学术界统称的"《宣言》—《原理》问题"。李锐对此问题进行了详细的研究，他首先分析"《宣言》—《原理》问题"是什么。他指出李希特·海姆在比较了《宣言》和《原理》之后，认为两者存在多项"对立"，例如马克思、恩格斯对生产力的观点以及对人的研究等方面；与此同时李锐还指出"《宣言》—《原理》问题"不仅包含"对立"问题，还面临"抄袭"的诘难。提出这一观点的是卡佛，卡佛认为《宣言》和《原理》之间的继承性与相似性不是马克思和恩格斯之间"合作关系"的证据，恰巧是《宣言》抄袭《原理》的有力证据。李锐通过对两种观点的比较与分析，指出无论是以李希特·海姆为代表的西方学者提出的"对立问题"，还是以卡佛为代表的西方学者提出的"抄袭说"，都没看到矛盾的普遍性和特殊性以及都没用历史唯物主义和辩证唯物主义的观点来看待《宣言》和《原理》的关系。[2]许文星通过比较《宣言》与两份草稿的结构、用词以及内容，更加明确了马克思和恩格斯思想的一致性。[3]

（二）关于马克思恩格斯对《宣言》的完善情况研究

1848年发表的《宣言》是马克思、恩格斯为第一个无产阶级政党——共产主义者

同盟制定的纲领，蕴含了"实现人的自由全面发展是社会主义的价值目标；实现绝大多数人利益并最终达到共同富裕是社会主义的出发点和落脚点；促进社会生产力的不断发展是社会主义的根本任务；消灭私有制，建立生产资料公有制是实现社会主义目标的前提；无产阶级政党的领导和无产阶级的统治是建立社会主义的根本保证"[4]等科学社会主义原则和马克思主义理论。这些理论并不是故步自封的，而是要随着历史条件的变化而不断发展。马克思、恩格斯对其发展主要体现在七篇序言、后面的书信与文章以及马克思写的《法国工人党纲领导言》等著作中。陶文昭通过对《宣言》的七篇序言以及马克思恩格斯涉及其内容的大约 30 篇文章和 96 封书信的研究，指出这些文献进一步阐释了《宣言》的基本思想和核心价值，并以此为政治准绳，指导国际工人运动和回击形形色色的机会主义思潮。[5]在《宣言》经受 30 多年历史实践检验的基础上，马克思在 1880 年写下了又一极为重要的共产主义历史文献——《法国工人党纲领导言》。常卫国通过对该文献的研究，指出《法国工人党纲领导言》是马克思根据当时的历史环境和历史任务所撰写的"共产党宣言"，尽管在某些表述上二者有一些差别，但它与《宣言》所涉及的范围都是共产主义理论的最基本问题，可以称其为《宣言》的浓缩版。[6]

（三）《宣言》的传播情况与无产阶级革命的关系研究

《宣言》的传播总是与无产阶级革命息息相关，可以说无产阶级革命运动的消长决定了其传播的命运。由于 1848 年欧洲革命的广泛性，《宣言》一问世，就受到 1848 年欧洲革命中无产阶级先锋战士的欢迎。《宣言》仅在 1848 年就被翻译成了法文、波兰文、意大利文、丹麦文、佛来米文以及瑞士文等六种文字。欧洲革命失败后，欧洲工人运动也进入了低潮。刘坤远列举了 1851 年 1 月 8 日恩格斯给马克思写信征求其在英国曼彻斯特宪章派的革命派中宣传《宣言》的意见，以及 1851 年 6 月马克思请美国的工人活动家魏德迈将刊登在 1850 年宪章派杂志《红色共和党人》上的《宣言》英译文在美国出版的愿望未能实现两个案例，证明其传播命运的多舛。19 世纪 50 年代末和 60 年代初，国际工人运动出现了新的高涨，《宣言》的传播范围随之扩大。1871 年到 1872 年《宣言》穿越大洋在美国传播，1871 年德文版的《宣言》在纽约被翻译成英文，并在《伍德赫尔和克拉夫林》上发表，随后有人根据这个英文版的《宣言》再次把它译成法文，于 1872 年在纽约的《社会主义者报》上刊载。在这期间，《宣言》被翻译成多个语言出版，包括德文第二版和第三版的顺利出版以及俄文版的出版等。[7]无论是《宣言》在西方的传播还是在东方的传播，其传播的广泛性都与无产阶级工人运动的消涨紧密相关。

（四）《宣言》在中国的传播研究

作为东方最先信仰马克思主义的国家之一，《宣言》在中国的传播历史较久且成果显著。19世纪末20世纪初，《宣言》开始在中国传播，相关著作颇多。但在近年来，学术界慢慢打破以《宣言》作者和《宣言》文本为中心的研究范式，尤其是刘招成从读者对《宣言》的接受角度研究了中国共产党建党前中国人对《宣言》的接受过程、接受特点以及接受原因。该学者指出由于清末民初国内特定的社会环境、传播者不同的社会文化历史背景以及接受者自身不同的经历与知识背景，使得建党前中国人对《宣言》的接受，大致与中国革命紧紧相关；其内容主要集中在阶级斗争、无产阶级革命、无产阶级专政等观点上；阅读文本主要是通过多种外文辗转而得；接受的主体主要是广大青年知识分子。[8]《宣言》在中国的传播不仅开了花，而且还结了果，形成了《中国共产党宣言》。高放指出这份《中国共产党宣言》的历史意义，即第一次亮出了"中国共产党"的名称，第一次把《宣言》的核心思想和列宁主义的核心思想结合在一起，并以简明的概括和表述呈现在早期的中国共产党人面前，提高了早期共产党员的思想觉悟和政治水平与理论素养，促进了中国共产党第一次全国代表大会的召开和中国共产党的正式成立。[9]

（五）《宣言》汉译版本的相关研究

中国共产党人学习和宣传《宣言》并不是直接以马克思和恩格斯所写的德文版本为蓝本，因此学术界对于《宣言》中译本的版本存在一些争议，这也成了学术界研究《宣言》在中国传播的重要话题之一。陈红娟通过厘清译本源流以及译本之间的内在关系，综合考虑译者、蓝本以及内容变更幅度等参考因素，指出当前可考证的《宣言》汉译本一共有12个，包括中华人民共和国成立前的陈望道译本、华岗译本、成仿吾和徐冰译本、陈瘦石译本、博古译本、乔冠华译本以及莫斯科译本，中华人民共和国成立后的4个版本的中央编译局译本"系统"和1978年成仿吾译本。[10]然而佟景洋通过对相关史料的考究，认为中华人民共和国成立前《宣言》中译本的完整版本共有六个，分别为

1920 年 8 月由位于上海的社会主义研究社出版的陈望道翻译的版本、1930 年由位于上海的华兴书局出版的华岗翻译的版本、1938 年 8 月由延安解放社出版的成仿吾和徐冰两人共同翻译的版本、1943 年 8 月由延安解放社出版的博古翻译的版本、1943 年 9 月由上海印刷馆出版的陈瘦石翻译的版本、1948 年由苏联外国文书籍出版局出版的谢唯真等人翻译的版本。与此同时，该学者指出中华人民共和国成立后《宣言》的汉译本主要有以下几个版本：1949 年 9 月人民出版社出版的根据莫斯科译本重印的版本、1958 年 8 月由中共中央编译局校对后人民出版社出版的单行本、1978 年人民出版社出版的成仿吾第三次修订的版本、1997 年 8 月人民出版社根据《马克思恩格斯选集》中文第 2 版第 1 卷中的《宣言》的新译文出版的版本、1998 年中央编译出版社出版的纪念版和珍藏版、2014 年 12 月由人民出版社出版的单行本，以及 1954 年 7 月由时代出版社出版发行的俄华对照本、1958 年 11 月由文字改革出版社出版的汉语拼音注音本等。[11]

（六）《宣言》汉译本的专题性研究

近十年来，对《宣言》某一具体译本的专题研究仍然是学术界研究的主要话题之一，其中对陈望道和博古翻译的《宣言》专题研究较多。目前学术界对陈望道翻译的《宣言》研究主要集中在初版时间考证、版本源流、底本甄别等三个方面。陈红娟针对学术界对译本首次出版的具体时间争议，即"四月说""九月说"以及"八月说"，通过对共产国际相关资料的考证，尤其是对维经斯基的书信考究，证明陈望道的《宣言》全译本第一次出版的时间应为 1920 年 8 月以后，但应在 8 月 17 日之前。她通过对相关史料的考证指出中华人民共和国成立前，陈望道译本在全国共有 17 种版本，包括非伪装版本 12 种和伪装版本 5 种；关于陈望道翻译《宣言》的底本，学术界现有英译本、日译本以及俄译本三种观点，陈红娟通过对陈望道翻译本的产生过程、陈望道本人的回忆以及与日译本的词汇对比，指出陈望道译本的主要底本是 1906 年辛德秋水、堺利彦合译的日译本。[12]对博古译本的研究算是学术界较为新的视角，可以说是处于起步阶段。张远航通过大量的史料和文本分析，阐明了其产生的历史语境，确证了其翻译底本为俄文版，考证了其出版数量大约为 622 500 册以及确立了其为中华人民共和国成立前发行规模最大和传播范围最广的马克思主义经典著作中译本。[13]

（七）《宣言》关键词、句的译介研究

近十年以来，《宣言》的研究继承了 21 世纪以来的具体化、精细化研究范式，对其中的重要术语和关键词句的中译文变迁展开了研究。陈红娟在梳理了《宣言》中"绅士""绅士阀""Gespenst""nation"等重要术语的翻译变迁，以及回顾了学术界对《宣言》中"消灭私有制"和"全世界无产者，联合起来"两个重要译句的讨论之后，[14]从概念史的角度考察了"阶级"概念在汉译本中的变迁（1900—1920）。在这一变迁的过程中，"阶级"在《宣言》汉译本经历了次数逐渐增加和多元的表达；"阶级"这一概念经历了从不同地域和不同文化的语义旅行，在中国文化和实际的融合中获得了中国化的语义；"阶级"这一概念的社会功能发生了由服务等级协作的封建礼制向社会分化的嬗变。[15]有学者还对《宣言》首句中译文的演变展开了研究，徐洋通过对相关史料的研究发现，《宣言》首句中译文百余年来经历了以下的演变：1908 年民鸣本译为"欧洲诸国，有异物流行于其间，即共产主义是也"。1920 年陈望道本译为"有一个怪物，在欧洲徘徊着，这怪物就是共产主义"。1930 年华岗本译为"有一个怪物正在欧洲徘徊着——这怪物就是共产主义"。1938 年成仿吾、徐冰本译为"一个巨影在欧罗巴踯躅着——共产主义的巨影"。1943 年博古本译为"一个幽灵在欧罗巴踯躅着——共产主义底幽灵"。1945 年陈瘦石本译为"一个精灵正在欧洲作祟——共产主义的精灵"。1947 年乔冠华校成仿吾、徐冰本译为"一个巨影在欧罗巴踯躅着——共产主义的巨影"。1949 年莫斯科《宣言》百周年纪念本译为"一个怪影在欧洲游荡着——共产主义的怪影"，这种中译文一直延续到 1964 年。中央编译局校订、人民出版社出版的单行本译为"一个幽灵，共产主义的幽灵，在欧洲徘徊"，这种中译文一直延续到 1995 年，《马克思恩格斯选集》第 2 版第 1 卷译为"一个幽灵，共产主义的幽灵，在欧洲游荡"[16]。

二、关于《宣言》核心思想的研究进展

（一）《宣言》核心思想的辨析

《宣言》作为马克思主义的经典文献，其内容极其丰富、深刻。但关于其核心思想，国内理论界尚未达成一致意见。郝贵生并不认同当前理论界归结的以下五种核心思想：阶级斗争思想、"两个必然"思想、"消灭私有制"和"两个决裂"思想、"人的自由全面发展"思想以及"全球化"思想。他通过对其基本观点的分析和本身章节之间的内在

逻辑关系的剖析，指出把"全球化"思想归结为其核心思想是错误的，而把"一个消灭，两个决裂"和"人的自由而全面的发展"思想归结为它的核心思想是正确的。[17]高放通过引用恩格斯在 1888 年为《宣言》写的英文版序言的经典论述和本身第二章结尾的经典名句，以及恩格斯晚年的答意大利记者的经典话语，论证了《宣言》的核心思想是"每个人的自由发展"，而"一个消灭"和"两个决裂"是实现人自由发展的步骤和手段之一。[18]

（二）对"消灭私有制"的探究

马克思和恩格斯在《宣言》的无产者和共产党人章节中指出，"从这个意义上说，共产党人可以把自己的理论概括为一句话：消灭私有制"[19]。这一论断给中国共产党人和人民群众留下了难以磨灭的思想烙印，但是我国经济发展实际是存在私营经济的，这给中国人民和部分共产党人带来了困惑。如何理解马克思和恩格斯这一著名论断，有学者做出相关的探究。耿步健认为，"消灭私有制"是要废除资产阶级的所有制，而不是要消灭一切形式的私有制；私有制是社会生产力发展到一定阶段的且相对不足的必然产物，因此消灭私有制要以一定的社会生产力为条件；消灭私有制不是要剥夺公民个人的私有合法财产，而是要使公民的合法私有财产受到法律的保护。[20]董德刚从宏观的历史大尺度角度和社会发展的规律角度论证了这个论断的正确性，同时该学者也指出，消灭私有制是建立在高度发达的生产力之上，并且消灭私有制也是一种自然的历史过程，而不是简单的抛弃和替换。[21]

三、关于《宣言》多维内容的研究进展

作为马克思主义诞生标志的《宣言》，至今仍然是国内理论界关注的重点话题之一。近十年来，国内学术界对《宣言》的研究呈现出多角度的解读，涌现出了众多学术成果，这些学术成果涉及政治、经济、文化以及人类发展方向等方面。

（一）对《宣言》中的全球化思想研究

尽管《宣言》中没有直接提及"全球化"，但其中却蕴含着丰富的全球化思想。近十年来，部分学者通过对《宣言》文本进行研读，把它的全球化思想呈现在读者面前。

刘明华通过对《宣言》通观式的细读，发现不仅《宣言》的文字中蕴含着全球化思想，而且这种全球化思想还内含于它的整体框架和宏观脉络。该学者指出其绪言的行文逻辑以及在选择书写其背景和目的的语言上，都闪烁着全球化思想；马克思和恩格斯对资产阶级和无产阶级发展历程、无产阶级通过联合达到自己的目的、共产党人对其他党派的态度的分析中，也都闪烁着全球化思想；结语的口号更是全球化思想的体现；七篇序言中描写《宣言》的全球传播、资本主义全球的扩张以及社会主义全球的发展都蕴藏着全球化思想。[22]刘明华还专门研究了它的社会主义全球性思想，具体包括工人阶级自身的全球性、社会主义运动的全球性以及共产党人的目的与策略的全球性三个方面。[23]张雷在他的《〈共产党宣言〉与当代社会主义全球化》一文中，表达了与刘明华相似的观点。[24]吴国清详细研究了马克思和恩格斯在《宣言》中的经济全球化的成因、推动力和过程以及发展趋势等精辟论述，并指出其基础和条件是地理大发现、其动力是大工业的发展、世界市场为其提供了空间，还分析了经济全球化带来的连锁反应及其实质作用等。[25]

（二）对《宣言》中的经济思想研究

发表于 1848 年的《宣言》是马克思和恩格斯在分析资产阶级社会经济发展所导致的结果和马克思政治经济研究的总结性成果，其中蕴含丰富的经济思想。近十年来，不少学者对其经济思想进行了研讨，并取得了丰硕的成果。张旭通过对《宣言》论述体系和马克思一贯分析思路的梳理，指出《宣言》中的所有制思想的核心观点是所有制的形成或者选择是生产力发展的结果和所有制形式的变动是不断否定自身的结果，马克思"重新建立个人所有制"思想是要建立劳动者的劳动力所有制。[26]王辉龙详细研究了《宣言》中的经济学思想。该学者分析了马克思主义经济学的理论框架："资本运动—剩余价值—资本与劳动的矛盾运动"；经济周期和经济危机思想，并指出马克思对其剖析的视角是资本主义生产的内在矛盾；经济全球化思想；创新思想和城市化思想等。[27]张峰研究了《宣言》中的资本逻辑，该学者指出资本逻辑就是资本无止境地增殖的逻辑。同时，他还分析了资本逻辑促进了城市化发展和世界市场的形成，导致了经济全球化、文化全球化、政治全球化、劳动对资本和机器的依赖、社会收入差距的扩大、社会道德的堕落、经济危机的爆发。[28]

（三）对《宣言》中的党建思想研究

《宣言》作为马克思主义政党的纲领性文件，其中蕴含深刻的党建思想。在《宣言》中，马克思和恩格斯跳出功能性的视角分析政党，第一次揭示了政党本质，强调政党就是阶级利益的代表；马克思和恩格斯阐述了无产阶级政党学说的基本原理，提出了建立工人阶级政党的思想；马克思和恩格斯阐述了无产阶级政党的最近目的和最终目标；马克思和恩格斯认为无产阶级政党要实现共产主义的目标，不仅需要推翻资产阶级的统治，掌握国家政权，还需要具有高度的共产主义觉悟。[29] 于安龙详细探析了它的政党纯洁性思想，具体包括以下几个方面：以科学社会主义为指导和树立共产主义远大理想的思想纯洁性；制定明确政治纲领和实施灵活策略原则的政治纯洁性；明确马克思主义政党阶级性和保持马克思主义政党先进性的组织纯洁性；理论联系实际和实事求是的作风纯洁性。[30] 吴育林和李腾凯结合"四个全面"研究了它的"四个意识"，他们指出，抓好党建需要认真研读《宣言》中的"四个意识"，并实现"四个转变"：政治意识需要从激荡革命年代到凝聚建设的与时俱进；大局意识需要从阶级整体到国家整体的时代发展；核心意识需要从革命领导权到建设领导权的历史转化；看齐意识需要从人类解放到民族复兴的推陈出新。[31]

（四）对《宣言》中的现代化思想研究

现代化是人类社会永恒的主题，马克思和恩格斯在《宣言》中所阐述的社会发展理论蕴含丰富的现代化理论。高丽萍研究了其中的现代化思想，她指出马克思和恩格斯在《宣言》中将现代资产阶级与封建社会相对立，并且资产阶级取代封建社会，这个过程就是一个现代化的过程；马克思和恩格斯在《宣言》中运用辩证的方法审视了资本主义开创的现代化，这是合理性与非合理性的辩证统一，其合理性体现在它与封建社会而言，不合理性体现它对生产关系和人的新的压迫。[32] 刘国胜和向晶通过对《宣言》文本的研究，指出马克思和恩格斯以实践的方式分析了现代化问题，并指出资本主义的现代化具有"神奇"和"平庸"二重性，无产阶级是推动现代化发展的主体，现代化未来的发展方向是共产主义。[33] 刘家俊从"微观叙事"的视角分析和挖掘了其中蕴含的现代性的四个基本维度：资本逻辑、历史流变、矛盾裂变以及全球化——马克思分析现代性的逻辑起点是资本逻辑；由于生产的不断发展，使得现代社会不是固态的而是液态的；现代化是社会矛盾不断裂变的历史。[34]

（五）对《宣言》中的社会主义思想研究

《宣言》作为科学社会主义的经典文献，其中蕴含十分丰富的社会主义思想。近十年来，理论界对其社会主义思想的探讨，主要集中在《宣言》如何定义社会主义以及社会主义的本质论断两个方面。曾行伟指出，《宣言》阐明了在社会主义社会，处理人与社会的关系应是"同等性"的原则、社会追求的核心价值是公平正义、公民的基本权利能够得到充分保障、全体人民是社会的真正主人、具有高度发达的物质生产力。[35]黄明理和徐梓彦分析了《宣言》中的社会主义观，并指出"两个必然"和"消灭私有制"是《宣言》中关于社会主义本质的论断。[36]

（六）对《宣言》中的人本思想研究

马克思和恩格斯在《宣言》中通过对资产阶级社会的运行制度进行分析，阐释了无产阶级如何实现自我的解放，其中蕴含了丰富的人本思想。陈世珍指出，马克思和恩格斯在《宣言》中体现出的人文精神与无产阶级的革命主张和唯物史观是密切相关的。[37]张深溪和张富文指出《宣言》中的人本思想主要体现在四个方面：首先，透过"阶级斗争"，关注人自身的发展，表明对人的终极关怀；其次，非常关注工人的生活状况；再次，追求人类的最终解放和人的自由全面发展；最后，人成为自己的主人和自然界的主人是人类的解放和人的发展的道路。[38]

（七）《宣言》中的其他研究

《宣言》作为马克思主义诞生的纲领性文献，其中蕴含丰富的思想。近十年来，国内学术界不仅对其中经济思想、全球化思想、现代化思想等展开了研究，而且还对它的战略性思维、价值观等方面进行了探讨。戴德铮和向德忠从它的思维框架和理论框架、主要内容、精神实质以及口号探讨了其中蕴含的战略思维。[39]余华探讨了其中所阐释的法的本质是统治阶级意志的体现以及社会教育思想、自由人联合体、民主观念对当前高校法制教育的启示。[40]齐冬红探讨了其中的思想政治教育意蕴：教育应改变以往的阶级教育性质、发挥无产阶级在实践中的自我教育、以培育和发展无产阶级的阶级意识为教育目标。[41]黄明理和王莉探讨了其中的道德价值诉求：反对剥削的公平正义价值观、资产阶级的拜金主义和利己主义道德价值观是反人性的、共产人的价值观是无产阶级利益至上、价值旨归是实现人的自由全面发展和尊重人。[42]崔华前探讨了《宣言》中的社会公平思想：资本主义社会不公平的体现是无产阶级遭遇不公平待遇、农村从属于城市、殖民地处于不平等地位等；资本主义社会生产资料私人占有是这些现象产生的根源；每个人的自由全面发展是社会公平的目标；实现社会公平需要充分发挥无产阶级的作用、废除资本主义的所有制以及破除传统的观念。[43]杨军研究了《宣言》中的意识形态思想：现实的物质生产和生活决定意识形态的内容及变化、资产阶级的意识形态具有欺骗性、无产阶级要同"传统的观念"实行最彻底的决裂、无产阶级的思想是未来社会的统治思想。[44]

四、关于《宣言》时代价值的研究进展

当今社会的政治、经济、文化等方面与马克思和恩格斯撰写《宣言》所处的时代相比发生了巨大的变化，但它所揭示的社会基本矛盾和社会发展规律等思想对当今社会的发展仍具有十分重要的时代意义。近十年来，不少学者深入研究了《宣言》对建设中国特色社会主义社会的指导意义。谢杰指出，《宣言》是指引中国共产党人在新时代下永葆初心、继续前进的灯塔，是新时代下进行伟大斗争的思想武器，是实现中华民族伟大复兴的科学指南。[45]郭杰忠指出，马克思恩格斯在分析人类发展历史的基础上，揭示人类社会的发展规律，指出未来社会的发展方向，为中国特色社会主义的发展提供了历史唯物主义的科学方法；在阐明人类社会的整体性基础上，为中国特色社会主义建设提供了全球化视野和开放性思维等。[46]陈学明指出，实现中华民族的伟大复兴需要坚信马克思所揭示的历史发展规律和坚持共产主义信仰；在中国共产党的领导下"补资本主义的课"；辩证看待资本对中国的发展和抵制"资本崇拜"；根据中国的实际生产力发展状况来消灭私有制；正确看待阶级斗争观点和阶级分析方法。[47]高放通过回顾世界共产主义运动的160年历史，指出发挥其对中国特色社会主义的指导意义需要与中国的具体国情相结合、与时代发展同进步、与人民群众共命运。[48]陈朝夕指出，推进中国特色社会主义伟大事业向前发展需要不断从中汲取营养：在发展生产力的过程中充分利用科技与市场的法术；积极融入全球化并推进全球化的发展；维护社会稳定和谐；发挥商品和城市资本、技术对农村发展的促进作用，坚持大城市化、小城市化和新农村建设"三条腿"

走路的方针；坚持社会主义的意识形态。[49]田春艳指出，践行党的群众路线要坚持中国共产党的领导；发挥人民群众的作用；在宣传教育、沟通协调、解决民生等实践中贯彻党的群众路线。[50]任平认为要与时俱进地理解科学社会社会主义的原则；要防范和回击以"新帝国主义"方式出现的全球资本对社会主义制度的攻击，也要利用社会主义制度对国内的境外资本和民营资本加以宏观节制和政策引导；不断反思雇佣劳动者的阶级性质、结构与历史使命；加强全球无产者的联合；最关键是要在当代中国时代语境中建设中国特色社会主义。[51]

五、关于《宣言》七篇序言的研究进展

在《宣言》发表后，马克思和恩格斯根据时代的变化为其撰写了七篇序言，从整体上交代了具体时代无产阶级发展的状况和《宣言》的传播状况，以及对《宣言》中部分措施和原则进行了完善，使其思想和原则更能指导无产阶级革命。《共产党宣言》从广义上来看，不仅包括 1848 年马克思和恩格斯撰写的《宣言》，还包括马克思和恩格斯先后为其撰写的七篇序言。近十年来，七篇序言逐渐成为理论界研究马克思主义的重要文献。张国从序言同《宣言》的关系、七篇序言的内在关系以及七篇序言的具体内容三个方面对《宣言》的七篇序言进行了初步探究。首先，在序言同《宣言》的关系上，他指出了七篇序言在时间上均晚于《宣言》几十年；他通过把七篇序言作为一个整体进行分析，指出序言在一定程度上是对《宣言》内容的补充和更加有利于理解《宣言》的正文思想。其次，他从七篇序言的篇幅长短、作者、写作地点、写作语言以及所属《宣言》一书的出版地等五个方面对七篇序言做了一个全面的比较和分析。最后，他从共产主义革命运动不断发展、《宣言》译本传播历史的回顾、资本主义的发展脉络、恩格斯谦虚谨慎的为人和治学精神、《宣言》的任务、科学评价《宣言》、无产阶级国际联合的实现等 11 个具体方面对七篇序言进行了初步研究。[52]刘明华从三个维度探讨了七篇序言中的全球化思想：《宣言》在 1872 年之前和之后的不同文本及其在全球的传播，资本主义在全球的发展以及由此带来的后果，社会主义在全球的拓展。[53]刘芳考察了七篇序言的异同，发现尽管七篇序言的具体内容在文字表述方面存在一些差异，但是它们有一以贯之的马克思主义基本原理：唯物史观和科学社会主义；七篇序言的异恰好是马克思主义

与时俱进品质的体现。[54]袁小云通过对七篇序言的研读，指出他们的异同体现了马克思和恩格斯对马克思主义敢于坚持真理、与时俱进、实事求是的理论品格。[55]针对一些学者对 1872 年德文版序言的"过时"的误解，王小艳考察了"过时"的科学含义。该学者指出，1872 年德文版序言的"过时"是马克思和恩格斯根据 25 年来工人阶级党组织发展、二月革命和巴黎公社的实际经验等客观依据，对革命措施的再认识以及对革命措施的丰富和发展；"过时"的使用不是马克思和恩格斯的自我否定，更不是马克思主义的过时，而是马克思主义与时俱进的理论品质的表现。[56]

六、关于加强新时代《宣言》研究的四点展望

通过对近十年来国内对《宣言》研究的回顾和梳理，不难发现，国内学界对《宣言》进行了多维度立体式的探讨，取得了丰硕的学术成果。总而言之，这些学术成果为进一步研究《宣言》奠定了良好的基础。2018 年是马克思诞辰 200 周年和《宣言》发表 170 周年，众多的社会科学期刊开设了专栏，2018 年国家社会科学基金项目指南中的马克思主义·科学社会主义专设与其相关的课题来推动其研究，足以说明《宣言》研究有强烈的历史意义、理论意义以及现实意义。通过对前人研究文献的回顾可见，当前对《宣言》的研究方法有待创新，对其序言的研究有待加强，对其内容的研究也有待深化。今后对《宣言》的研究应不断创新研究方法，拓宽研究领域，深化其整体性、全面性以及时代性等三个方面的研究。

（一）要创新研究方法

通过对近十年来 CSSCI 数据库收录的相关文献进行梳理，发现对《宣言》的研究多采用文本和史料分析的方法，其比较分析和实证研究有待提高，以丰富《宣言》的研究学术成果，增强其思想和原则的生命力，最终增加马克思主义的可信度。基于《宣言》文本本身和相关史料的研究是目前理论界研究《宣言》常用的两种方法，假如对其研究缺乏与其文献对比和用现有的发展事实加以论证，仅仅从《宣言》本身以及理论思维、抽象演绎对《宣言》加以研究，那么这种研究容易出现从本身到自身和思想到思想的空泛化的倾向。[57]因此，在对《宣言》的研究中，既要采用文本和史料研究方法深化研究，又要在比较和实证研究方法上取得新的成果。首先，采用比较分析的方法对《宣

言》进行研究。把《宣言》与马克思主义的经典文献进行对比，通过与马克思、恩格斯、列宁等马克思主义者的经典著作进行对比，能进一步理解《宣言》中的思想和原则；通过与毛泽东、邓小平等中国马克思主义者的经典著作进行对比，不仅能够深刻理解《宣言》的思想，而且能够灵活运用其原则指导中国特色社会主义建设；通过与西方马克思主义和非马克思主义文献的对比研究，更能进一步显示马克思主义的科学性和强大的生命力。其次，加强对《宣言》的实证研究。实践性是马克思主义的重要理论品质，《宣言》也是马克思和恩格斯对无产阶级革命和资本主义发展的实践总结和思考。研究《宣言》也需要继续发扬马克思的实践性品质，通过对资本主义发展和社会主义发展的实证研究，来证明《宣言》思想的科学性，并推动《宣言》的发展、赋予其新的生命力。

（二）要加强整体性研究

狭义上的《宣言》是指发表于1848年马克思和恩格斯撰写的包括其绪言、资产者和无产者、无产者和共产党人、社会主义的和共产主义的文献、共产党人对各种反对党派的态度、口号六个方面的内容，广义上的《宣言》还包括马克思和恩格斯先后为其写的七篇序言，即1872年德文版序言、1882年俄文版序言、1883年德文版序言、1888年英文版序言、1890年德文版序言、1892年波兰文版序言、1893年意大利文版序言。综观近十年的研究成果，对1848年发表的《宣言》研究颇多，对1872—1893年期间的七篇序言研究较少。七篇序言作为马克思和恩格斯结合时代背景为其撰写的序言，与《宣言》中的基本原则和核心思想具有高度的一致性和强烈的时代性。近十年来，也有部分学者意识到七篇序言的重要性，对其进行了初步探索，并取得了相应的学术成果，但总体来说，目前对七篇序言的研究尚未成熟，还处于起步阶段。在今后的研究中，不仅要做好对《宣言》本身的研究，还应加强对其七篇序言的研究，从而丰富《宣言》的学术研究成果。值得注意的是，对其七篇序言的研究中，应坚持整体与部分相统一；开拓研究视野、加强交叉学科的研究；加强史料和学理论证等。

（三）要加强对全面性研究

《宣言》作为马克思主义诞生标志的重要文献，蕴含的思想极为丰富。近十年来，国内现有的研究成果主要围绕《宣言》的全球化思想、经济思想、党建思想、现代化思想社会主义思想以及人本思想等展开，其全面性还有待进一步加强。首先，应加强对《宣言》中的城市化思想的研究。马克思和恩格斯在《宣言》中并没有直接提及城市化思想，但是透过其文字，可以发现他们在《宣言》中指明了未来城市化发展的道路和方向。他们指出："资产阶级使农村屈服于城市的统治。"[58]在资本主义社会，农村的发展是服务于城市的发展，最终随着城市化的发展，农村也将随之消失。马克思和恩格斯通过对"农村屈服于城市"的批判，指出未来社会，农村与城市的发展是平等的。当今推进中国城市化的发展，需要汲取马克思主义的城市化思想，坚持走中国特色的城市化道路。其次，加强对《宣言》中的妇女思想的研究。马克思和恩格斯在《宣言》中所阐明的实现人的自由全面发展思想，这里的"人"包括每一个人。但是在资产阶级社会，妇女的地位十分低下。他们在《宣言》中强烈批判资产阶级把妇女作为单纯的生产工具和资本主义社会的公妻制，他们指出，在资产阶级社会，"资产者是把自己的妻子看作单纯的生产工具的"[59]，以及"资产阶级的婚姻实际上是公妻制"[60]。实现妇女的自由全面发展需要废除现有的资产阶级的生产关系，这样，"从这种关系中产生的公妻制，即正式的和非正式的卖淫，也就消失了"[61]。当前研究中国特色社会主义的妇女思想需要从中汲取思想营养。最后，加强对《宣言》中的组织建设思想研究。组织建设是马克思和恩格斯在《宣言》和序言中所体现的重要思想之一。他们在《宣言》中指出："联合的行动，至少是各文明国家的联合行动，是无产阶级获得解放的首要条件之一。"[62]"全世界无产者，联合起来！"[63]恩格斯在1890年德文版序言中指出："当欧洲工人阶级又强大到足以对资产阶级政权发动另一次进攻的时候，产生了国际工人协会。它的目的是要把欧美整个战斗的工人阶级联合成一支大军。"[64]这些经典的论述，足以说明马克思和恩格斯对组织建设的重视。当今，实现中华民族伟大复兴也要加强对其组织建设思想及时代价值研究。

（四）要加强时代性研究

马克思主义只有不断与时俱进，才能焕发出时代的生命力，《宣言》作为科学社会主义和马克思主义诞生的重要标志性文献，其中蕴含的原则和思想只有与时代共呼吸才会绽放更加耀眼的光芒。党的十九大指出，在回答"新时代坚持和发展什么样的中国特色社会主义、怎样坚持和发展中国特色社会主义"[65]时代课题的实践中，产生了习近平新时代中国特色社会主义思想。《宣言》作为科学社会主义的鼻祖性文件，其中蕴含的科学社会主义原则仍然具有现实的指导意义。因此，在今后的研究中，应加强《宣言》与习近平新时代中国特色社会主义思想的比较研究，阐明后者的渊源与创新之处。习近平指出："中国特色社会主义，是科学社会主义理论逻辑和中国社会发展历史逻辑的辩证统一。"[66]一方面，阐明习近平新时代中国特色社会主义思想对《宣言》中思想的继承。例如，"四个全面"中的全面建成小康社会和全面从严治党都是对《宣言》中共产主义思想和党建思想的继承，"以人民为中心的发展思想"是对《宣言》中的人的自由全面发展思想的继承等。另一方面，阐明习近平新时代中国特色社会主义思想对《宣言》中思想的发展。习近平新时代中国特色社会主义思想是在新时代中国特色社会主义建设的实践中形成的，其时代背景与《宣言》存在一定的差别，自然有对《宣言》思想的发展。例如，"五位一体"总体布局、乡村振兴战略、人才强国战略等都是在继承《宣言》基本原则基础上的创新与发展。

参考文献

[1] 李军林.《共产党宣言》在中国：十年研究述评 [J]. 马克思主义与现实，2008（4）.

[2] 李锐."《共产党宣言》——《共产主义原理》问题"探析 [J]. 中共中央党校学报，2012，16（4）.

[3] 许文星. 从《共产党宣言》的创作看马克思和恩格斯思想的一致性 [J]. 理论月刊，2017（2）.

[4] 秦宣. 论科学社会主义的基本原则——重读《共产党宣言》[J]. 教学与研究，2008（3）.

[5] 陶文昭. 马克思恩格斯论《共产党宣言》[J]. 中国特色社会主义研究，2013（5）.

[6] 常卫国. 坚定共产主义信仰的必读经典——马克思的"法国共产党宣言"[J]. 马克思主义研究，2010（5）.

[7] 刘坤远. 论《共产党宣言》的传播命运与无产阶级革命历程的关系 [J]. 毛泽东思想研究，2013，30（1）.

[8] 刘招成. 建党前中国人对《共产党宣言》的接受述论 [J]. 史学月刊，2013（7）.

[9] 高放. 从《共产党宣言》到《中国共产党宣言》——兼考证《中国共产党宣言》的作者和译者 [J]. 中国人民大学学报，2011，25（3）.

[10] 陈红娟. 概念厘定与译本甄别：《共产党宣言》汉译考 [J]. 党史研究与教学，2015（2）.

[11] 佟景洋.《共产党宣言》（中译本）版本考证及实践影响 [J]. 出版发行研究，2015（10）.

[12] 陈红娟. 版本源流与底本甄别：陈望道《共产党宣言》文本考辨 [J]. 中共党史研究，2016

（3）．

［13］张远航. 《共产党宣言》博古译本的文本溯源与传播新考［J］. 马克思主义与现实，2017（1）．

［14］陈红娟. 新世纪以来《共产党宣言》在中国翻译传播研究述评［J］. 中共党史研究，2015（2）．

［15］陈红娟. 《共产党宣言》汉译本中"阶级"概念的源起、语义与理解（1900—1920）［J］. 中共党史研究，2017（8）．

［16］徐洋. 马克思恩格斯为什么称共产主义为"幽灵"？——《共产党宣言》首句中译文的演变［J］. 北京师范大学学报（社会科学版），2015（1）．

［17］郝贵生. 如何认识《共产党宣言》的核心思想［J］. 马克思主义研究，2013（11）．

［18］高放. 《共产党宣言》对我国的深远影响及其核心思想辨析［J］. 科学社会主义，2008（1）．

［19］马克思恩格斯文集：第2卷［M］. 北京：人民出版社，2009：45．

［20］耿步健. 论正确理解《共产党宣言》中的"消灭私有制"思想［J］. 马克思主义与现实，2009（6）．

［21］董德刚. 《共产党宣言》三个论断之辨析［J］. 科学社会主义，2011（4）．

［22］刘明华. 《共产党宣言》全球化语境解析［J］. 当代世界与社会主义，2011（1）．

［23］刘明华. 《共产党宣言》社会主义全球性思想探析［J］. 马克思主义研究，2012（3）．

［24］张雷. 《共产党宣言》与当代社会主义全球化［J］. 理论探讨，2016（1）．

［25］吴国清. 用《共产党宣言》中的全球化思想探求国际经济治理新途径［J］. 科学社会主义，2015（1）．

［26］张旭. 《共产党宣言》中的所有制思想及其当代价值［J］. 江西社会科学，2008（2）．

［27］王辉龙. 《共产党宣言》中的经济学思想［J］. 经济学家，2013（11）．

［28］张峰. 《共产党宣言》论资本逻辑及启示［J］. 甘肃理论学刊，2016（1）．

［29］张荣臣. 《共产党宣言》和中国共产党的建设［J］. 中共中央党校学报，2011，15（1）．

［30］于安龙. 《共产党宣言》中的纯洁性思想探析［J］. 学术论坛，2013，36（10）．

［31］吴育林，李腾凯. "四个意识"话语的新发展——从《共产党宣言》到"四个全面"战略期［J］. 贵州社会科学，2017（3）．

［32］高丽萍. 《共产党宣言》中的现代化思想及其当代价值［J］. 前沿，2009（10）．

［33］刘国胜，向晶. 《共产党宣言》与现代性问题［J］. 中南民族大学学报（人文社会科学版），2015，35（6）．

［34］刘家俊. 《共产党宣言》新解：马克思"现代性"思想的"宣言"——基于现代性四个基本向度的学理性分析［J］. 宁夏社会科学，2017（5）．

［35］曾行伟. 从《共产党宣言》解读什么是社会主义［J］. 中共福建省委党校学报，2012（10）.

［36］黄明理，徐梓彦.《共产党宣言》的社会主义观及其中国化发展［J］. 东南大学学报（哲学社会科学版），2015，17（6）.

［37］陈世珍. 论《共产党宣言》的人文精神［J］. 中国人民大学学报，2008（5）.

［38］张深溪，张富文.《共产党宣言》中的人本思想及现代意蕴［J］. 郑州大学学报（哲学社会科学版），2009，42（2）.

［39］戴德铮，向德忠.《共产党宣言》的战略性思维方式［J］. 理论探讨，2008（2）.

［40］余华. 论《共产党宣言》对高校法制教育的启示［J］. 西南民族大学学报（人文社会科学版），2013，34（10）.

［41］齐冬红.《共产党宣言》中的思想政治教育意蕴探析［J］. 思想政治教育研究，2017，33（4）.

［42］黄明理，王莉. 论《共产党宣言》的价值观诉求［J］. 理论探讨，2015（4）.

［43］崔华前.《共产党宣言》中关于社会公平的思想及现代启示［J］. 政治学研究，2010（1）.

［44］杨军.《共产党宣言》的意识形态思想及其启示［J］. 新视野，2013（5）.

［45］谢杰. 对《共产党宣言》当代价值的思考［J］. 红旗文稿，2017（18）.

［46］郭杰忠.《共产党宣言》的方法论启示和意义［J］. 江西社会科学，2008（2）.

［47］陈学明. 论《共产党宣言》在当今中国的意义［J］. 吉林大学社会科学学报，2011，51（2）.

［48］高放.《共产党宣言》当代解读［J］. 湖南师范大学社会科学学报，2008，37（6）.

［49］陈朝余.《共产党宣言》的现代价值［J］. 社会主义研究，2008（3）.

［50］田春艳. 从《共产党宣言》看党的群众路线［J］. 学术论坛，2016，39（3）.

［51］任平. 论《共产党宣言》的当代启示［J］. 苏州大学学报（哲学社会科学版），2008（4）.

［52］张国. 对《共产党宣言》七篇序言的初步研究［J］. 湖北社会科学，2011（1）.

［53］刘明华.《共产党宣言》序言全球化思想的三重视域［J］. 社会主义研究，2010（5）.

［54］刘芳.《共产党宣言》七篇序言同与异的思考［J］. 学术论坛，2015，38（12）.

［55］袁小云. 从《共产党宣言》序言看马克思主义的理论品格［J］. 思想教育研究，2016（10）.

［56］王小燕. 正确理解《共产党宣言》1872年德文版序言中的"过时"［J］. 马克思主义研究，2017（1）.

［57］袁婷婷. 近年来学界关于当代中国民粹主义研究述评［J］. 社会主义研究，2017（4）.

［58］马克思恩格斯文集：第2卷［M］. 北京：人民出版社，2009：36.

［59］马克思恩格斯文集：第2卷［M］. 北京：人民出版社，2009：49.

［60］马克思恩格斯文集：第2卷［M］. 北京：人民出版社，2009：50.

［61］马克思恩格斯文集：第 2 卷 ［M］. 北京：人民出版社，2009：50.

［62］马克思恩格斯文集：第 2 卷 ［M］. 北京：人民出版社，2009：50.

［63］马克思恩格斯文集：第 2 卷 ［M］. 北京：人民出版社，2009：66.

［64］马克思恩格斯文集：第 2 卷 ［M］. 北京：人民出版社，2009：20.

［65］习近平. 决胜全面建成小康社会夺取新时代中国特色社会主义伟大胜利 ［M］. 北京：人民出版社，2017：18.

［66］习近平. 习近平谈治国理政 ［M］. 北京：外文出版社，2014：21.

理论与实践

LILUN YU SHIJIAN

围绕中心抓党建 抓好党建促发展
切实把党建优势转化为学校发展优势

边慧敏[①]

摘 要:加强党对高校的领导,要全面落实学校党委办学治校的主体责任,把党的领导落实到把好办学方向、深化综合改革、推进依法治校、促进内涵发展、建设一流大学的全过程。西华大学通过加强和改进党的建设,提振了干部干事创业的精气神,筑牢了学校改革发展的坚实基础,提升了开放办学水平,提高了服务经济社会发展能力和人才培养质量,引领了学校各项事业的发展。

关键词:党建 发展 开放

加强党对高校的领导,加强和改进高校党的建设,是办好中国特色社会主义大学的根本保证。西华大学党委坚决贯彻落实全国、全省高校思政工作会议精神,把党的建设融入办学治校各方面,有力推动学校事业高质量发展。

---

① 边慧敏,西华大学党委书记。

一、坚持党的全面领导，履行管党治党主体责任

旗帜鲜明讲政治，2017 年召开 17 次校党委中心组学习会议，建立学校中心组—二级党委中心组—党支部学习三级联动学习机制，用党的创新理论武装党员干部头脑。抓好班子促发展，充分发挥学校党委的领导核心作用，坚决执行民主集中制，全年召开党委全委会 5 次，党委常委会 60 次，重大事项均提交会议集体讨论决定。完善制度作保障，以章程为核心完善学校内部治理体系。2016 年以来新建或修订制度规范 200 余项，用制度管人管权管事。正风肃纪扬正气，层层压实党风廉政建设责任，运用好监督执纪"四种形态"，开展提醒谈话、批评教育、函询诫勉、纪律处分等 60 余人次；全面完成巡视移交问题线索处置工作；新设校纪委纪检室，在 31 个二级单位设立纪委书记，在支部设纪检委员。全年召开党风廉政专题学习会 5 次、听取纪委工作汇报 3 次，学校政治生态持续好转。

二、加强干部人才队伍建设，提振干事创业精气神

选好配强中层干部队伍。坚持"好干部"标准和"三重"用人导向，完善干部选拔任用监管机制，营造风清气正的干部选任环境，加强干部培养培训，近两年选派干部到国家部委和地方挂职锻炼 45 人次，推荐干部参加国家、省调训以及国外培训 83 人次。

多措并举推进人才强校。按照"领军人才＋创新团队"的人才引进模式，刚性与柔性、全职与兼职相结合，实施年薪制，探索引进首席科学家。近两年新进高学历高职称的人才 200 余名；培养引进"长江学者"1 名，省"千人计划"人才 13 名，海内外特聘院长 6 名，海内外讲座教授 50 多人。

三、抓实基层组织建设，围绕中心大局强堡垒

抓牢学院党组织建设，建强政治核心。坚持学院党委年度党建和业务工作"双汇报"制度，确保党建与教学、科研等工作同部署、同推进。完善学院党政联席会议制

度，共同对学院发展负责。抓实机关党组织建设，打造过硬队伍。成立机关党委，配齐专职书记、副书记，结合职能部门党员集中、干部集中、权责集中的特点，开展"学习服务型、高效廉洁型、和谐创新型、师生满意型"机关创建活动，促进机关改作风、提效能。抓细师生党支部建设，筑牢战斗堡垒。开展党支部标准化建设，实行动态管理，2017 年实现 108 个支部保持先进，180 个支部实现达标，13 个后进支部提档升级。实施党支部"双带头人""双培养"工程，把党支部书记岗位作为培养锻炼干部的重要平台。

四、发挥党建工作优势，引领学校事业发展

开放办学，服务经济社会发展。坚持服务求支持、贡献促发展，市及州与政府部门签订实质性战略合作协议；与国内外高校合作，比如与北京航空航天大学、哈尔滨工业大学、江南大学等高校建立深度合作关系；与企业合作，比如与中国航空工业集团有限公司、国家电网有限公司等企业共同培养人才，初步构建起"国外—国内，政府—高校—企业"多主体参与、政产学研融合的人才培养机制。此外，与四川省国防科工办、北航共建"四川军民融合协同创新中心"，为四川省委省政府起草低空空域管理改革试点方案，为我省成为全国首个试点省份作出贡献。四川十大历史名人李冰研究中心落户我校。

改革创新，提升人才培养实效。加强网络育人，主动作为、率先尝试，成为"易班"全国推广的第一所试点高校，"课堂＋实践＋网络"思政课改革创新被中央电视台专题报道。推进"双创"育人，成立创新创业学院，与四川产业振兴发展投资基金、四川创新发展投资管理有限公司共同设立总规模 10 亿元的大学生创新创业投资基金，副省长彭宇行出席并充分肯定。

精准扶贫，助推贫困地区发展。组织专家服务团近百人深入 4 个扶贫点，派出 3 名挂职干部。校班子成员 24 人次亲赴扶贫点，党支部及党员 116 人次开展结对帮扶，培训基层干部约 500 人次，落实帮扶资金 200 余万元。受省扶贫办委托，派出 200 余名师生赴 5 个县，开展 2017 年脱贫攻坚第三方评估工作。

西华大学作为省属高校，服务四川经济社会发展是义不容辞的责任和义务。今后，

学校将继续坚持应用型人才培养和应用型科学研究的办学定位，坚持差异化、特色化、产学研协同的办学思路，更加主动融入四川经济社会发展主战场，为建设美丽繁荣和谐四川贡献智慧和力量！

落实新时代全面从严治党新要求 为 "双一流" 建设引航护航

——以西南交通大学为例

陈 晨①

摘 要：全面从严治党是高校贯彻落实党的教育方针，扎根中国大地办好社会主义大学的根本政治保证。高校党委只有深入推进全面从严治党，不断增强管党治党、办学治校主体责任意识，不断强化主体责任落实，才能走好我们自己的高等教育发展之路，才能扎实办好中国特色社会主义高校，为实现中华民族伟大复兴的中国梦培养一大批优秀人才。

关键词：全面从严治党 主体责任 双一流

全面从严治党，是党的十八大以来，以习近平同志为核心的党中央做出的重大战略部署。对于肩负培养德智体美全面发展的社会主义建设者和接班人重任的高校来说，全面从严治党，是深入贯彻落实习近平新时代中国特色社会主义思想和党的十九大精神，认真贯彻落实全国高校思想政治工作会议精神的必然要求，也是贯彻党的教育方针、扎根中国大地办好社会主义大学的根本政治保证，还是坚持党委领导下的校长负责制的应

---

① 陈晨，西南交通大学党政办公室文秘科副科长，主要研究方向为高教管理研究。

有之义，更是新时代新征程新起点上，"加快一流大学和一流学科建设，实现高等教育内涵式发展"的关键支撑。

作为国家轨道交通领域综合实力最优、影响力最强、成果最丰硕、成绩最突出的科技创新和人才培养基地，西南交通大学不忘初心、牢记使命，全面贯彻落实新时代全面从严治党的新部署新要求，始终将加强党的建设摆在各项工作的突出位置，不断坚持和加强党的全面领导，深入贯彻落实党委领导下的校长负责制，切实发挥党委领导核心作用，在深入推进全面从严治党的伟大进程中，扎扎实实建设"轨道交通领域世界第一的大学"，努力谱写中华民族伟大复兴中国梦的西南交通大学新篇章。

一、深刻认识推动全面从严治党向纵深发展的重大意义

习近平总书记的一系列重要讲话，都在告诉我们这样一个真理：实现中华民族伟大复兴的中国梦，关键在党。习近平强调："在全面从严治党这个问题上，我们不能有差不多了，该松口气、歇歇脚的想法，不能有打好一仗就一劳永逸的想法，不能有初见成效就见好就收的想法。必须持之以恒、善作善成，把管党治党的螺丝拧得更紧，把全面从严治党的思路举措搞得更加科学、更加严密、更加有效，推动全面从严治党向纵深发展。"[1]推动全面从严治党向纵深发展，是我们党在新形势下进行具有许多新的历史特点的伟大斗争的根本保证，是保持党的先进性和纯洁性，传承和弘扬党的优良传统，使党始终成为中国特色社会主义事业坚强领导核心的根本保证，是中国特色社会主义事业在党的坚强领导下不断走向繁荣，走向辉煌的根本保证。全面从严治党，其重大意义不仅在于当前，更在于长远，在于千秋万代。

办好中国的事情，关键在党，办好中国的高等教育，关键也在党。十九大报告提出，中国特色社会主义进入了新时代，这是我国发展新的历史方位，中国特色社会主义已经进入一个崭新的发展阶段。此时，高校作为培养中国特色社会主义事业建设者和接班人的重要阵地，必须高度重视通过全面加强党的领导，形成具有中国特色的高水平人才培养体系，培养理想信念坚定、本领素质过硬、社会发展需要的高素质优秀人才。同时，新形势新任务新要求，既要求高校要自觉成为党的路线、方针、政策和理论创新的重要智库、研究阵地，自觉成为党的光辉历史、基本经验、路线政策的宣传前沿和传播

阵地，更要自觉成为夯实党的建设的坚强堡垒和前沿阵地，同时还要求，高校要切实通过全面从严治党，全面加强党的领导，坚持社会主义办学方向，牢牢扎根中国大地，打造一支政治素质过硬、业务能力精湛、育人水平高超，有理想信念、有道德情操、有扎实学识、有仁爱之心，能够真正做到以德立身、以德立学、以德施教的高素质教师队伍，切实保证培养一大批社会主义建设者和接班人。

二、西南交通大学的全面从严治党实践

通过纵深推进全面从严治党，切实发挥领导核心作用。一直以来，学校党委切实履行管党治党、办学治校主体责任，坚持把方向、管大局、作决策、保落实，贯彻落实党委领导下的校长负责制，充分发挥党委的领导核心作用，召开了全面从严治党大会，锲而不舍落实中央八项规定精神，制定《中共西南交通大学委员会关于贯彻落实中央八项规定实施细则精神的实施办法》，以"两学一做"为牵引，深入抓好党的建设，牢牢把握意识形态工作领导权，坚持抓好领导干部这个"关键少数"，在全国高校中率先践行监督执纪"四种形态"，构建并不断完善党建工作责任体系，推动全面从严治党要求落细、落实、落小，在学校形成了风清气正、求真务实、干事创业、遵纪守法的良好政治生态，呈现出新的气象。

通过纵深推进全面从严治党，为坚持正确办学定位服务。习近平总书记强调，加强党对高校的领导，加强和改进高校党的建设，是办好中国特色社会主义大学的根本保证。西南交通大学创建于 1896 年，学校因路而生、因路而兴、因路而强，被誉为中国"铁路工程师的摇篮"。1964 年，学校积极响应党中央号召，根据中央建设"大三线"精神内迁四川，从此扎根西部，服务国家建设，为中国轨道交通事业发展作出了不可磨灭的贡献。当前一段时期，学校又主动回应国家战略部署，适时提出了建设"轨道交通领域世界第一的大学"的阶段目标。创建一流是初心，服务国家是担当，世界第一是愿景，学校将坚守轨道交通这一办学"顶梁柱"，并在此领域为国家、为民族乃至为人类命运共同体作出应有贡献。

通过纵深推进全面从严治党，凝心聚力，促进发展。"复兴交大，创建一流大学"是全体交大人的执着追求，推动"中国高铁"打造世界品牌并保持在世界上的领先地

位，是全体交大人的执着梦想。但是实现梦想的道路注定不是一帆风顺的，既有坎坷，也有竞争。学校党委通过全面加强学校党的建设，推动全面从严治党向纵深发展，进一步把握舆论导向，凝聚思想共识，切实聚集全校广大共产党员和干部的动力，激发全校师生员工身先士卒、干事创业的热情，通过加速度、超速度，力争实现变道超车、快速赶超，迈入一流大学，全力争取满足国家轨道交通飞速发展、高铁"走出去"、"一带一路"倡议、"交通强国"战略对大交通软、硬科技以及人才的需求。

三、准确把握深入推进全面从严治党面临的形势

习近平强调："我们党面临的执政环境是复杂的，影响党的先进性、弱化党的纯洁性的因素也是复杂的，党内存在的思想不纯、组织不纯、作风不纯等突出问题尚未得到根本解决。"[2]当前，我国已进入全面建成小康社会决胜阶段，中国特色社会主义进入新时代，中华民族正处于实现伟大复兴的关键时期。国内外形势正在发生深刻复杂变化，我们党面临的"四个考验""四个危险"是长期的、复杂的、尖锐的、严峻的。登高望远、居安思危、逆水行舟、不进则退。我们要实现伟大梦想，唯有以坚如磐石的决心推动全面从严治党向纵深发展，毫不动摇把党建设得更加坚强有力，才能扬帆远航，驶向成功彼岸。

党的十八大以来，根据党中央统一部署和教育部党组安排，西南交通大学纵深推进全面从严治党，将全面从严治党各项工作越抓越细、越抓越实、越抓越牢。2015年1月，学校召开了第十四次党代会，明确强调要加强领导班子和干部队伍建设、基层党组织建设、作风建设和党风廉政建设，推动全面加强学校党的建设。习近平指出，有纪可依是严明纪律的前提。学校党委以党章为根本遵循，实行"制度治党""规矩治党"，加强建章立制。据统计，学校党委共修订颁布了40余部规章制度，内容涉及"两学一做"学习教育、"三严三实"、党的组织、纪律处分、党风廉政、干部选拔任用、巡视整改等多个领域，构建起了学校推进全面治党的"四梁八柱"，推动管党治党不断从"宽松软"走向"严紧硬"。学校全面从严治党的"螺丝"越拧越紧、"笼子"越织越密，为推动全面从严治党向纵深发展奠定了坚实基础。

此外，学校党委还清醒地认识到，推动全面从严治党向纵深发展的任务还很艰巨，

巩固发展良好教育政治生态绝不能掉以轻心。一是在经济全球化、文化多元化的大背景下，各种思想文化交流交融更加频繁，意识形态领域斗争愈加复杂严峻，对学校党的建设构成了新的挑战，学校要全面加强党的建设，并把落脚点放在"立德树人"上。二是干部队伍建设有待进一步加强，"复兴交大，创建一流大学"需要建设一支高素质专业化的干部队伍，一支敢于担当、踏实做事、不谋私利的干部队伍，这支队伍除了按照习近平总书记要求的做到忠诚、干净、担当以外，还必须肯学习、勤思考、身先士卒主动干。三是基层党组织建设有待进一步加强，只有把基层党组织打造成坚强的"战斗堡垒"，才能在学校事业发展中发挥积极作用。四是全面加强对学校从严治党工作的领导，建设一支忠诚坚定、担当尽责、遵纪守法、清正廉洁的纪检监察干部队伍，持之以恒推进全面从严治党。

四、贯彻落实新时代全面从严治党新要求

全面从严治党永远在路上。唯有以时不我待的紧迫感、只争朝夕的奋斗精神，以"雄关漫道真如铁"的革命精神和"狭路相逢勇者胜"的英雄气概，才能坚定不移把全面从严治党引向深入，为学校改革发展凝聚强大正能量，为早日实现"轨道交通领域世界第一的大学"提供坚强保证。

一是讲政治。扎根中国大地，建设轨道交通领域世界第一的大学，为中国特色社会主义事业培养"有理想、有本领、有担当"的建设者和接班人，必须旗帜鲜明讲政治，必须始终坚持党对学校工作的全面领导，必须始终坚持以"立德树人"为根本目标。要把政治建设放在首位，自觉用习近平新时代中国特色社会主义思想武装头脑，指导实践，推动发展；自觉把思想和行动统一到党中央、教育部关于全面从严治党的战略部署上来，推进全面从严治党向纵深发展。要深刻认识全面从严治党必须决心坚毅，抓铁有痕，只有进行时、没有完成时，坚决不能有差不多了，该松口气、放缓步、歇歇脚的想法，坚决不能有打好一仗就一劳永逸的想法，坚决不能有初见成效就见好就收的想法。

二是敢担当。"有权必有责，有责要担当，失责必追究"，习近平指出，全面从严治党就是要坚持行使权力和担当责任的统一，坚持严格管理和关心信任的统一。一方面，学校要求校内各责任主体要认真履行"一岗五责"，层层传递压力、层层压实责任，以

责任链条倒逼全面从严治党各项任务落实。另一方面，学校还强调，要力戒以怕出事为借口而慢作为、不作为的"四风"新问题，要抓紧落实建立容错纠错机制和错告诬告澄清保护机制的任务，旗帜鲜明打击歪风邪气，大张旗鼓为敢担当善作为的干部撑腰、鼓劲、打气，大力保护党员干部和师生员工开拓创新的积极性，提升整个学校干事创业的精气神和正能量，形成崇尚廉政勤政的好风气。

三是抓落实。一分部署，九分落实。各个单位、党员领导干部通过提高认识、高度重视，自觉把思想和行动统一到学校决策部署上来，抓好全面从严治党大会精神的学习传达，通过多种形式把会议精神学习好、宣传好、贯彻好、落实好，并积极撰写了会议精神贯彻总结。同时，学校还印发了《西南交通大学 2018 年全面从严治党工作任务分解表》和《西南交通大学 2018 年全面从严治党责任书》，要求各单位结合工作实际，制定计划书、列出时间表、画出路线图，各项具体工作要具有可操作性，可检查、可督促、可考核，确保每项工作都落实到人，有切实举措，出实招、见实效。同时，学校还要求全面从严治党和纪检监察工作每年要与学校党政重点工作同部署、同落实、同检查、同考核，把全面从严治党的各项任务落在实处。纪检监察部门要深入研究，探索建立健全对学校重大工作、重要问题等的保障机制，既要督促检查、保障工作推进，更要监督监察，严肃追责问责，保障工作质量。

当前，西南交通大学正处于"复兴交大，创建一流大学"的最关键时期，学校将以习近平新时代中国特色社会主义思想为根本指引，坚持学深、悟透、践行党的十九大精神，贯彻落实新时代全面从严治党的新要求，为"双一流"建设引航护航，坚定扛起新时期学校的历史使命，以永不懈怠的精神状态和一往无前的奋斗姿态，在建设社会主义现代化国家的新征程中勇当先锋、勇挑重担，为实现中华民族伟大复兴的中国梦作出新的更大贡献。

参考文献

［1］习近平. 习近平在参加党的十九大贵州省代表团时强调　万众一心开拓进取把新时代中国特色社会主义推向前进［EB/OL］. （2017－10－19）. 新华网.

［2］习近平. 习近平在中国共产党第十九次全国代表大会上的报告［EB/OL］. （2017－10－27）. 共产党员网.

从 "异化" 到 "优化": 政商生态变奏曲

——成都亲清新型政商关系研究[①]

蒋和胜　杨时革[②]

摘　要: 亲清新型政商关系是习近平总书记在新时代为构建健康政商生态、打造良好营商环境提出的重要战略思想,为"两个健康"确立了正确理念、指明了发展方向。文章梳理并明确了亲清新型政商关系的时代意义,重点分析了成都政商生态从"异化"转向"优化"的可喜变奏,并基于"2017 全国政商关系排行"视角,指出成都"乐观"政商指标的背后潜藏的政商关系发展障碍,最后提出了成都政商生态创新突破的若干举措。

关键词: 成都亲清政商　非公经济　2017 政商关系分析报告　潜在障碍　创新突破

---

① 本文是成都市 2018 年社科规划项目"构建促进成都市非公有制经济发展的亲清新型政商关系研究"(项目编号:2018R51)成果。

② 蒋和胜,四川大学经济学院教授,博士生导师。杨时革,四川大学经济学院经济思想史专业博士研究生,成都信息工程大学商学院讲师,经济师,会计师。

一、前言：问题的提出

非公有制经济已成为成都国民经济的重要支撑力量。根据四川省统计局发布数据，近年来成都非公有制经济发展迅速，占 GDP 比重逐年提高——2006 年即过半，到 2016 年非公经济增加值为 7271.35 亿元，非公比重为 59.7％。截至 2016 年年底，成都工商登记民营企业（含个体工商户）达到 146 万户，占全市市场主体 95.93％。[1]

党的十九大报告明确提出："构建亲清新型政商关系，促进非公有制经济健康发展和非公有制经济人士健康成长。"从当前成都实情看，十八大以来在反腐高压打击下，政商关系中官商勾结、权钱交易、行贿受贿等"亲而不清"的现象大幅减少，但为官不为、懒政怠政、拒商远商等"清而不亲"问题又凸显出来。因此廓清长期以来处理政商关系存在的误区，构建亲清新型政商关系，对促进非公有制经济健康发展和非公有制经济人士健康成长有着极为重要的意义。

二、亲清新型政商关系的时代意义

2016 年 3 月 4 日，习近平总书记在全国政协十二届四次会议民建工商联委员联组会上提出，新型政商关系，概括起来就是"亲""清"二字。[2]这一谈话精神从此成为构建新型政商关系的指南针和方向盘，此后中央多次发布关于营商环境的文件，自上而下推进新型政商关系的构建。①

亲清新型政商关系是基于中国经济、政治及社会发展历史变迁中的政商问题，并结合"中国道路"②，对新时代政商关系思想的科学提炼。政商关系既包括政府和市场

---

① 2016 年 11 月 27 日，《中共中央、国务院关于完善产权保护制度依法保护产权的意见》发布，要求地方政府尊重契约精神。2017 年 9 月 25 日，中共中央、国务院出台《关于营造企业家健康成长环境弘扬优秀企业家精神更好发挥企业家作用的意见》，涉及企业家各项权益保障、健全企业家参与涉企政策制定机制等构建亲清新型政商关系多项重要内容。

② 相比"中国模式"这种易让人理解为一种静态、僵化的框架而言，"中国道路"即中国特色社会主义道路更能体现中国改革开放动态演化的历史轨迹。

（企业）之间的关系，也包括政府官员和企业家之间的关系。① 以上政商关系主要可归结为政治权力和民间资本之间的关系，因此，政商关系的核心本质就是权力和资本之间的互动。我们认为，"四个全面"战略布局指引下的亲清新型政商关系具有十分鲜明的时代意义。

（一）亲清新型政商关系是全面建成小康社会目标认同的迫切要求

根据美国政治学家西摩·马丁·李普塞特的政治认同（目标认同）观点，目标认同必须建立在政权合法性基础之上。而合法性基础又有由低到高的三个层级即有效性基础、规则基础和意识形态基础。它们分别对应于建基于其上的目标认同的三个方面即利益认同、制度认同和价值认同。由此目标认同的逻辑次序是利益认同—制度认同—价值认同。这其中，利益认同是目标认同的逻辑起点，政府绩效可为此提供经验性基础；制度认同是目标认同的逻辑中介，其价值指向是制度的公正性；价值认同即意识形态认同，它为目标认同提供精神支撑或情感归属，它是目标认同的核心。[3]

十八大提出到 2020 年全面建成小康社会的宏伟目标，必须依赖全国人民的目标认同——政权合法性的体现不仅是效率（总体小康的利益认同），还包括公平（全面小康即"一个也不能掉队"的制度认同），更在于意识形态的情感归属（中国共产党执政的民心所向这种价值认同）。异化畸形的政商关系，使市场的资源配置功能严重削弱，导致国民财富权贵化，极易引发目标认同危机。从十八大到十九大，习近平总书记在各种场合反复强调"人民对美好生活的向往就是我们的奋斗目标"，十分明确地把党和国家的发展目标锁定在"人民"二字上。这意味着什么？一切为了人民，一切服务人民，一切工作的宗旨紧紧围绕人民，中国共产党执政的最大根基就是这种目标认同。而亲清新型政商关系无疑成为全面建成小康社会目标认同的迫切要求。

（二）亲清新型政商关系是发掘全面深化改革战略动力的核心要义

十八届三中全会指出："全面深化改革的总目标是完善和发展中国特色社会主义制

---

① 在新时代，政商关系尤其指政府与民营企业、政府官员与民营企业家的关系。对于"民营企业"这一具有中国特色的概念，对其界定理论界莫衷一是，就中国的情况而言，大体从所有制上有两种划分：狭义上，民营企业 =（国内）私有企业；广义上，民营企业 =（国内）私有企业＋外资（控股）企业。根据习近平总书记对于亲清内涵的解释，非公有制经济与民营企业家是在同一个意义归属上提出来的，也就是说，可从广义理解民营企业及民营企业家，它们分别对应于非公有制经济和非公有制经济人士这两个范畴。

度，推进国家治理体系和治理能力现代化。""经济体制改革是全面深化改革的重点，核心问题是处理好政府和市场的关系，使市场在资源配置中起决定性作用和更好发挥政府作用。"十九大报告又强调："要使市场在资源配置中起决定性作用，更好地发挥政府作用。"可见，全面深化改革是新时代不断推进中国特色社会主义事业的总抓手，这个总抓手的重点是经济体制改革，而经济体制改革的核心问题无非是要将顺政府与市场的关系——这里的重点又在政商关系，其逻辑规定性在于"政"之有效性彰显必须服务于"商"这个决定性因素。

梳理中国自1978年以来（特别是十八大以前）的政商关系，我们发现，一些政府官员以权谋私、大搞权钱交易已呈肆无忌惮之势，一些企业家暗相授送、热衷送钱送物已为理所当然之举。这种官商"勾兑"异化生态的产生，其根源在于政府与市场功能定位不清、运作边界模糊，从而导致政商角色错位。构建亲清新型政商关系，必须发掘全面深化改革战略动力，以政府高效管理、优质服务为着力点，以行政体制、经济体制、政商互动体系三大改革为核心内容，在资源配置中，让政府的服务性功能有效利用、让市场（企业）的决定性作用切实发挥，努力打造交往有道、既亲且清的健康政商关系。

（三）亲清新型政商关系是坚持全面依法治国战略保障的内在需要

法治即宪法政治。自中华人民共和国成立以来我国相继颁布了四部宪法即"1954年宪法""1975年宪法""1978年宪法"和"1982年宪法"，经历了1988年、1993年、1999年、2004年及2018年共五次修订，其中1999年宪法修正案把"依法治国、建设社会主义法治国家"写进宪法，真正体现了宪政精神[①]，开启了中国治国方略法治建设新篇章。十八届四中全会又明确提出了全面推进依法治国的一系列新观点新举措新部署。在十九大报告中，"坚持全面依法治国"被明确作为十四条新时代坚持和发展中国特色社会主义的基本方略之一。十九大报告指出："全面依法治国是中国特色社会主义的本质要求和重要保障。"自此，我国进入全面依法治国新时代。

"奉法者强则国强，奉法者弱则国弱。"法治，不仅是现代文明社会的题中之义，更是完善我国社会主义市场经济的根本前提。全面依法治国，实现国家治理方式和治理能

---

① 法治（rule of law）与法制（rule by law）存在本质差别，前者之"法"覆盖全体国民并体现人民的意志和利益；后者之"法"重在用法来治，政府或统治者可游离于民众之外即逍遥法外。

力现代化，一个极为本质重要的关键就是重新塑造政商理念及其行为模式，着力构建亲清新型政商关系法律体系及制度规则。可以想见，市场经济设若不以法治为要，权力与资本作为政商关系的两大元素就会成为脱离法治藩篱的两匹野马，"没有原则的政治"与"没有道德的商业"将继续成为危害我国社会主义市场经济的毒瘤而难以根除。按照全面依法治国的内在需要，依法规范政商关系，让权力和资本回归本位。因此，构建亲清新型政商关系是坚持全面依法治国战略理念的重要保障。

（四）亲清新型政商关系是提供全面从严治党政治保证的必然选择

在从严治党方面，近年来，我党先后制订并通过了《中国共产党纪律处分条例》（2003）、《推进领导干部能上能下若干规定（试行）》（2015）、《中国共产党廉洁自律准则》（2015）、《中国共产党问责条例》（2016）等党纪党规，开出了党员干部权力的正面清单、责任清单和负面清单，对净化政治生态意义重大。习近平总书记在 2013 年全国组织工作会议上指出："党要管党，首先是管好干部；从严治党，关键是从严治吏。"[4]在十八届中央纪委六次全会上又指出："全面从严治党，核心是加强党的领导，基础在全面，关键在严，要害在治"，"各级党组织要担负起全面从严治党主体责任"[5]。在庆祝中国共产党成立 95 周年大会上，习近平总书记重申："管党治党，必须严字当头，把严的要求贯彻全过程，做到真管真严、敢管敢严、长管长严。"[6]

以上党纪党规以及习近平总书记的这些论述为全面从严治党明确了基本原则，也为在亲清新型政商实践中"清"的层面指明了政治方向，提出了政治要求。不仅如此，亲清新型政商关系的构建是对全面从严治党战略布局的积极推进和必然选择。我们既要强调"清"来规范政府官员行为，更要注重"亲"来减少政商疏远隔阂，使政府官员既不能搞亲亲热热的官商勾结、与企业家称兄道弟不分彼此、"相呴以湿，相濡以沫"以致"亲"而不"清"，也不能搞"清清白白"的为官不为、与企业家干脆"相忘于江湖"实则"清"而不"亲"。

三、成都传统政商关系异化的集中表现

改革开放以来的很长一段时间，成都政商关系异化态势极为明显，在貌似正常的"人际关系形成序列"即"寻求关系—建立关系—维护关系—利用关系—发展关系"中

隐藏着诸多官商勾结、以权谋私的问题。一些恪守所谓商界丛林法则的企业家（商人①），以明贿、雅贿、隐贿方式轮番上阵，极尽结交官员之能事，有些官员也乐于动用手中的行政审批权、资金拨付权、行政执法权，格外关照"积极"的企业家（商人），这种"行政背书"的市场某种意义上已异化成投机遍生的市场、权力变现的市场。十八大以来，高压反腐取得明显实效：2012—2014 年仅两年多时间成都落马政商人员就高达 19 人之多[7]。自 2012 年成都工业投资集团有限公司董事长戴晓明被立案调查以来，四川政坛和商界持续发生"地震"。而四川政商"地震"多与李春城、郭永祥案有关。此外，成都多位政商界高层人士接受调查均是由于土地问题。[8]向市场经济过渡中的管理模式是审批经济，而审批经济必然导致寻租经济，行政权力与商业利益的勾兑使得政商关系暧昧有加，成都传统政商关系异化有以下集中表现：

一是职务性腐败政商关系。职务性腐败，包括行政腐败和政治腐败两种，前者是指政府资产的滥用；后者则指称权力决策的滥用，所谓"权为钱寻机、钱为权铺路"，其同一性目的均是谋求个人利益。因此这种类型的政商关系就是权钱交易型政商关系。如周永康案、李春城案，包括近年来成都市国土资源局原党组成员、土地储备中心原主任张康林案涉及的相关人员等均属于此类。

二是关系性腐败政商关系。关系性腐败之"关系"，包括友缘、亲缘、血缘等诸种类型。"拿项目如探囊取物，捞大钱手到擒来"即喻指此类政商关系，典型案例如郭永祥。2014 年 4 月，中共中央纪委对四川省文联原主席郭永祥进行立案检查，其严重违纪违法问题突出：郭永祥利用其营造的关系网，不仅本人或通过其子为他人谋取非法利益大开方便之门，还利用公职权力直接为其子做生意、搞经营提供通道从而获得巨额收益。

三是投资性腐败政商关系。投资性腐败，是指政府官员以各种投资企业入股方式所形成的腐败。其投资往往以"干股""合伙开办企业"等名目呈现，使传统的企业家对政府官员的依附关系演变为官商勾结的利益结盟者关系。这种政商关系一方面使政府官员与企业家共同构成这类企业或公司的利润分享者，另一方面使政府官员腐败具有极强

---

① 这里的"商人"是广义的，即不局限于流通领域里的生意人，而且主要指的是涵盖三大产业界的非公有制经济人士（企业家）。

的隐藏性，企业也同时得到政治庇护，更能获取稳定收益。

以上只是列举前些年成都政商生态异化的三种典型方式，更多隐性的、花样繁多的政商关系异化样态不一而足。但无论是基于某种所谓投资性关系撮合而成的"政商联盟"，还是钱权套利、职务腐败、政商合一的异化政商生态，其共同的特点就是政商角色互换、能量互补。他们乐此不疲地"心往一处想，劲往一处使"，政商腐败不可避免地转向窝案、串案升级版。

四、成都当前政商关系优化的喜人局面

2015—2016 年，为肃清周永康等长期插手对四川及省会成都的政治生态造成的恶劣影响，中共成都市委市政府坚决贯彻中央的决策部署，持续用力正风肃纪，旗帜鲜明惩治腐败，坚决有力刷新吏治，净化了政治风气，从思想上、组织上、作风上、政策上肃清了恶劣影响，反腐败建设卓有成效。[9]

近年来中共成都市委市政府、成都市工商联深入贯彻习近平亲清战略思想，紧密围绕建设全面体现新发展理念的成都"国家中心城市"发展目标，团结引领成都民营经济积蓄力量，全心全意助推民营经济快速发展，顶起了成都经济的"半边天"，为促进成都"两个健康"发挥了不可替代的积极作用，同时采取各种有效举措强力打造新型政商生态，除继续推进反腐败建设不放松外，重点解决在政商关系中一些地方和单位存在的慢作为（懒政）、不担当（惰政）、不作为（怠政）等新生突出现象问题[10]，扶正祛邪、激浊扬清，总体上形成了公平竞争的市场环境、公正透明的法治环境、高效廉洁的政务环境，风清气正、崇廉尚实、干事创业、遵纪守法的良好政商生态初步形成，出现了三大积极变化：

第一大变化是通过破"潜规则"、立"明规矩"，政治空气清新净朗。成都积极开展"三严三实"教育，不仅鲜明地树立了选人用人正确导向，上下级关系开展正常有序，从政环境得以澄清，而且各级领导干部的政治素养普遍提升，"四个意识"大幅增强，在习近平总书记新时代中国特色社会主义思想指引下，党纪观念及工作作风改进明显，精神状态积极向上，在思想上、政治上、行动上，同以习近平同志为核心的党中央保持高度一致。

第二大变化是通过"从严管党治党"反贪治腐，扎紧制度笼子。成都通过深入分析历年案件，锁定了包括招投标、财政资金使用等十个腐败易发多发领域，针对性建章立制、强化监督，查办案件达到了"不敢腐"的震慑遏制，制度建设形成了"不能腐"的体制机制，思想教育建立了"不想腐"的长效机制。"不敢腐""不能腐""不想腐"凸显了法治底线、制度红线、道德高线。近些年成都纪检监察系统受理群众的举报案件明显下降，说明反腐败取得明显实效。[11]

第三大变化是通过"亲"上加"清"，政商共同搭台唱好发展大戏。为了践行成都"国家中心城市"的城市发展战略定位，老城区的转型升级蜕变势在必行且要加速推进，因此迫切需要民营资本的注入。在这方面，成都青羊区提供了成功营造清亲政商关系的典型范例。"亲"之于青羊区，体现在新政务服务分中心开辟绿色通道和一站式服务，主动召集企业听取发展诉求；"清"之于企业，体现在民营企业对政务服务敢于提批评提建议，对区域经济发展主动提供智慧献计献策，更体现在民营企业办公场地不在青羊也要将税源关系放在区内的创业豪情。[12]

五、成都政商关系发展的潜在障碍——基于"2017全国政商关系排行"视角①

中国人民大学国家发展与战略研究院课题组于2018年2月26日在京发布了涵盖国内285个城市的政商关系健康指数的"中国城市政商关系排行榜（2017）"（研究报告）。据此报告，成都总体政商生态良好，政商关系指数全国排名第十二，其中亲近指数全国排名第十三，清白指数全国排名第十（见表1）。

表1　城市政商关系排行榜（前20名）

排名	城市	政商关系指数	排名	城市	亲近指数	排名	城市	清白指数
1	东莞	100.00	1	东莞	100	1	北京	100
2	深圳	98.48	2	深圳	88.1	2	温州	96.7
3	上海	96.27	3	上海	84.42	3	潍坊	93.21

---

① 文章本节采纳的数据资料及引文均来自澎湃研究所文章《当下中国城市政商关系排名及启示》，参见聂辉华，韩冬临，马亮，张楠迪扬. 当下中国城市政商关系排名及启示［EB/OL］.（2018-02-26）. 澎湃新闻.

续表1

排名	城市	政商关系指数	排名	城市	亲近指数	排名	城市	清白指数
4	北京	88.50	4	苏州	80.59	4	鞍山	92.89
5	广州	88.37	5	长沙	77.78	5	广州	92.73
6	金华	86.08	6	合肥	74.88	6	台州	92.3
7	苏州	84.23	7	金华	73.02	7	聊城	91.16
8	温州	83.69	8	广州	68.84	8	杭州	90.98
9	邢台	82.23	9	福州	67.93	9	石家庄	88.15
10	长沙	82.21	10	邢台	66.27	10	成都	87.91
11	福州	81.52	11	北京	63.94	11	沧州	86.56
12	成都	81.07	12	珠海	63.16	12	本溪	86.39
13	合肥	80.65	13	成都	62.74	13	上海	85.09
14	沧州	79.15	14	汕尾	62.69	14	邢台	85.01
15	杭州	79.14	15	西安	61.72	15	贺州	84.44
16	珠海	75.28	16	沧州	61.19	16	深圳	83.91
17	郑州	72.17	17	郑州	60.57	17	嘉兴	83.73
18	嘉兴	71.88	18	温州	60.02	18	太原	83.49
19	台州	70.01	19	呼伦贝尔	58.85	19	鄂州	82.69
20	西安	69.13	20	杭州	58.1	20	威第	82.61

这个实证结果，从一个侧面说明了成都近些年在反腐败制度建设以及简政放权等方面做了大量有益探索，取得了极为明显的成效。必须指出的是，这种看似乐观的排名，不仅距离成都作为全国九个"国家中心城市"之一的发展战略要求以及打造国际门户枢纽城市的远景目标尚有一定欠缺，更重要的是，我们需要警惕成都政商关系未来发展面临的隐忧或潜在障碍：

第一，成都所处的"大环境"（西南地区）及"小环境"（四川省）的政商关系排行落后。副省级城市成都的政商生态与所在区域及所在省呈现"二律背反"。

在前二十名城市中，绝大多数是沿海城市。从地区看，政商健康指数是沿海高于内陆。华东地区表现最优，华北、华南高于平均水平，相比之下，包括西南地区在内的四个大区均低于平均水平（39.20），其中西北垫底，而西南政商健康指数仅略高过西北0.26。综合看，东南沿海地区与西南内陆地区差异显著（见表2）。

表 2　区域政商关系健康指数比较

大区	政商关系总指数	亲近指数	清白指数	城市数量
华北	42.77	31.75	61.11	31
东北	35.99	27.17	55.07	32
华东	48.37	35.60	65.99	67
华中	32.95	26.81	49.93	53
华南	42.62	31.04	61.84	37
西南	32.90	21.78	57.05	34
西北	32.64	21.35	57.17	31
合计	39.20	28.81	58.68	285

按省份（含直辖市）比较，上海政商关系指数排名第一，北京、浙江分居第二、三位。河北、天津能进入前十估计得益于雄安新区建设和相应的国家政策扶持。而四川则相对落后，居第十九名（见图1）。

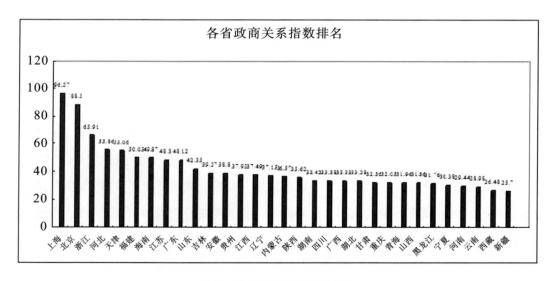

图1　各省政商关系指数排名

总体而言，城市行政级别与政商关系指数呈显著正相关，即城市的行政级别越高，政商关系得分越高。直辖市的政商健康指数高于副省级城市（比如成都），后者高于一般省会城市，最低的是普通的地级市。同时我们发现，不仅城市的行政级别越高，政商关系越健康，而且无论是亲近指数还是清白指数，也都遵循行政级别越高表现越好的规律（见表3）。

表3 城市级别与政商关系

行政级别	政商关系总指数	亲近指数	清白指数	城市数量
直辖市	67.97	51.10	80.23	4
副省级城市	61.30	51.30	67.53	15
省会城市	54.93	44.35	65.66	17
地级市	36.33	26.04	57.33	249
合计	39.20	28.81	58.68	285

之所以出现这种情况，一个合乎逻辑的理由是，从"亲"的方面看，级别越高的城市，政府的行政权限越大，优惠政策越多，吸引的人才越多，市场竞争就越激烈，企业的全要素生产率（TFP）也就越高。这样直辖市自必不说，省会城市（尤其包括其中的副省级城市比如成都）在以上有利因素推动下政府就有更大能力动用更多资源为民营企业提供更好更优质的服务，从而在城市经济改革和发展过程中有效发挥了引领作用。从"清"的方面看，行政级别高的城市在排名中靠前也主要基于这些城市资源更多、能力更强，也就更有动力推动政务信息公开和财政预算公开，从而约束政府成为一个廉洁政府。但不可忽视的是，由于各省省内地级市亲近指数平均仅为26.04，明显低于前三类城市总体水平49.58，仅是这个总体水平的一半多一点，极大地拉低了各省政商关系指数总体水平，这其中自然也包括四川。以上解释逻辑同样适用于政商关系指数倒数第二的西南地区（仅略高于西北）。因此成都与四川和所在西南地区在政商关系指数上呈现的"二律背反"就不足为怪了。

第二，进一步看，这种"大环境"（西南地区）及"小环境"（四川省）的政商关系滞后的现状会对成都未来政商关系的进一步健康发展构成隐忧或潜在障碍。

表面上或仅从数据分析得出的研究结论看，城市健康政商关系的打造及良好营商环境的形成完全可以独立于所在的"大环境"和"小环境"。如同该报告所说，"城市完全可以超脱所在地区氛围的制约，发展出更加健康的政商关系。反过来，如果（城市）无法营造良好的政商关系，即便是位居总体表现良好的区域或省份，城市也可能无法营造较好的营商环境。"这里的意思是，城市的政商关系发展得好，即便"大环境"和"小环境"的政商关系不佳，其影响也不大，即这个城市仍然可以有良好的营商环境；反之，城市的政商关系发展得不好，哪怕"大环境"和"小环境"的政商关系良好，这个城市也不可能有良好的营商环境。对此，我们持有不同看法。就成都而言，成都的政商关系、营商环境以及经济社会的发展与周边的"大环境"和"小环境"绝不是孤立的"单行道"关系。该报告之所以得出这一结论，与"亲"和"清"两个方面指标对应的考察内容及其权重设置有极大关系。报告首先将"亲"和"清"两个指标权重分别设为60%和40%。其次，在"亲"的方面，该报告认为加强各类政府服务是关键所在，所以将其权重设定为40%，其他两个维度均为10%；在"清"的方面，由于政府廉洁的测量误差和争议性较大，所以将其指标设为10%，而政府透明为30%。

由此可见，该报告以上设置的一个基本原则是对于方便量化的客观指标赋予较大权重，比如亲近指数方面，"政府对企业的服务"[①]权重占比达40%；清白指数方面，"政府透明度"权重占比达30%。这两项权重占比合计高达70%；而对于影响因素复杂、不方便量化的主观指标则权重偏小，比如亲近指数方面，"政府对企业的关心"权重占比仅为10%；清白指数方面，"政府廉洁度"权重占比也仅为10%。这两项权重占比合计只有区区20%。

成都与全国一样，在党的十大以前，政商关系之所以严重恶化，关键在于"清"的方面"政府廉洁度"出了大问题，政府廉洁不廉洁，单纯依赖对政府官员的整风肃贪案件的处理频率或件数高低是不能说明当前及未来政府廉洁度高低的。而"亲"的方面相比较是易客观评价的政府政务操作，"政府对企业的关心"更能体现政府官员用心作为、主动作为、一心一意为企业服务的质量和水准。遗憾的是，这种触及政府官员灵魂深处的精神品质和道德素养的考量，是无法单纯依靠一些定量化的模型工具就能精准"问症"的，不能不说这也是在国际反贪反腐、清新政治空气实践以及评估政府服务市场（企业）质量中的一道难题。

我们认为，成都政商关系健康与否既取决于自身是否"练好内功"，也在很大程度上打上了"大环境"西南地区及"小环境"四川省的深刻烙印。该报告给出的对成都"乐观"评价的政商关系指数并不能真正代替我们对成都政商关系健康发展存在隐忧或

---

① "政府对企业的服务"可通过领导干部主动为企业办理各类服务业务的次数及数量得到比较精确的度量。

障碍的合理关注和谨慎判断，毕竟，一些极为重要的所谓"主观"的指标度量因无法深入量化而在"准确性"甚至"真实性"上被技术性地规避掉了。报告显示的政商关系在不同区域和省份存在较强的地理集聚性，正好说明了城市的政商关系难以逃脱所在地区及省份的"环境"。因此"大环境"西南地区及"小环境"四川省同成都政商关系密不可分。科学准确评判成都的政商关系需要增添新的变量以及采取多渠道考核手段及方法，正如该报告在最后不无遗憾地补充道，"政商关系具有复杂性、隐蔽性和多面性等特征，对其加以评价殊非易事。我们期望这套评价体系可以在今后的研究中进一步完善并更新，使之成为定期监测中国城市政商关系和营商环境的重要晴雨表。与此同时，我们还将开展面向企业的抽样调查，进一步丰富评价体系，使之能够更加贴切地反映政商关系的新变化和新情况"。

第三，事实上，民建成都市委组织的问卷调查结果显示，成都政商关系较之既"清"且"亲"的"乐观"政商生态还有相当距离，这在一个侧面暴露出上述研究报告相关研究结论的局限性。

2017年7月，民建四川成都市委以"如何构建新型政商关系，促进民营经济发展"为题，在民建会员企业家中开展了问卷调查。通过对1700余份问卷梳理归纳，政商关系"舍亲保清"或"清而不亲"甚至"不清不亲"成为民营企业家反映最强烈的问题，问卷调研结论指出，党的十八大以来，中央加大构建亲清新型政商关系力度，成都一些地方为建立新型的政商关系也进行了积极探索，取得了明显效果，"亲"在行动上、"清"在骨子里的风气正在酝酿生成、渐成态势。但仍有很多地方亟需加快改革：一些公职人员认为如今饭不能吃了，礼不能收了，搞不好还会因项目安全、质量等问题而被追责，于是就以"与老板保持安全距离"为借口，假借"清"之名①，搞懒政惰政怠政，对企业敬而远之，以至"公堂木偶"、感叹"为官不易"的现象在各个行政职能部门不同程度存在，"为官不为"、当"好好先生"的情形时有发生，导致群众和民营企业感觉办事反而比从前更加艰难。[13]

---

① 我们认为，这种假借"清"之名而"为官不为、为官虚为"的现象是另一种腐败，因此这种"清"本质上仍是"不清"（拿工薪而不办事、推托事、缓办事），这种形"清"而实"不清"的新型腐败与"不亲"有殊途同归的因果必然性。

六、成都亲清新型政商关系的创新突破

2017 年中国城市商业魅力排行榜单显示，成都位居新一线城市榜首。成都因其基础商业指数、商业核心指数、大品牌青睐指数、城市规模指数等均优于其他城市，商业资源聚集度位居各大城市首位。这表明成都目前消费力以及未来商业发展前景广阔、潜力巨大。[14]

成都受民营企业青睐，得益于近年来持续改善的政商关系与营商环境。但如前所述，今天的成都，"清"之正气已是人心所向、明显好转，但"亲"之氛围尚不浓厚、有待培植。为此，成都在亲清新型政商关系良好势头的悉心维护和发展上必须有"永远在路上"的危机感与紧迫感，在亲清新型政商关系的深入打造和巩固上必须有"百尺竿头更进一步"的使命感和责任感，使新时代成都亲清新型政商关系朝着健康的方向不断创新、不断突破。

（一）从政廉政，采取执政为民新举措

第一，要从政廉政，建设制度化、法治化政府。一是加强精准化立法，减少和规避立法漏洞；二是将政府行为纳入制度化规范化轨道，减小寻租间隙；三是严格落实法治政府建设第一责任人制度，充分发挥"关键少数"核心作用，党政主要领导既要勇挑最重担子，又要敢啃最硬骨头，狠抓督察考核，严格依法行政，做到"法无授权不可为、法定职责必须为"，坚决守护公平正义司法防线，建设法治政府，营造"亲商、扶商、护商"投资环境，为非公有制经济发展提供聚人聚财强力支撑。

第二，坚持以人民为中心的发展思想，始终树立"立党为公，执政为民"的崇高理念，着力打造服务型、亲民型和智能型政府形象。一是立党为公，首先就是要体现先进生产力发展要求，就是要坚定市场取向改革，发挥市场在资源配置中的决定性作用以及更好发挥政府作用，坚持和完善公有制为主体、多种所有制经济共同发展的基本经济制度，毫不动摇地鼓励支持引导非公有制经济发展；二是执政为民，就是要以包括广大非公有制经济人士在内的人民根本利益为出发点、着力点和落脚点。对于 GDP 贡献已占成都半边天的非公经济而言，执政为民的特定内涵解读就是"权为民营企业所用、情为民营经济所系、利为民营企业家所谋"。

（二）在商言商，廓清公平竞争新思路

在商言商，民营企业经营的基本目标就是通过科学管理，创新驱动，力争做优做强做大。在商言商，包含着马克思和弗里德曼意义上的一个政治经济学命题：经济决定政治；经济最优利于达成政治最优。这或可说是理论上论证协调政商关系、实现政商良性互动的一个逻辑先定前提。

第一，民营企业已发展成为新时代成都经济社会发展最重要的支撑力量，要顺应大好发展契机，改变商人利用过往转型期中体制机制不完善带来的机会扩增自身利益的行为惯性，要让民营企业家真正认识到只有完善的市场制度才是最大化企业利益的制度，要使民营企业成为社会主义市场经济的捍卫者，而不是利用制度漏洞的投机者。

第二，我国正处于全面推进大众创业、万众创新的关键期，我国科技创新体制机制亟须重整布局，要改变过去"政府主导、集体攻关"的僵化、低效率体制机制，要让民营企业真正成为大众创业、万众创新的基本载体，这是持续增进成都民营经济新动能，养护成都亲清政商生态的战略方向。在这里，华为的成功经验值得研究和学习。

第三，"为政之善，莫过于公平"。构建亲清新型政商关系，必须以公正公平为价值取向，规范政商行为。政府要力避对民营企业"吃、卡、要""勾、框、锯"的做法。政商双方各取所需、各尽其责、各守其"道"，如此方能建立起一种既独立又合作、既平等又互补的新型政商关系。

（三）制度为先，构建亲清政商新保障

构建亲清新型政商关系必须制度为先，加强政商关系的制度保障、制度供给和制度创新能力。

第一，"三张清单"制度要细化、要落地。一是权力清单，关键在"简政"，但"简政"不是"减政"。政府在做到"权力瘦身""自我割肉"的同时，该管的还得管，但要细，权力运行边界要清晰明朗，政府权力清单必须公开透明，主动接受社会监督。二是负面清单，侧重于"放权"，但"放权"并非"放任"。法律是自由的边界，目前"法无禁止即自由"的法律原则也适用于民营经济，便于民营经济参与更广阔的市场领域，与国有、外资经济公平竞争。三是责任清单，核心是"问责"，但"问责"不是"乱责"。只是"法定责任必须为"，政府应当承担的责任在责任清单中清晰明了，"必须做哪些事情"落实到每一个部门。"三张清单"理应成为成都今后亲清政商关系建设的新准绳。这方面，上海、浙江、广东的成功做法值得成都效仿。

第二，建立井然有序的法治政府，加大政府行为违法成本。法治，为"政"之权力、"商"之权利，为亲清政商关系的成功塑造，既提供了约束也赋予了保障。唯有法治，方可将权力关进制度的笼子里，也才能将成都政商生态营造得更为健康，更加生机勃发。

第三，将德性教育与制度建设有机结合。一方面，要深入开展党的群众路线教育实践活动，治理政府官员的"软、懒、散、浮、脱"，提升民营企业家职业道德操守；另一方面，要用制度建设让政商关系更加公开透明，让政商行为各自回归本真。

（四）文化为本，创造亲清政商新价值

健康的政商生态，必须笃定价值本位，在新时代就是要牢固社会主义核心价值观作为成都亲清新型政商文化的灵魂及内核。

亲清政商文化之于"政"，就是要建立新型服务型政府，而不是权力型政府；亲清政商文化之于"商"，就是要建立民营企业现代公司治理体系，而不是传统家族企业制；亲清政商文化之于"政、商"双方，就是要强化真实信息的共建共享，而不是互通款曲的暗箱操作。

总体上看，成都民营企业要提供市场需要的产品及服务。政府要以服务为导向，依法行政，营造公平的市场环境，提供公共产品，逐步清除越位、错位和缺位的传统痼疾，从而使政府和民营企业之间形成真正平等、独立、合作、互补的政商关系，共同创造亲清政商新价值。

（五）社会共建，开辟亲清政商新道路

成功塑造成都亲清新型政商关系，离不开社会各界的支持与监督，离不开社会共建的强大合力效应。

第一，要充分发挥成都市工商联等社会服务组织的桥梁纽带功能，一是要宣传好党和政府的政策方针；二是要反映好民营企业的现实困难和发展需要；三是要帮助好民营企业接洽合作伙伴，助推民营企业不断发展壮大；四是要维护好民营企业的合法权益，禁止各项摊派，进一步改善投资环境。

第二，引入权威性高、独立性强的第三方评估机构。采用定期督察、专项检测、总结评估、媒体发布等多种方式对成都实施亲清新型政商关系建设的进度、程度及其质量展开调研估测。但鉴于前文所述及的基于定量评价体系的技术性固有缺陷，第三方机构亲清指标评估宜与传统的面向企业的抽样调查方式、专事专人访谈方式乃至地方政商文化研究方式等多元手段相结合，并在践行亲清政商关系过程中进一步丰富政商生态评估"工具箱"，从而更为真切地反映成都政商关系变化的新特点和新趋势，力争做到通过为政商生态准确把脉，持续有效推进成都亲清政商关系蓬勃健康生长，为成都民营经济的繁荣发展做出更大贡献。

参考文献

[1] 四川省统计局，http：//www.sc.stats.gov.cn/.

[2] 习近平. 习近平谈治国理政：第2卷［M］. 北京：外文出版有限公司，2017：264—265.

[3] 西摩·马丁·李普塞特. 政治人——政治的社会基础（最新增订版）［M］. 张绍宗，译. 上海：上海人民出版社，1997：55—66.

[4] 习近平. 建设一支宏大高素质干部队伍　确保党始终成为坚强领导核心［N］. 人民日报，2013—06—30.

[5] 习近平. 在十八届中央纪律检查委员会第六次全体会议上的讲话［N］. 人民日报，2016—05—03.

[6] 习近平. 在庆祝中国共产党成立95周年大会上的讲话［N］. 人民日报，2016—07—02.

[7] 四川落马政商一览（表）［EB/OL］.（2017—02—14）. 凤凰财经频道.

[8] 四川政商地震续：传多位政商高层被查均因土地问题［EB/OL］.（2013—08—08）. 中国经营网.

[9] 中共成都市委. 中共成都市委关于省委巡视整改情况的通报［N］. 成都日报，2017—01—13.

[10] 成都市工商联. 凝心聚力　工商联事业迈上新台阶［N］. 成都日报，2017—05—10.

[11] 周远征. 王东明：四川政商关系现在很好［EB/OL］.（2016—03—14）. 中国经营报.

[12] 政商"亲"上加"清"　共同唱好成都青羊发展大戏［EB/OL］.（2016—04—08）. 人民网四川频道.

[13] 陈德军. 成都市委呼吁政商关系要真"清"实"亲"［EB/OL］.（2017—07—19）. 民建中央网站.

[14] 韩利，李开红. 2017中国城市商业魅力排行榜发布　成都高居榜首［EB/OL］.（2017—05—26）. 中国网.

"一带一路"倡议下四川卓越涉外法律人才供需矛盾及其解决机制研究[①]

杜玉琼　林福辰[②]

摘　要：随着"一带一路"倡议的提出和四川自贸试验区的建立，四川乃至整个西部地区将在国家对外开放中扮演更重要的角色，充分发挥作为唯一同时连接丝绸之路经济带、21世纪海上丝绸之路及长江经济带的地缘优势和对"一带一路"沿线国家的比较优势，成为我国实施"一带一路"倡议的核心腹地和典范。这意味着含有涉外因素的法律问题将不断增多，在处理与周边国家相关法律事务方面，市场、政府对于涉外法律人才求贤若渴。研究政府和实务界对于涉外法律人才的具体需求现状，实地调研走访与数据分析，总结高校的涉外法律人才培养模式主要存在以下缺陷：一是观念落后、国际化意识弱；二是语言沟通存在障碍，培养机制较为落后，不能适应新的发展潮流；三是高校培养与实务需求衔接较差。因此创新性地提出涉外法律人才培养新模式，以解决"一带一路"背景下四川涉外法律人才的供需矛盾问题，具有重要的现实意义。

关键词：一带一路　自贸区　涉外法律人才　培养模式

---

① 本文是四川大学法学院研究学习党的十九大精神专项研究课题（项目编号：SCULAW 0305）研究成果。

② 杜玉琼，四川大学法学院教授、法学博士，国际法教研室主任，国际法学科带头人，四川大学"中国（四川）自贸试验区暨一带一路法律研究中心"主任，四川省卓越涉外法律人才培养实验中心主任。林福辰，四川大学法学院2017级硕士研究生。

本研究主要基于随着"一带一路"倡议的提出和四川自贸区的建立，四川将会充分发挥作为同时连接丝绸之路经济带、21世纪海上丝绸之路及长江经济带的地缘优势，成为我国实施"一带一路"倡议的核心腹地。四川省的对外贸易水平将在未来5~10年内产生质的提升，这意味着，含有涉外因素的法律问题将增多，在处理与周边国家相关法律事务方面，市场、政府对于涉外法律人才求贤若渴，成都的外企对法律服务的需求强劲。我国的涉外法律服务业近年来也有十分显著的发展。2017年1月，中华人民共和国司法部、外交部、商务部、国务院法制办公室联合印发了《关于涉外法律服务业的意见》，以十九大精神为指导，进一步明确了包括涉外律师在内的涉外法律服务业的发展方向。目前我国涉外法律服务业的政策机制尚未健全，工作机制有待进一步完善，涉外法律服务业的国际竞争力还不强，高素质涉外法律服务人才比较匮乏。因此，应当高度重视涉外法律服务业的发展，采取积极措施，推动我国涉外法律服务业发展至更高水平。[1]在此经济布局与政策布局背景下，本文通过理论分析与实地调研，研究分析中西部自贸区涉外法律人才缺口；运用大量数据分析中西部地区高校现有涉外法律人才培养模式，并选择性地借鉴东部地区培养经验；并最终设计建构政府、律所、高校三位一体的"三维联动"式涉外法律人才培养模式。本文完成过程中进行了大量的理论分析及数据收集，以了解以成都市为代表的中西部地区在"一带一路"及四川自贸区政策下的法律人才需求，通过调查研究主要贸易往来国家的法律体系、法律习惯等，详细了解我国在与之进行经济往来时的法律技术需求。同时对四川省商务厅人事教育处、成都市仲裁委等政府机构，北京金杜律师事务所、四川泰和泰等国内知名律所进行访问，深度了解中西部地区现有涉外法律人才市场情况以及具体的涉外法律人才缺口，找到中西部自贸区涉外法律人才供需的真正矛盾所在。同时，本文选取四川地区几所代表性高校如四川大学等进行学校、教师、学生三维调查访问，详细分析我国中西部高校现有的法律人才培养模式。最后创新性地提出政府、律所、高校三位一体的"三维联动"式涉外法律人才培养模式。

一、四川地区卓越涉外法律人才需求现状分析

本文具体分析四川地区涉外法律人才的现状及具体需求，发现政府机构、律所以及

高校对涉外法律人才的需求存在异同。

（一）政府部门对卓越涉外法律人才的需求状况

1. 政府高级涉外法律人才紧缺

经济全球化和科学技术的不断发展带来了世界资源共享的新模式，伴随着我国改革开放的不断深入和经济的持续发展，推进中国企业"走出去"倡议已成为新时期对外开放的重大举措。[2]政府部门的涉外人才主要服务于两国之间的合作政策的谈判，为政府决策提供决策性的依据和建议，故其对涉外法律人才的需求趋于高端化。且在"一带一路"和四川自贸区政策的推动下，当前政府的对口型人才需求大，如专项阿拉伯法律事务人才、专项欧盟法律事务人才等。一个事实是随着我国法学教育规模的不断扩大，传统法学毕业生已不再是人才市场的"香饽饽"。相比之下，政府或企业在处理涉外案件和业务时，却又不得不请外语、经济学等方面的专家协助。究其原因在于我国当前法学教育大多只局限于中文法律的教育，目前法律工作者绝大部分都是单一型的法学专业人才，其他专业知识以及外语能力较为欠缺，无法处理涉外民商事纠纷等专业性案件。目前，四川地区能够简单处理涉外日常事务和为企业进行法律事务规划的中低级涉外法律人才市场趋于饱和，而外语能力强，法律专业知识和实践相结合的高级涉外法律人才紧缺，而且这种短缺现状将伴随"一带一路"政策的深化和四川自贸区的建立进一步突显。

2. 政府引进涉外法律人才状况不容乐观

政府作为行政部门，基于薪酬、发展前景等方面的因素，在引进涉外法律人才上天然处于弱势地位。政府只能通过再教育的方式，对现有人才进行针对性强的培养，然而，政府涉外法律人才的培养周期的延长，不但增加了政府涉外法律人才培养的成本，而且后期学习导致整体性弱，很难培养出完全符合要求的涉外法律人才。国务院在《服务业发展"十二五"规划》中明确指出要"着力培养一批具有国际眼光、精通涉外法律业务的高素质人才"。近年来，北京、南京和上海等城市已选派多批优秀青年涉外律师出国参加各类国际法律专业培训。成都市政府也把涉外法律人才的培养列为紧缺人才工程，与四川大学等高校建立合作培养涉外法律人才。

（二）市场主体卓越涉外法律人才需求状况

1. 涉外法律市场空间巨大

在"一带一路"和自贸区建设的大背景下，西部整个涉外法务市场发展前景良好，潜力十足。以输出型中国企业的涉外法务为基点，发展出不同于东部市场的特有涉外法务市场优势，是今后自贸区法务市场的重点发展方向。2016 年 12 月 8 日，成都市律师协会组建首批涉外法律服务领军人才库和后备人才库，最终选拔出领军人才 20 人、后备人才 30 人，然而这对于巨大的西部涉外法律市场来说仍然是九牛一毛。以成都市为例，尽管成都涉外律师在帮助外企投资成都、保护外企合法权利、促进外企依法经营等方面发挥着积极作用，有能力提供涉外服务的律师事务所的涉外业务量和客户数量逐年上升，涉外法律服务的业务范围也由买卖合同与劳资争议解决等传统领域向股权并购等高端业务发展，但增速与成都外向型经济的发展速度并不相配，服务总量也远不能满足全市内外资企业日益增长的对涉外法律服务的需求。成都一万多名执业律师中，具备提供优质涉外法律服务能力的律师不到两百人，其中，符合国家所要求的通晓国际法律规则、善于处理涉外法律事务并熟知国际法、国际贸易法和 WTO 规则的律师尤其稀缺。[3]

2. 具有综合型能力的律师队伍短缺

与政府相比，律所更倾向于对整个自贸区涉外法务市场和人才市场的分析和掌控，人才引进策略更倾向于与律所本身的全球性战略部署要求相符。律所在选拔人才时，更倾向于语言功底深厚，法律理论知识与实践经验丰富的人才。我国律师在助力企业"走出去"的过程中，面临诸多的困难与挑战，例如"一带一路"倡议沿线的国家法律环境复杂多变，不同国家和地区的多种法系交织在一起。在这种复杂的法律环境中，不仅需要法律保障，企业也需提高自身的法律意识。在访谈中了解到，大多律师认为一名优秀的涉外律师需要知晓不同国家和地域的法律法规以及习俗文化，具体到拟定合同条款和措辞时，应当考虑各方面因素。如果没有对国际惯例和各国法律法规的深度把握和全面理解则难以制订出令各方满意的方案。同时，外语能力亦不可或缺，法律人才与政治商业人才不同，政治人物或商人可通过翻译进行国际交往，但由于法学的专业性较强，法律人不得不亲力亲为。所以涉外法律人才应当具备出色的外语能力，不但可以用外语自

由地和外国人沟通，而且应当具备将沟通的内容落实到文本上的能力[4]。

二、四川地区卓越涉外法律人才培养模式存在的问题

本文通过对四川地区高校法学院的实地访问、问卷调查，分析总结了四川地区涉外法律人才培养模式的现状与不足，同时对东部具有代表性的高校法学院的涉外法律人才培养模式进行比较分析，对四川地区培养模式未来发展方向有了更进一步的认识。

（一）四川高校卓越涉外法律人才培养刚起步，高校培养与实务需求相结合不够

当前省内典型的涉外法律人才培养模式，以四川大学为例，针对的是初级涉外法律人才，对于涉外法律人才培养的定位是"基层涉外法律服务人员"。四川涉外法律人才培养模式目前仍处于初期探索阶段，资金师资等各方面仍较为匮乏，所以高校当前的培养现状仍然倾向于培养初级涉外法律人才，甚至造成供过于求的局面。我们可以看到，在中西部法律服务市场上，会英语的涉外法律人才其实并不少，但是真正能够将英语熟练地运用于涉外法律事务中，达到精通地步的人才并不多，懂"一带一路"国家小语种同时又对对方国家法律体系精通的法律人才更是少之又少。然而，在"一带一路"倡议的实施和四川自贸区建立的新形势下，中西部培养出来的基层卓越法律人才以及初级涉外法律人才与政府、企业、社会涉外接触中日益增长的涉外法律服务需求之间的矛盾日显突出。

由于西部经济不发达，受传统落后观念的影响，人才培养经验缺乏，师资力量和实务锻炼机会不足，中西部涉外法律人才的培养仍处于起步阶段。根据我们对四川大学法学院、西南政法大学等高校本科生的问卷调查，其中正在接受涉外法律人才培养计划的同学占比30.04％，可见高校的涉外法律人才的受众面狭小，相对处于弱势。而且大多数同学对于涉外法律行业的了解并不深入，选择较为盲目，国际化意识较弱。

（二）高校对于涉外法律行业的观念落后，国际化意识较弱

就四川大学而言，国际化培养模式包括掌握法学基本原理、经贸管理、熟练运用外语等。将跨学科知识合理有效融入法律职业教育培养各环节中，适当增设国际政治学、

国际外交学等特色课程，增加涉外商务交往礼仪训练课程，计划增加东盟国家小语种学习课程，如印尼语、泰国语等，为学生提供国际贸易、国际金融、国际投资等全面复合扎实的理论知识培养平台。同时注重人文社科和自然科学基本知识、语言文字及口头表达能力和计算机应用能力、就业技能的培养。四川高校对于涉外法律行业的观念普遍落后，四川涉外法律事务人才供需矛盾解决的最大障碍在于如何转变人们的观念。在全球化视野的今天，优质的涉外法律服务不但意味着涉外法律人才需要具备扎实的法律功底、熟练的业务能力，更要具有先进的时代观念，能够站在整个四川地区、西部地区发展乃至国家整体利益的高度去思考法律问题。这无疑给传统涉外法律人才的培养提出了新的挑战。本研究在对比东西部法律人才的培养现状中发现，四川省内相关法学院校在参与国际法律事务探讨的热情度、积极性上相对东部地区院校普遍偏低，体现在国际性法律专家交流会议承办数量、院校对外交流的支持力度等方面。人才培养最终的流向还是要回归市场，以市场为导向，中西部涉外法律人才培养观念转变就变得十分重要与紧迫。

（三）高校传统培养机制的缺陷，语言沟通存在障碍

专门化人才需要专门化的知识结构，专门化的知识结构需要专门化的课程设置体系。[5]专门化人才的知识体系是高校在培养方案的课程设计中奠定的。所以，全国已开始探索涉外法律人才培养模式的高校法学院纷纷在满足国内法律人才培养最基本要求的基础上开发出了一套结合自身特点的课程体系[6]。东部法学院往往结合其自身的地理优势条件和自身学校的特色，例如北京外国语大学法学院经过多年的探索和发展，形成其独具特色的"法律专业＋英语专业八级"的复合型人才培养模式，法律人才的市场适应能力极强。以四川大学为代表的四川高校，课程体系设置目前还在摸索阶段，更多的往往是照搬东部高校经验，仍然将培养目标放在英美法律背景与中国法律背景的双重人才上，而并没有按照自己特色为本校学生"量身定制"。例如，四川大学法学涉外班的涉外课程设置的科目主要有英美航空法、西方法哲学以及全英文授课的国际法等，课程种类可选择余地少且多为传统英美法学的必修课程，并未与四川大学积极融入"一带一路"倡议相结合，体现该倡议的人才储备库的发展目标。

优秀涉外法律人才对外语的熟练度要求极高。但是，在成都市范围内能够熟练应用外语进行法律服务的律师占比较低，其中，既具有专业和行业知识，又熟悉东盟、中

亚、西亚等各国相关法律和国际交易经验的涉外律师更是凤毛麟角。语言问题不但在国际贸易谈判中形成巨大阻碍，同时由于东盟、中亚、西亚国家使用的大多都是小语种，语言障碍直接使得至今"一带一路"国家间尚未形成统一精准完整的法律数据库和案例数据库，从彼此语言文字翻译过来的法律素材和资料相当匮乏，使得法律依据本身不明和适用中的理解成为突出问题。

三、政府、高校、市场主体"三维联动"的卓越涉外法律人才培养模式

本文认为，应创新发展出一套适应西部发展现状、符合"一带一路"顶层设计需求，联合高校、政府、律所三方面的"三维联动"式西部涉外法律人才培养模式。该模式是以高校为基点来满足政策需要与市场需求，解决人才供需矛盾。

（一）高校的培养模式

1. 建立符合西部地区要求的专项卓越涉外法律人才培养模式

经过调查分析，本文得出以下结论：典型的涉外人才培养模式大多具有一个共同点，即在语言的培养上偏重于英语，对外国法律的学习偏重于欧美国家的法律。而作为西部"一带一路"倡议的桥头堡，四川省应当结合自身地缘特点以及涉外法律问题的需求，建立针对东盟国家、中亚五国、西亚国家以及中东欧国家等"一带一路"沿线国家的涉外法律人才培养模式，专项研究某国或某一地区政策、法律事务，培养具有针对性的法律人才。并且从上述模式中可以总结出，四川省高校应当建立实验班、精英班的专项培养模式，培养学生的专项知识与综合能力，以应对"一带一路"法律事务多元化的需求。

2. 分班分层次设置学科

高校应当采取分班分层次课程设置，"涉外班"也应当分类，根据学生自我意愿以及能力划分为"普通涉外班"和"专项涉外班"。针对"普通涉外班"，其培养理念应当是建立学生的涉外法律意识，课程开设可较为全面，国内法与外国法课程兼修，使学生能够同时初步掌握国内外法律知识体系。语言学习以英语为主。而针对"专项涉外班"，应采取精英化、针对性教学，课程设置上应当更加偏向于某一国或某一地区（外国）法律知识体系，为日后成为专项涉外法律人才奠定基础。语言学习除英语外，还应当掌握

其学习的某国或某一地区的语言，以便真正实现跨文化交流。学业后期，应到其对应的国家进行交流，深入了解当地文化、政策与法律体系，为"一带一路"涉外法律服务培养专项人才。

3. 语言培养

"一带一路"沿线国家众多，以四川省地缘位置以及对外经贸现状所涉及国家来看，除英语语系国家之外，还涉及斯拉夫语系、东南亚及南亚语系以及阿拉伯语系国家。除强化英语学习应用外，还应当加强有针对性的语言培养。以四川大学为例，新开设"印地语"课程，充分发挥该校地缘特色，为培养熟悉"一带一路"周边和沿线国家语言、文化的专门人才提供机会。

4. 课外实践拓展

（1）讲座。根据法学专业特点，邀请公检法等实务部门专家，特别是兼职教授到校开设短期课程或专题讲座，分享涉外法律热点事件、学术观点以及实务经验，使学生可以对专业以及未来职业有清晰的认识。（2）实习与企业参观。利用高校的资源开拓律所、法院、检察院、政府部门等涉外法律岗位作为涉外法律实习实践基地，了解各类个行业角色的涉外具体事务以及开展涉外业务时面临的法律风险，把理论知识投入实际工作当中，使学生了解实务当中所需要的技能，从而校正理论学习和技能锻炼。（3）专业、学校联合办学。"一带一路"倡议对于涉外法律人才的知识结构有了更高的要求。例如对于具备相关产业知识人才的培养，应当由法学院与理工科学院共同完成。以山东大学法学院为例：其涉外法律人才实验班采用法学院与外国语学院共同培养模式，以求使学生在就读阶段能够掌握外语应用能力。（4）与企业、政府部门合作。对于律所层面，高校应当与律所采取"深度合作"。律所为高校的"双轨制"培养提供实习基地，使学生能够在学校就读阶段接触涉外法律事务，培养法律服务技能与涉外法律服务意识，为学生的自我定位与规划提供方向。高校为律所实践提供理论研究支撑，面对"一带一路"下"走出去"的新形势，以及四川自贸区设立后将要遇到的层出不穷的新型涉外法律问题，学术研究为实践提供的支撑能够使涉外事务处理更加科学化、专业化。

四川省作为西南地区桥头堡，其地区高校可集中各校优势资源进行人才培养。例如，利用四川大学学科综合性优势与西南政法大学、西南财经大学、四川外国语大学等高校的学科专业性优势进行结合，联合办学，实现资源最优配置。同时，高校可以加强国际交流，为涉外法律人才的深入培养搭建平台。与境外高校联合办学，能够为高校涉外法律人才培养提供更广阔的视野，为"一带一路"倡议的推进提供国际化涉外法律人才。

（二）政府方面人才培养

政府部门应培养跨文化交流，精通国内外法律体系并能够为政府决策提出法律依据与法律建议的复合型高专业素质人才。培养途径方面，政府应采取自我培养与人才吸收两种途径。

自我培养即政府相关部门应当制定年度涉外法律人才培养计划，依托四川省律协及各市司法局，挑选优秀的涉外青年律师，在国内进行先期培训后，推荐至国际知名金融或贸易机构以及一线国际律所实习，培养实践能力较强、经验丰富的涉外法律服务人才。[7]

人才吸收即政府机构应加大对从事涉外法律服务的律师事务所的资助力度。以上海市为例，上海市出台了《上海市专业服务贸易重点单位（法律服务类）认定管理办法》，对在行业内已处于领先状态的律所进行了认定，并对符合条件的律所进行财政支持，在促进涉外律所行业发展的同时，为政府提供人才储备。

法学院校对于政府吸收人才也有不可替代的作用。政府部门应当为高校涉外法律人才培养建立实践基地，在学校学习法律专业理论知识的同时，培养学生实务认知能力，如借鉴德国涉外法律人才培养模式，政府与高校实行"双轨制"。高校与政府部门应当在推进合作的同时，细化分工。政府部门应当将高校作为人才储备库，对于涉外法律人才的培养应当有专项关注与支持，如四川大学"一带一路法律问题研究中心"的设立，为政府部门与高校专家学者交流沟通提供了良好的平台。政府部门可与高校建立学生专项培养项目，即高校为政府部门专项培养"一带一路"新形势下政府所需的涉外法律人才，毕业后直接就职于政府部门，为政府提供涉外法律规划与指导。

（三）法务部门及企业人才培养

以律所为例，律所应培养具有高水平涉外法律事务业务能力，能够为企业、政府"走出去"提供法律保障的"输出型"高端涉外法律人才，具有优秀的语言实际应用能力、扎实的内外法律知识功底以及提供法律服务的人才。

律所方面的培养途径主要为与学校合作与直接引进两种。当下涉外律所对于人才的需求更多出于实务上的需求，而这一点正是学校纯理论学术培养所欠缺的。律所自身应当对新晋人员采取系统化、有规划的培养模式，使其能够迅速地适应涉外法律服务的需求，培养、提升法律服务技能，深化实务意识与团队意识。

结　语

随着"一带一路"倡议的逐渐深入和四川自贸区的建立，为更好地解决四川地区政府、律所对涉外法律人才的需求，解决四川地区高校涉外法律人才培养模式中观念落后、国际化意识弱，语言沟通存在障碍，培养机制较为落后，不能适应新的发展潮流，高校培养与实务需求衔接较差的缺陷，应构建政府、高校、律所"三维联动"涉外法律人才培养模式，以填补中西部自贸区涉外法律人才的缺口。四川省应当结合自身地缘特点以及涉外法律问题的需求，建立针对东盟国家、中亚五国、西亚国家以及中东欧国家等"一带一路"沿线国家涉外法律人才培养模式，专项研究某国或某一地区政策、法律事务，培养具有针对性的法律人才。并且从上述模式中可以总结出，四川省高校应当建立实验班、精英班的专项培养模式，培养学生的专项知识与综合能力，以应对"一带一路"法律事务多元化的需求。

参考文献

[1] 赵大程. 在全国律协涉外律师"领军人才"培养第一期培训班上的讲话 [J]. 中国律师，2013（11）.

[2] 倪建林. 中国"入世"与完善法律环境 [J]. 世界贸易组织动态与研究，2000（7）.

[3] 吴红岩，何全民. 谈加入 WTO 后我国法律教学的创新 [J]. 行政论坛，2003（5）.

[4] 田开友，胡道武. 西部地方高校法学实践教学模式的变革研究——以西部基层卓越法律人才培养机制为视角 [J]. 现代教育科学，2014（7）.

[5] 万猛，李晓辉. 卓越涉外法律人才专门化培养模式探析 [J]. 中国大学教育，2013（2）.

[6] 鲁学武. 中国—东盟自由贸易区背景下我国高校应用型法律人才培养机制探索 [J]. 东南亚纵横，2008（9）.

[7] 田开友，吴文平. 西部地方高校法学硕士培养模式变革研究 [J]. 江西教育学院学报，2013（5）.

校园文化建设

XIAOYUAN WENHUA JIANSHE

当代大学精神与中华优秀传统文化的共融传承

江　文　江英飒①

摘　要：大学精神是一所大学的灵魂，是其经历岁月沉淀后的核心思想。大学精神与中华优秀传统文化在理论上的契合点和相通点是传承的基础，中华优秀传统文化是大学精神的思想根源，大学精神是中华优秀传统文化的重要组成；二者的共融传承能够深化大学精神的思想内涵，拓展文化传承维度，丰富校园文化建设以及促进社会主义核心价值观建设，具有重要现实意义；二者的共融传承应当把握好相通、契合之处，以社会主义核心价值体系为纽带是重要的传承方向。

关键词：大学精神　中华优秀传统文化　共融传承

大学精神是在所有大学人的共同努力下，经由长期历史沉淀形成的一种稳定的精神状态，是在办学过程中由特定的历史传统、民族精神、时代精神、本土文化等汇聚而成的一种价值取向，为全体大学人所认同、追求，是一所大学的灵魂所在。[1]中华优秀传统文化是中华民族几千年岁月中积淀的精华，已经深深烙印于民族发展过程之中。

大学精神与中华优秀传统文化的共融即指二者在理论上的契合点和相通点，二者相

---

①　江文，四川农业大学马克思主义学院思想政治教育专业 2016 级硕士研究生，主要研究方向为思想政治教育理论与实践。江英飒，四川农业大学党委宣传统战部部长，硕士生导师，主要研究方向为思想政治教育理论与实践。

互渗透和影响。当代大学精神自然受到传统文化的滋养和哺育，大学精神"得天下英才而育之""大学之道在明明德"等源头也都与传统文化息息相关、脉脉相通。二者的共融传承即是立足于契合相通之处的继承传递，在大学精神建设中弘扬中华优秀传统文化，在中华优秀传统文化的创造性转化和创新性发展中丰富大学精神内涵，增强大学精神的生命力和感染力。

一、当代大学精神与中华优秀传统文化共融传承的合理性

"大学"是中国古已有之的词汇，意思是指博大精深的学问，或指较高阶段的学习，《白虎通·辟雍》中记载"十五成童明志，入大学，学经术"，《大戴礼记·保傅篇》又记载"束发而就大学，学大艺焉，履大节焉"。据查，中国的大学约始于夏、商、周时期，尽管由于历史原因没有一所大学能不间断传续至今，但都在一定程度上"传承着某种包括俗称'学统'在内的一贯精神，探求、创新'道'的内涵，具有培养高级人才和研究所在时代的高深学问的功能"[2]。可见，中国的大学历史绵延千年，大学精神也是在长久历史进程中积蓄而成。只是近代以来中国大学吸取西方大学经验和时代发展要求而逐渐形成当代大学，进而有当代大学精神。毋庸置疑，当代大学精神内涵更为丰富厚重，但与中华优秀传统文化仍然密不可分。

（一）中华优秀传统文化是大学精神的思想根源

"文化的本质内蕴是人的价值观念在社会实践中对象化的过程与结果。"[3]中华民族在几千年社会实践中的最深层的精神追求和道德规范准则，形成了具有鲜明民族特色的中华传统文化，滋养了世代绵延的民族精神，蕴含着中华民族最根本的精神基因，积淀着中华民族最深层的精神追求和价值意蕴。从唯物史观来看，思想精神都是一种社会意识形态，产生且寓于社会物质生产生活和一定的文化传统的基础之上。而大学的产生与发展就是在中华民族的社会生产生活进程中形成的，大学精神也是在中华传统文化的基础上结合大学人的精神实践汇聚而成。因此，大学精神本身从始至终都以中华优秀传统文化为思想根源。

中华文化历来强调"民本"思想，孟子主张"民为贵，君为轻"，《尚书》记载有

"民惟邦本，本固邦宁"，有"捐躯赴国难，视死忽如归"的英勇报国情操，也有"天下兴亡，匹夫有责"的爱国精神，这些都是中华传统文化对国家安宁、富强的期盼和信念，都传递到了当代大学"爱国""民主""自强"等精神追求之中。"仁者爱人""己所不欲勿施于人"的和谐谦恭也传递到了大学的"包容""团结"当中。中华民族崇尚德，"人无德不立，国无德不兴"，也讲究君子气质，孔子讲"君子怀德，小人怀土；君子怀刑，小人怀惠"（《论语·里仁》）。做人怀德，才是君子之为，"德"影响中华民族几千年，"德才兼备"也是当代大学育人的重要目标。总之，"正心、修身、齐家、治国、平天下"是中华民族的家国天下情怀，也应是当代大学人的精神追求。

（二）大学精神是中华优秀传统文化的重要组成

中国古代即有大学，"至于中国早期大学与现代大学的形态不尽相同，这是任何一件事在发展过程中都会出现的现象"[4]。而对于中国大学的起源，有学者考证指出，中国大学始自夏、商、周。

大学精神的最初即"大学之道"，只是当时的"道"是"形而上的理念"，也是"根本"[5]。有关中国大学精神的第一部著作是《大学》，其通过"格物、致知、诚意、正心、修身、齐家、治国、平天下"八个部分逐步阐释并形成了以"德治"为核心的大学精神系统，也是中华民族的精神追求，这是先于大学形态而生的。大学形态的出现是由私学兴办推动下兴起的稷下学宫，它是春秋战国时期齐国创办的高等学府，是当时集教学研究、咨事议事为一体的机构，也是中国古代"最早的学术活动中心和政治咨询中心……成为当时各学派荟萃的中心"[6]，它促使了养士之风的形成和对"士"的推崇。此后，大学精神逐渐融入"百家争鸣"。儒家的大学精神以孔子思想为核心，孔子希望用"德治"来实行"仁政"，以此改变当时"天下无道"的局面，包含有"道"的价值追求，而"大学之道"就是由这种"道"所派生出来的，注重"人道""仁义"。墨家的大学精神境界以其核心思想"兼爱"为本，所倡导的为学理想人格和社会境界就是兼爱、非攻。道家追求"无为"，因此以"虚静"作为精神修养的准则和规范，其所讲的大学之"道"就是其"道法自然"的自然之道。秦统一六国后，至西汉，汉武帝"独尊儒术"开办太学，以"四书五经"传播儒学，此后，无论私学还是官方兴办的太学在教学与学术研究上都以儒学为主，可以说，大学精神从此之后都与儒学紧紧联系在一起，并在各种书院基础上不断传承和丰富着儒家学说。当然，之后随着朝代更替又兴起了玄学、理学，但"书院"一直延续，且一直在学术发扬和继承中扮演重要角色，是当时中华文化传承的重要载体，这也使得中国的大学精神在绵延传承中随着历史变迁、民族发展而成为中华民族文化的重要组成。

二、当代大学精神与中华优秀传统文化共融传承的现实性

党的十九大报告指出："中国特色社会主义文化，源自中华民族五千年文明历史所孕育的中华优秀传统文化，熔铸于党领导人民在革命、建设、改革中创造的革命文化和社会主义先进文化，植根于中国特色社会主义的伟大实践。发展中国特色社会主义文化，就是以马克思主义为指导，坚守中华文化立场，立足当代中国现实，结合当今时代条件，发展面向现代化、面向世界、面向未来、民族的、科学的、大众的社会主义文化，推动社会主义精神文明与物质文明协调发展。要坚持为人民服务，为社会主义服务，坚持百花齐放、百家争鸣，坚持创造性转化、创新性发展，不断铸就中华文化新辉煌。"由此可见，中华优秀传统文化是我国社会主义文化建设的立足点。同时，党的十九大报告也指出，要深化教育改革，要发展素质教育，要实现高等教育内涵式发展。高等教育内涵式发展离不开高校自身内涵的提升以及文化传承创新能力的提升，而大学精神与中华优秀传统文化的共融传承无疑在现实上有助于丰富大学思想文化内涵、提升中华优秀传统文化传承能力以及促进中国特色社会主义文化的建设与发展。

（一）深化大学精神的思想内涵

大学建设中，最为关键的就是其自身文化的建设，而大学文化建设中最核心的是大学精神的建设。因此，挖掘当代大学精神中的优秀传统文化内核，将中华优秀传统文化赋予大学精神的建设与发扬中，无疑是符合现实发展需求的。大学要随着时代的发展而发展，大学精神也要不断融合新的社会因素，以丰富自身并增强生命力，中华优秀传统文化是经历千年沉淀的精华，在现代社会建设中仍然有巨大作用，将其与大学精神融合，无疑对大学精神的内涵层次有更为丰厚的补充，同时将增强大学精神的生命活力。

（二）拓展文化传承维度，弘扬中华优秀传统文化

弘扬中华优秀传统文化是当前我国文化建设的重中之重，是民族发展、社会进步的

现实要求，具有重大的现实意义。2017 年，中共中央办公厅、国务院办公厅印发《关于实施中华优秀传统文化传承发展工程的意见》指出"到 2025 年，中华优秀传统文化传承发展体系基本形成，中华文化的国际影响力明显提升"。同时也明确，要将中华优秀传统文化贯穿于国民教育的全过程。

教育是文化传承的重要途径。大学精神与中华优秀传统文化的共融传承既具有可能性也具有现实性，在大学精神中挖掘并融合中华优秀传统文化，不仅仅是丰富大学精神本身的内涵，也不仅仅是合理利用教育这一文化传承途径，而是更深层次地拓展中华文化的传承维度，使中华优秀传统文化能够更好地与时代接轨，更能营造独特的文化氛围以融入受教育者生活中，更贴近受众进而更容易被接受，这是弘扬中华优秀传统文化，实现中华优秀传统文化创造性继承和创新性发展的可行方式。

（三）丰富校园文化建设

一所大学的文化是这所大学的整体风貌，校园文化建设在大学建设中具有举足轻重的地位。在当前经济全球化、文化多元化环境下，大学不再是"象牙塔"，而是越来越走入社会中心，无论是在社会服务还是科技创新等多方面都展示出独特作用，这就意味着大学文化建设不再是以前那种局限在原来"方寸之地"的内容，而是应当紧跟时代步伐，以社会前进方向为指南，不断充实、更新。

大学精神与中华优秀传统文化的共融传承很大意义上是对时代的呼应。当前社会发展需要传承与弘扬中华文化中的精髓部分，而传承与弘扬中华优秀传统文化需要多种方式和途径，需要把握各种机会，大学精神无疑是其中一种，它本身也需要这样丰富的底蕴和内涵资源，二者的共融传承是对大学精神自身的丰富，也是对大学文化的丰富。大学校园文化建设在当前环境下，需要二者的共融传承来扩展内容，增强校园文化的长久活力。

（四）促进社会主义核心价值观培育

社会主义核心价值观是马克思主义中国化的产物，是时代发展的结晶，是对中国特色社会主义建设具有指导意义和方向规范性的价值观念，社会主义核心价值体系是兴国之魂，是社会主义先进文化的精髓，决定着中国特色社会主义发展方向。社会主义核心价值体系在文化建设中具有灵魂作用，社会主义核心价值观建设是中国特色社会主义文化建设的关键，也是实现中华民族伟大复兴的关键。

社会主义核心价值观并不是突然产生的，而是在历史发展过程中不断凝练总结而来，是对中华文化的继承和超越，可以说，中华优秀传统文化是社会主义核心价值观的思想源泉，弘扬中华优秀传统文化能够在很大程度上推动社会主义核心价值观的大众化。青年大学生群体是培育和践行社会主义核心价值观的重要主体之一，也是中国特色社会主义事业的生力军和接班人，大学精神是涵养社会主义核心价值观、获得大学生群体认同的重要载体，是将其落细落小落实，实现其生活化的有效途径。由此可见，大学精神与中华优秀传统文化的共融传承，对于社会主义核心价值观建设具有可行性和必要性，将进一步推进文化自信，提高国家文化软实力。

三、当代大学精神与中华优秀传统文化共融传承的方向性

当代大学精神与中华优秀传统文化有许多相通点、相融点，但要使得二者相互共融传承，必须把握好二者契合的重要方向，这就需要以社会主义核心价值体系为重要纽带。

（一）以爱国主义为核心的民族精神

中华文化自古以来就饱含家国情怀，家国天下，强调有国才有家，家是国的家，国是家的国，浓厚的家国情怀满怀着中华民族的归属感、认同感，这种归属感与认同感在中国特色社会主义实践的建设过程中确立起了民族的自尊心、自信心和自豪感，并随着历史演进确立了以爱国主义为核心的民族精神。习近平指出："要不断增强民族自尊心、自信心、自豪感，激励人民把爱国热情化作振兴中华的实际行动。"[7]可见，爱国主义教育应当是国民教育的重要内容，更是高校教育不可或缺的部分。大学精神与中华优秀传统文化的共融传承应当抓住并深刻挖掘二者爱国主义的基因，以爱国热情来催生爱国行动，无论是大学内的人还是大学外的人都能彼此感染、相互激励，增强民族自尊心和自信心，提升民族自豪感，从而推进文化自信，实现中华民族伟大复兴。当然，民族精神的弘扬也能为大学精神与中华优秀传统文化的共融传承提供坚实的动力和资源。

（二）以改革创新为核心的时代精神

中国传统文化中一直内含"创新"思想，《大学》中讲到"苟日新，再日新，日日

新"，近代也有维新变法、新文化运动，但中华文化最注重的还是"和""仁"等，中庸思想影响甚广，长久以来，中华文化在心理上形成了求安稳、求中、保守的习惯[8]，所以中华民族是"温和"的。但随着市场经济的发展，各个领域的竞争逐渐增大，"改革""创新"成为社会发展进步的核心理念，形成了以改革创新为核心的时代精神。习近平总书记指出，"抓住了创新，就抓住了牵动经济社会发展全局的'牛鼻子'。"[9]创新是当前国家发展全局的核心，中国的发展创新不仅需要推动制度、理论和科技的创新，也要推动文化的创新，更要推动文化传承方式的创新。大学精神与中华优秀传统文化的共融，是在大学精神建设中深度挖掘中华优秀传统文化的基因，丰富大学精神核心内涵的同时能传承并弘扬中华优秀传统文化，在二者共融传承中紧紧围绕改革创新的时代精神，以此激发二者内在的创新潜能，特别是对优秀传统文化的创造性转化和创新性发展，使二者在传承中更加融洽、相互补充完善，并赋予其新的时代涵义与更现代化的表达形式，更符合现代社会的要求，更好表达时代的发展进步，同时能增强文化的感染力和号召力，激发文化动力和活力，以创新推动二者的传承发展，也为国家富强提供文化保障和精神支持。

（三）有开放包容胸襟的全球视野

中华传统文化非常重"和"，也讲"和而不同""有容乃大"，中华文化的包容性和融合性是在几千年历史中凝结而来的，因而具有强大的生命力和感召力，而中国的大学精神在形成过程中也同样兼具开放和包容的品质，并被当代大学所承袭。中国当代大学精神与中华优秀传统文化的共融在很大程度上也是二者开放包容性质的体现与利用。

在当今全球化趋势下，以经济、军事、科技等为代表的"硬实力"竞争日益激烈，而以文化为代表的"软实力"的竞争也越来越受关注。十七大报告第一次提出"提高国家文化软实力"，党的十八大以来，习近平多次提到"中国梦""文化强国""文化自信"等，倡导要"培育和践行社会主义核心价值观"。在当前环境下，中华文化要"走出去"，中国特色社会主义文化建设必然是要将中国文化放入全球化背景下的，必然要有开放的、兼容并包的胸襟和全球化的视野。因此，中国当代大学精神与中华优秀传统文化的共融传承需要充分挖掘其开放包容的品质，积极吸收其他先进文化的精华，并不断反思自身文化的不足。同时立足于世界平台，面对不同民族文化、不同大学精神，要具有包容天下的胸怀，凸显中华民族几千年文明应有的气质；对于先进的文化精神要善于积极主动地吸收学习，对积极的内容、新的形式，都要主动"为我所用"，在不断学习中完善和丰富自身。当然，面对冲突和差异时，也要体现包容的精神，当知"君子和而不同"，允许并理解差异的存在。但也绝不能妄自菲薄、盲目崇拜，开放并不是放弃自我的开放，包容也不是没有底线的包容，而是要在立足自身特点、明晰自我优劣的基础上开放与包容，拥有基本"文化定力"[10]，这样才有利于增强"文化自信"，才能增强中国特色社会主义文化的凝聚力，为实现中华民族伟大复兴的中国梦提供力量支持。

参考文献

[1] 江文，江英飒. 大学精神认同探析——基于高校思想政治工作的视角 [J]. 职大学报，2018（1）.

[2] 储朝晖. 中国大学精神的历史与省思 [M]. 太原：山西教育出版社，2010.

[3] 冯天瑜，杨华，任放. 中国文化史 [M]. 北京：高等教育出版社，2005.

[4] 刘宝存. 大学理念研究：人才培养的视角 [M]. 北京：北京师范大学出版社，2002.

[5] 刘复兴，刘长城. 传统教育哲学问题新释 [M]. 武汉：湖北教育出版社，2000.

[6] 黄济. 中国传统教育哲学思想概论 [M]. 郑州：河南教育出版社，1994.

[7] 习近平. 习近平谈治国理政 [M]. 北京：外文出版社，2014.

[8] 付秀荣. 文化传承与当代中国文化的"新现代性"[J]. 学习与实践，2017（7）.

[9] 中共中央宣传部. 习近平总书记系列重要讲话读本 [M]. 北京：学习出版社、人民出版社，2016.

[10] 付秀荣. 文化传承与当代中国文化的"新现代性"[J]. 学习与实践，2017（7）.

新时代高校思想政治工作要突出新手段

——以新媒体对高校新闻宣传工作的影响为例

吴　桦　王允保[①]

摘　要： 当前，中国特色社会主义已经进入了新时代，在伴随着网络传播技术不断发展而来的中西方意识形态斗争日趋错综复杂的环境中，高校的思想政治工作、新闻宣传工作应当强化创新网上宣传理念，要积极利用新媒体，优化网络舆论环境，构建网上网下同心圆，更好地促进高校意识形态建设与校园文化建设。

关键词： 新时代　高校　思想政治　新闻宣传　新媒体

首先有必要明确，在当下的时间坐标系里，什么是新时代。在新中国的历史上，"新时代"是我们经常使用的一个时间概念——"我们唱着东方红，当家作主站起来，我们讲着春天的故事，改革开放富起来，继往开来的领路人，带领我们走进那新时代。"对很多 30 岁以上的中国人来说，这首《走进新时代》是一首耳熟能详的歌曲。无疑，1949 年新中国的诞生开创了一个新时代，40 年的改革开放开创了一个新时代，甚至 21 世纪以来中国的城市化进程也可被称作一个新时代。今天，新时代的概念在党的十九大报告中是这样表述的："经过长期努力，中国特色社会主义进入了新时代，这是我国发

① 吴桦，四川大学党委宣传部校报编辑部副主任，主要研究方向为思想政治教育。王允保，四川大学党委宣传部校报编辑部编辑，主要研究方向为思想政治教育。

展新的历史方位。"因此，我们需要深刻认识的是，这个新时代的前缀是中国特色社会主义。

在十九大报告中，习近平总书记对中国特色社会主义新时代有最全面、深刻、权威的阐释。对高校思想政治工作而言，这个新时代的特征是什么？对该领域的要求是什么？或者换言之，有些什么新的时代背景，有哪些新的工作重点和难点？这些都是我们在当前和今后一段长时期的工作中，需要不断深入学习、探讨和实践的问题。本文以新媒体为例，试图通过对近年来高校运作新媒体实践的分析与思考，探讨在高校思想政治工作，特别是高校新闻宣传工作中如何积极运用、重点突出新手段和新方式。

一、新时代的意识形态及传媒环境特征

（一）中西方意识形态斗争愈演愈烈

伴随着改革开放取得的巨大进步，伴随着中国特色社会主义的持续发展，近年来，中国面临的意识形态斗争形势变得越来越复杂；伴随着网络技术、移动通讯技术的进步，伴随着"90后"和"00后"的长成，中国面临的意识形态斗争压力也越来越大。

众所周知，经过40年改革开放的快速持续发展，中国已经成为世界第二大经济体，中国的人均GDP甚至被世界银行等非政府机构认定为已经进入发达国家行列。然而，在美国等某些西方国家看来，这样的人类历史上的奇迹，更多的是对其既得利益的威胁。除了经济竞争本身的因素外，某些西方国家的这种判定，更多的依据就来自意识形态的差异。2018年以来不断升级的中美贸易摩擦就是明证。这个由美国单方面挑起的事端，本来事实很清楚，可是为什么任凭中国政府苦口婆心地解释，美国却视而不见、听而不闻，甚至一味主观武断地攻击中国呢？片面地拿贸易逆差说事，这当然体现了美国试图从中国获取更多经济利益的目的。但是在中美贸易当中，双方究竟谁获得的利益更大？一亿件衬衣换取一架波音飞机的巧取，一部苹果手机拿走中国年轻人两个月薪水的豪夺……这些简单的客观事实难道还不能说明问题吗？

但是问题的关键不在于此，不在区区几千亿美元的"贸易逆差"，令以美国为首的某些西方国家忧心忡忡的深层原因是，他们不愿意甚至惧怕看到中国的崛起。因此，贸易摩擦、关税纠纷、301法案的运用其实早已不是中美之间的什么新鲜话题。很长时间

以来，某些美国政客们甚至非常懊恼、后悔让中国加入 WTO。在他们看来，中国经济乃至综合国力的崛起，势必打破"冷战"后美国一家独大的世界政经格局，全球霸主地位带给美国的所有红利都将风光不再。所以，说到底，经贸问题仍然是上层建筑——政治问题、意识形态问题的折射，马克思主义政治经济学原理至今依然是人类社会关系的真理。可以毫不夸张地说，中国越富强，面临的西方资本主义国家的意识形态斗争形势就会越严峻。

其根源，一言以蔽之：中华文明五千年历史的生存理念是自我发展、自我超越，西方文明特别是工业化革命以来的近现代西方文明的基因是侵略扩张、对外掠夺。

（二）现代传媒争夺未来一代

2007 年 1 月 9 日，苹果公司首席执行官史蒂夫·乔布斯在旧金山推出了 iPhone，自此改变了用户与他们的随身设备的关系。短短十年时间，智能手机普及几乎每一个有能力使用它的个人。在移动网络和智能手机的宏大基础支撑下，随着 3G，4G 乃至 5G 的发展和 Wi-Fi 的覆盖，微信应运而生，并且快速传播。今天，人们通过微信朋友圈、公众号所传递或接受的信息量，已经到了无法统计的程度——最新数据显示：公众号数量超 2500 万，月活用户超 9 亿。[1] 无论是"90 后""00 后"还是年逾花甲的"50 后"，通过手机获取新闻信息的占比都已处于各类信息渠道的首位。在美国，甚至还诞生了首位"推特总统"——推特（Twitter）约等于美国版微博。

事实上，美国不仅是最重视意识形态斗争的国家，也是最早意识到现代传媒会对青少年产生巨大影响的国家。《大西洋月刊》（The Atlantic）曾在去年发表一篇题为"智能手机毁了一代人？"的文章。文章指出，1995 年至 2012 年出生的 i 一代（iGen）更多地待在家抱着手机或者平板电脑上网，玩社交媒体，他们是被智能手机和伴随而来的社交媒体的兴起塑造而成的一代。[2]

同样的情况在中国有过之而无不及。从媒体的构成分析，传统的纸媒——报纸早已日薄西山，今天已经很少有年轻人还会通过阅读报纸来获得新闻信息或者进行娱乐社交；即使是电视这样的视觉化程度最高的传媒，其平台功能也大大萎缩，在青少年中的传播影响力也日渐衰落；广播，据说当下广播行业的日子还相对比较好过，究其原因，得益于中国汽车保有量的激增。而与此相反，以三微一网为代表的新媒体却在迅速占领受众的信息来源份额。其中，微信的传播力和综合功能是最强大的。剔除商业、广告等经济功能，仅仅就微信的信息传播功能而言，数以千万计的公众号和数以亿计的朋友圈会对整个国家的意识形态导向产生多大的影响力，恐怕这本身就是个亟待调查研究的庞大课题。

今天，成年人与青少年之间的代沟不仅仅源于年龄的差异，更源于他们对现代传播技术的接受程度的差异。二次元文化占据了青少年网络流行文化的半壁江山；二次元世界是青少年幻想的乌托邦世界，主要用来打发时间、释放现实压力、结交同好、获得成就感以及参与文化创造。而许多中老年人对身边发生的这种变化几乎一无所知，新生代沉溺其中的二次元世界，对他们来说是完全陌生的、不存在的。这就是未来一代形成其意识形态时所处的信息传播环境。

2013年，习近平在全国宣传思想工作会议上强调意识形态工作是党的一项极端重要的工作。宣传思想部门承担着十分重要的职责，必须守土有责、守土负责、守土尽责。

2016年，习近平在党的新闻舆论工作座谈会上强调要坚持正确方向创新方法手段，提高新闻舆论传播力引导力。习近平非常具体地指出：随着形势发展，党的新闻舆论工作必须创新理念、内容、体裁、形式、方法、手段、业态、体制、机制，增强针对性和实效性。要适应分众化、差异化传播趋势，加快构建舆论引导新格局。要推动融合发展，主动借助新媒体传播优势。要抓住时机、把握节奏、讲究策略，从时度效着力，体现时度效要求。要加强国际传播能力建设，增强国际话语权，集中讲好中国故事，同时优化战略布局，着力打造具有较强国际影响的外宣旗舰媒体。

现代传播技术的日新月异是毫无异议的，青少年一代是国家民族的未来更是无疑的。那么，深刻学习领会习主席的重要讲话精神，在我们各级各部门的新闻宣传工作中正确发挥新媒体的作用，必将对我们培养中国特色社会主义事业接班人具有重大意义。

二、高校新闻宣传工作的虚实之辩

意识形态工作是一项看似抽象的工作，然而，它实则是一项包罗万象、细致具体的大工程。高校和大学生意识形态工作尤其如此。

（一）高校新闻宣传工作要多做实事

高校是人才立国之本。大学生是这样一个群体，他们的思想最活跃，接受新鲜事物的能力最强，创造力想象力最强，他们正处于"三观"形成最关键的末段，他们将构成国家未来的最重要的生产力。因此，党和国家历来都非常重视高校思想政治工作，重视对大学生主流意识形态的引导培养。而新闻宣传工作无疑是其中的重中之重。从这个意义上讲，高校新闻宣传工作具有非常重要的现实意义。

毋庸讳言，长期以来，很多高校的新闻宣传工作都停留在忙于应付事务性的状态，宣传开大会拉横幅，新闻报道记流水账。真正能对大学生意识形态构成积极显著引导的工作还做得不够多。究其原因，这与高校院系部处众多、工作职能条块分割有关。作为全校性的思想宣传工作中心机构，高校的党委宣传部通常缺少统御全局、号令全校的能量。而各部处院系乃至临床医院等单位部门又往往侧重自身的教学、科研、医疗等可量化的重点业务工作。这两个因素叠加在一起，就容易导致高校新闻宣传工作脱实向虚。

实际上，破解这个问题，不仅要求学校领导层的高度重视，同时更要求新闻宣传工作要落在实处。例如，新闻宣传部门掌握着学校的各种传播资源和平台，要让这些资源和平台发挥更大的作用，就需要新闻宣传工作深入基层，紧密联系各部处院系，及时了解掌握相关信息，并予以生动的宣传报道。又如，高校往往都有为数众多的学生社团，为促进校园文化建设，积极引导大学生树立正确的主流意识形态，学校的新闻宣传部门完全有条件与各部处院系展开广泛的合作，发挥自身的优势，指导和参与各类学生校园文化活动——连续举办8年的四川大学春天诗会就是一个范例：自2011年以来，四川大学党委宣传部所属的《四川大学报》编辑部与川大文学与新闻学院携手，指导若干个学生文学、艺术社团，于每年春季举办全校性的诗歌创作与朗诵活动。与会者不仅有文新学院的学生，还有全校师生中的诗歌爱好者，专业不分文理工医，诗人不分男女老幼，现场气氛可谓活跃而不失高雅，实属校园文化中的一缕清风，赢得了校内外的广泛好评，已然成为一个校园文化品牌。这类潜移默化又具有实效的活动，高校的新闻宣传部门不妨多做一些，若能持之以恒，必然会在大学生的意识形态工作领域取得实实在在的成效。

（二）高校新闻宣传工作要讲究策略

高等院校是高级知识分子密集的地方，也是青年俊彦密集的地方，因此，高校的新闻宣传工作尤其要重视技巧，讲究策略。

早在 20 世纪 30 年代，美国政府就意识到，文化输出是一个国家对外竞争的强有力的武器。文化输出可以影响到其他国家、地区和民族的历史意识、社团意识、宗教意识以及文化意识，从而创造一种新的民族文化记忆，促使其与美国的信念和价值融合。所以，从第一次世界大战结束以后，美国就通过各种政治和经济手段向全世界推销电影和其他大众文化产品，好莱坞电影则成为推销美国形象、美国民主，进行政治宣传的重要工具。[3] 就宣传的技巧策略而言，美国好莱坞的电影无疑是一个很好的例子，在完美的商业包装之下，美利坚的旗帜伴随着精致动人的电影画面映入了全球无数观众的脑海中——这就是一种典型的主流意识形态输出，或者称之为文化渗透。拿来主义也适用于意识形态领域。近年来，中国电影显然在学习借鉴美式宣传方面颇有心得，2017 年以来上映的《战狼2》《空天猎》和 2018 年年初的《红海行动》等一系列军事题材影片，不但取得了空前的票房收入，更为重要的是，这些弘扬爱国主义主旋律的影片，在对青年人主流意识形态的引导培育方面具有巨大的潜在价值。其实，从专业的角度看，像《战狼2》这样的商业大片还很稚嫩，从编剧到制作都还显得比较粗糙，可是它却能赢得上亿观众（观影人群年龄结构主要为 15～35 岁）的首肯，如果没有爱国主义元素的顺势切入，那是不可想象的。由此也更能看出，适当的主流意识形态的注入，无疑是宣传工作事半功倍的要素。

高校新闻宣传工作的优势在于受众的文化程度较高，劣势在于自身的专业技术实力相对较弱。因此，讲究宣传策略还有一个要点，就是要充分调动各部处院系师生的积极性，要整合校内各单位的优势资源，如果条件具备，还可以积极引入社会专业技术资源，精心策划活动主题，共同开展意识形态宣传工作。在这一点上，教育部与文化部联手举办的"高雅艺术进校园"系列演出就是最好的例子，这个系列活动受学生欢迎的程度完全不亚于某些大牌明星的校园"走穴"。

高校要培养大学生的文化自信，要引导大学生形成正确的主流意识形态，怎样实现上述目的，充分利用开展各类校园文化活动无疑是一个非常重要的手段。不讲技巧、不讲策略的思想宣传工作，其效果还不如不做。

三、新媒体是高校新闻宣传工作的利器

工欲善其事，必先利其器。在新时代的大背景下，新媒体就是高校新闻宣传工作的一柄利器。

（一）新媒体已占据高校媒体的主导位置

随着网络应用的全面普及和移动互联网技术的跨越式发展，"三微一网"迅速在几年内"弯道超车"，成为高校校园媒体的主流平台，传统的媒体——校报和电视台的影响力严重下降。作为一个客观的证据，近年来评选发布的"年度中国教育政务新媒体综合力榜单"就足以体现教育部对新媒体的重视程度。这一现象的出现，完全是顺应时代发展进步的媒体自我更新。与此类似，高校"三微一网"在发展过程中，也在传播效率和影响力上产生了分化，其中，尤以官方微信公众号最受受众重视和青睐。原因很简单，微信公众号在内容与形式两个方面都占据了优势：在内容方面，与微博的短平快不同，微信公众号强调深度报道和信息量，突出可读性和视觉愉悦感；在形式方面，与网站和微视频相对依赖电脑不同，微信公众号可谓一机在手，阅读自由。

总之，高校官方微信公众号已成为一所大学传递信息、凝聚情感的重要渠道，其影响力不容小觑。据掌上大学《2016年高校新媒体蓝皮书》数据显示，2016年校园微信公众号数量达到80 000个，覆盖大学生数量3 398万，相对于微博、头条号、直播等各类新媒体，微信公众号覆盖率达92.93％，在各类新媒体中排第一，成为高校新媒体的最重要载体。[4]

除教育部外，为评估全国各高校官方微信公众号影响力，腾讯网、新浪网、《中国青年报》等社会主流媒体还频频推出全国高校微信公众号综合影响力排行榜以及相应的文章阅读量排行榜。可见，即使放在全社会的信息传播视野中，高校官方微信公众号也可以算作举足轻重的新媒体势力，这在以前的传统媒体时代是不曾有过的荣耀。

（二）高校官方微信公众号该怎么办

高校的微信公众号包括官方的和非官方的。2016年校园微信公众号中，其中官微占比34.43％。一般来说，高校官方微信公众号是"不差钱"的，它们往往是由报纸、

杂志等纸媒渐渐延伸扩展到移动互联网而来，它们的主创人员也几乎是纸媒采编"跨界"兼任的。因此，在这里探讨高校官方公众微信号应该怎么办的内涵并不包括商业运营的因素，讨论的重点是：高校官微公众号应该怎样办出特色，把这一传播平台打造成高校思想政治工作的"杀手锏"，以更好地助力学校思想政治和新闻宣传工作。

笔者所在的《四川大学报》承担着川大官微公众号"大川"的制作推送业务，在近4年的工作中，"大川"团队取得了一些经验和成绩。据2017年最新的统计数字，当年共推送319期，总阅读量达560余万人次，目前粉丝总数近21万，较2016年增长7万有余。微信作品围绕学校中心和重点工作，宣传学校大政方针、报道教学科研成就、服务全校师生员工，精品频出，成为四川大学对内对外品牌塑造的一张闪亮名片。在全国高校微信排名中长期居于全国前十，多次问鼎排行榜。2017年微信在"校媒·全国高校新媒体评选"中获得十年运营创新奖，同时也获得了QQ智慧校园颁发的"2017年度西南地区高校最具影响力新媒体十强"等奖项。

同时，我们也对在新时代进一步办好学校的官方微信公众号有一些思考与探索。

其一，自主原创的微信公众号作品怎么做？说到底，微信公众号只不过是信息传播平台（形式）的创新，就新闻宣传的内容而言，高校官微公众号的作品仍然要继续弘扬主旋律，要紧密结合学校的中心工作，要当好学校与师生之间沟通的桥梁纽带。在此原则下，自主原创的公众号作品要在报道内容与报道形式两个方面努力挖掘创新——既要接地气，又要扬正气。比如"大川"持续推出的以川大景色、人文、活动为载体的文艺情怀性或趣味性的作品，传播川大文化，唤起广大"川大人"心中共同的情感共鸣。其中，《欢迎报考四川·海纳百川·心怀梦想·追求卓越·好吃好苏·大学！》《围观摔了一个玻璃杯，炸出我川这么多段子手！》两篇推送阅读量高达"10万＋"。

在形式创新方面，"大川"多元化地尝试用"视频讲故事""一图讲政策""音乐讲情怀"等形式，制作了"四川大学分之一"党代会宣传视频、川大版《成都》歌曲及视频、"一图读懂"党代会报告等新媒体产品，这些产品在微信平台推出后，广受欢迎，传播效果良好。这也是学校党政宣传走向亲民化、多样化的有效尝试。另外，我们还尝试与社会主流媒体合作进行校园直播，扩大学校外宣影响力。比如，川大厨师与复旦厨师交流一事在社会主流媒体的报道下成为网络热点，川大也成为备受关注的对象。大川微信迅速反应，与成都商报合作，就复旦厨师到川大交流情况进行全媒体平台直播，直播收看人次达到 210 余万，提高了川大的社会知名度。

其二，适当转发社会微信公众号，助力官方主流新媒体。当前，我国的各大官方新闻机构、门户网站乃至各级政府机构几乎都有开办微信公众号，它们往往会结合国内外重大事件，推送弘扬主旋律、传递正能量的微信作品。几乎每个微信用户都有过这类经历：自己会在朋友圈中不时看到好友转发的各种官微公众号作品。朋友圈的人际传播效率当然不低，但是与之相比，一个拥有数万甚至数十万粉丝的高校官微公众号的传播效率和影响力自然会大很多。况且，朋友圈的转发纯属自发行为。

两相比较不难看出，如果高校官微公众号能开设专门栏目，适当转发一些社会微信公众号的作品，无疑可以起到助力官方主流新媒体宣传效果的积极作用。这对发掘高校官微公众号的意识形态功能是一种行之有效的实践。

其三，整合校内官微公众号，以实现信息资源共享，提高网络传播的舆论影响力。随着微信公众号制作技术门槛的降低，近年来，高校校内各单位纷纷推出自己的官方微信公众号，包括学校层面的教务处、招就处、学工部、校友会、团委、学生会或图书馆等官微公众号，以及各学院（系）的官微公众号。这些官方微信公众号通常也有专门的部门负责，而且还配备专兼职人员或指导老师。根据大数据推算，目前，中国高校平均拥有官微公众号数量在 40 个左右。如此众多的官微公众号各自为战，再加上制作水平的参差不齐，势必削弱信息传播的舆论一致性和影响力，因此很有必要从宣传内容和链接技术两个方面进行合理的整合、规范。

其四，强化主旋律意识，突出高校自身特色，少一些与师生的学习生活关联度低的轻娱乐作品。近年来，由于各种榜单的推出，一些高校官微公众号在推送作品时逐渐产生了"唯点击量是从"的倾向。为此，他们往往在选题的策划上弱化学校中心和重点工作，喜欢搞一些花里胡哨的轻娱乐作品。我们的新思路是，立足学校教学科研成绩和师生榜样，打造"川大网红"。通过"网红策略"，成功打造了"川大'网红'教学楼""川大最诗意农民工""川大最美楼长""川大玻璃杯""川大'网红'食堂""川大'网红'银杏"等网络热点，这些热点引发了受众的广泛关注，使川大的网络影响力不断扩大。我们深知，作为高校的官方微信，作品的点击量固然重要，但是若以牺牲意识形态的导向为代价，这样的点击量传播的恰恰是负能量。

在 2018 年召开的全国网络安全和信息化工作会议上，新媒体的重要性再次得以凸显——习近平总书记在会上强调，"要加强网上正面宣传，旗帜鲜明坚持正确政治方向、舆论导向、价值取向，用新时代中国特色社会主义思想和党的十九大精神团结、凝聚亿万网民，深入开展理想信念教育，深化新时代中国特色社会主义和中国梦宣传教育，积极培育和践行社会主义核心价值观，推进网上宣传理念、内容、形式、方法、手段等创新，把握好时度效，构建网上网下同心圆，更好凝聚社会共识，巩固全党全国人民团结奋斗的共同思想基础。"

因此，高校新闻宣传部门和相关从业人员一定要深刻认识新媒体工作的重要性，进一步提高政治站位，不断强化业务创新意识，提升业务创新能力，从党长期执政和国家长治久安的高度，切实增强责任感和使命感。

参考文献

［1］公众号月活跃帐号数量仅 350 万个，是喜还是忧？［EB/OL］.（2017－11－09）. 搜狐网.

［2］美媒感慨这代青少年太怪异智能手机毁了一代人［EB/OL］.（2017－08－08）. 网易科技频道.

［3］刘芳. 好莱坞电影跨文化传播策略研究［J］. 电影评介，2016（11）.

［4］掌上大学：2016 中国高校新媒体蓝皮书［EB/OL］.（2017－01－05）. 中文互联网数据资讯中心－199IT.

以第二课堂提升高校思政育人时代感对策分析①

张　哲　王　蔚　钟义婷②

摘　要：从改革开放到党的十九大胜利召开，我国高校思政育人体系得到不断发展，其中第二课堂在高校思政育人方面起到了重要的作用。随着中国特色社会主义进入新的时代，依托第二课堂开展大学生思想政治教育也应该紧扣时代主题。新形势下高校思政育人工作的时代感主要体现在理念思路、内容形式和方法手段三个方面，第二课堂也应通过发挥高校党委的领导核心作用、确立立德树人的中心地位、推动互联网的全程介入，提升高校思政育人的时代感。

关键词：高校　思想政治教育　第二课堂　时代感

一、新形势下依托高校第二课堂发挥思政育人工作时代感的必要性

党的十九大胜利召开以来，中国特色社会主义进入了新时代，如何在新时代完成中国共产党"培养社会主义建设者和接班人"的历史使命，成为高校育人工作的关键

① 本文是 2017 年度四川大学生思想政治教育研究中心课题"依托大数据背景探索共青团第二课堂制度在高校学生思政教育中的作用发挥"（项目编号：CSZ17010）的阶段性研究成果。
② 张哲，西南交通大学公共管理与政法学院团委副书记。王蔚，校团委副书记。钟义婷，数学学院辅导员。

所在。[1]

2016年12月，习近平总书记在全国高校思想政治工作会议中指出"高校思想政治工作关系到高校培养什么样的人，如何培养人以及为谁培养人这个根本问题"，深刻明确了高校思想政治工作的重大意义。同时，习近平提出了"做好高校思想政治工作，要因事而化，因时而进，因势而新"，"要更加注重以文化人以文育人，广泛开展文明校园创建，开展形式多样、健康向上、格调高雅的校园文化活动，广泛开展各类社会实践"的工作要求。[2]会议的发言是对新时期高校思想政治工作再出发的具体要求，依托校园文化和社会实践提升高校思政育人工作效果，促进高校思政工作育人的时代感成为新时期的学生思想政治教育工作的重要组成部分。

近年来，高校校园文化活动的开展主要以第二课堂为依托。共青团中央将第二课堂定义为教学以外的一切传授知识、培养能力、锻造人格的活动。将大学生思想政治教育落实于第二课堂活动，是高校思想政治教育工作将理论教育和实践活动相结合的必要举措和创新工作思路。如何在新的时代背景下，构建高校第二课堂思政育人平台，进一步增强高校开展思想政治工作的时代感和吸引力，提升高校育人质量，是本文的研究重点。

二、第二课堂在高校思政育人方面的应用现状

目前，第二课堂教育在思想政治教育方面的研究仍然属于较新领域，缺乏专门论述思想政治教育第二课堂的学术专著。蔡克勇在《大学第二课堂》一书中，最早提出了有关第二课堂的概念并对功能做了较为详尽的表述[3]。谢相勋在《高校第二课堂活动课程研究》中创造性地提出了用"课程"这一说法，将第二课堂活动课程化，依托学生组织实现第二课堂活动的开展[4]。

在有关第二课堂思想政治教育研究的文章方面，许多学者也对第二课堂机制进行了阐述。贺永锋[5]、梅鲜[6]、刘大允[7]等学者分别论证过第二课堂对于高校思政育人的意义。上述文章研究了第二课堂对思想政治教育的功能，以及如何将第二课堂思政育人功能扩大化等问题。十九大召开之后，高校的思政工作开展又有了新的要求，因此在新形势下高校第二课堂思想政治教育应该体现时代性，有新的发展路径和对策。

三、当前形势对高校思政育人工作开展的时代要求

2017年2月，中共中央国务院印发的《关于加强和改进新形势下高校思想政治工作的意见》中，将推进思想政治工作的理念思路、内容形式、方法手段创新，增强工作时代感和实效性等要求作为加强和改进高校思想政治工作的基本原则之一。可以看出，在新形势下，推进高校育人工作的时代性，应主要从提升思想政治工作的理念思路、内容形式以及方法手段三个层面进行探索[8]。

其中，理念思路的时代性是高校提升思想政治工作时代感的基本保证。内容形式的明确是当前高校提升思想政治工作时代感的主要抓手，方法手段的运用是当前高校提升思想政治工作时代感的重要载体。三者相辅相成，形成完整的思想政治育人闭环，针对上述三个层面，应从以下方向提升高校思政育人工作的时代感。

（一）从理念思路层面保证高校思政育人工作时代性

党的领导对于新形势下创新高校思想政治教育具有重要的意义。习近平强调："党委要保证高校正确办学方向，掌握高校思想政治工作主导权，保证高校始终成为培养社会主义事业建设者和接班人的坚强阵地。"

中国共产党是中国特色社会主义理论体系在中国大地上的具体实践者。中国共产党的诞生并不是中国社会发展的偶然产物，它是马克思主义真理在中国社会具体的展开和升华。因此，保证思政育人时代性，必须树立将高校党委作为高校思想政治工作的领导核心的工作理念，把党对高校的领导落到实处。

党委在高校思想政治工作中的核心领导地位这一工作理念思路主要体现在三个方面：第一，加强党对高校思想政治领导的责任主体，形成高校思想政治教育的整体观念，在全局工作中突出思想政治工作的战略定位，从大局出发促进教育发展；第二，协调各方共同做好思想政治工作的责任主体，把思想政治工作贯穿到各项工作中，增强育人合力；第三，领导和指导各级党组织形成开展思想政治工作的责任主体，加强对各级党组织开展工作的领导、指导和督促，加强党团干部和辅导员等思想政治工作的专门队伍建设。[9]

（二）从内容形式层面把握高校思政育人工作时代性

思想政治教育工作从根本上来说，是做人的工作。习近平在全国高校思想政治工作会议上强调开展高校思想政治教育工作，要坚持把立德树人作为中心环节。之所以要把立德树人作为高校思想政治工作的中心环节，是结合了当代"95后"大学生的时代特点，当代大学生多为独生子女，个性突出特征鲜明，思想比较先进、变化比较快，容易接受新鲜事物新鲜文化，但是对文化要求比较高。他们容易受外界影响，可塑性也比较强，所以高校应该把握住他们的特点，尊重其成长规律，避免社会多元化对他们的人生观价值观造成负面影响。

因此，要保证思政育人时代性，必须时刻把握以加强学生德育和价值塑造为核心的工作内容，通过社会实践和校园文化相结合的形式，引导学生建立共产主义远大理想和中国特色社会主义共同理想以及社会主义核心价值观。高校思想政治教育应积极同工作要求接轨，在工作开展的内容和形式方面，牢牢把握住立德树人的主题。

（三）从方法手段层面展现高校思政育人工作时代性

习近平总书记在高校思想政治工作会议中指出，"要运用新媒体新技术使工作活起来，推动思想政治工作传统优势同信息技术高度融合，增强时代感和吸引力"[2]。高校是新科技应用与推广的前沿阵地，青年学生是新技术和新媒体的主要受众群体，引入新技术新媒体开展高校思政育人工作，将互联网作为思政教育的新方法，能够更加容易被青年学生接受，进而增强高校思政工作的开展效果。

依托新媒体新技术促进高校思政教育的开展主要体现在三个方面：首先，新媒体为高校思想思政育人工作提供了有效的教育渠道和宣传方式，同时，通过新媒体平台可以促进师生和学生之间的有效互动和交流。其次，互联网和新媒体的发展以及其具有的互动、展示和共享特征，可以有效地将思政教育的内容和影响加以扩散。最后，信息化和数字化时代下，通过网络大数据挖掘可以为研究高校思想政治的教育对象，即学生提供较多的信息支撑，进而有利于更好地研究和反馈第二课堂各项实践活动在开展大学生思想政治教育方面的效果，据此有针对性地提升第二课堂活动在思政育人方面的薄弱环节，提升思政育人的质量。

四、依托第二课堂增强思政育人时代感的对策及分析

基于前文对依托第二课堂提升高校思政育人工作时代性必要性的分析，在学者们的研究基础上，笔者结合提升高校思政育人的时代感要求，继续从理念思路、内容形式和方法手段三个层面，提出依托第二课堂增强思政育人时代感的具体对策。

（一）促进高校党委在第二课堂思政育人过程中的作用发挥

共青团是高校第二课堂工作开展的主体。在依托第二课堂开展思政育人的过程中，应当充分发挥党建带团建的工作模式，将高校党委的领导核心地位充分展现出来，主要包括以下三个方面。

1. 在办学治校过程中促进形成第一、二课堂合力育人新格局

目前，各高校第二课堂建设刚刚进入初期阶段，存在工作制度不健全，工作目标不明确，工作落实缺乏保障和支撑的问题。在实际工作推进中，存在忽视第二课堂从而难以形成从课堂到生活的全局性学生思想政治教育工作体系的问题。学校党委应从组织高度，通过统筹协调第一、二课堂建设，确立和完善工作制度，做好两个课堂的互动、互通和互融工作。同时通过第二课堂成绩单建设，将第二课堂纳入学生培养计划等，形成第一、二课堂合力育人的崭新工作格局，让第二课堂的思政育人影响力真正发挥出来。

2. 着力提升第二课堂育人队伍的与时俱进性

当前，共青团第二课堂的开课主体通常为学校主要的团学组织和校内专兼职团干部。要真正抓好第二课堂的思政育人工作，就要首先明确党委在促进学校第二课堂建设中的责任和地位，明确选派一名党委委员负责全校第二课堂思想育人的工作任务，加强对第二课堂开课主体的管理和引导，在全校范围内建立起一支专门由党的指导，自信和自觉在活动开展中弘扬、传播中国特色社会主义先进思想的工作队伍，从而构建第二课堂指导教师加强思想政治工作的长效机制，保证第二课堂的活动思政育人目的不偏移。

3. 带动各级党组织在第二课堂中发挥思政育人的引领作用

学生团员体量相对庞大，院级党委应充分认识到第二课堂在加强学生思想政治教育，以及培养和发展优秀学生成为党员方面起到的关键作用。除高校党委外，应进一步发挥院级党委在学院层面上开展第二课堂的育人活动质量把控和质量监督，尤其应保证

学院党委副书记在第二课堂领域的方向引导和活动督导，指导学院团干部队伍，带动团学组织，结合学生工作开展的方式方法对活动背后的育人环节深刻挖掘。

应引导学生党支部通过第二课堂活动平台，组织和开展带有支部特色的思想引领活动，吸引更多学生自觉参与、了解党的组织生活。在形成带动、影响和辐射效果的同时，通过党支部促进第二课堂在思政育人方面的作用发挥，形成高校党委、院级党委和基层党支部三级组织的相互传导、相互联动，形成党员队伍在第二课堂领域开展思政育人工作的特色品牌。

（二）明确"立德树人"在第二课堂思政育人工作中的中心地位

立德树人作为新形势下高校思想政治教育工作的中心环节，要求高校第二课堂在内容和形式的开展上不单只是传授专业的系统理论，更要注重将培养目标和时代主流的价值观念相融合，追求更高层次的思想素质培养。

1. 加强新时代思潮在第二课堂思政教育中的融入

第二课堂思想政治教育的工作内容涵盖面非常广泛，包括学术科技、艺术文化、能力培养、身心辅导等各个方面，在内容上要做到吸引人、激励人、凝聚人，就必须紧扣时代主题，把握时代思潮，将中国特色社会主义共同理想和社会主义核心价值观融入活动内容，通过使用中国特色社会主义理论体系达到影响和号召大学生的目的。对于校园内传统的学生品牌活动，一方面要依靠原有的活动框架，另一方面要把握新时代脉络。

2. 将文化与实践相结合创新第二课堂的育人形式

依托第二课堂开展大学生思想政治教育的传统形式主要依靠校园文化和社会实践。但是，依靠单一的形式开展活动并不能满足学生高质量发展的要求。新形势下需要将校园文化和社会实践两种形式相结合，打造出新的第二课堂思政教育形式。校园文化需要根据新形势下中国特色社会主义理论体系进行不断的完善提升，社会实践也需要紧扣时代主题，关注祖国发展。比如开展"一带一路"优秀校园文化传播交流，通过校际交流或游学访问，带动文化繁荣，同时也增强学生实践能力，提升社会责任感。

（三）推动互联网技术介入以第二课堂开展思政教育的全过程

第二课堂的活动形式丰富，依托互联网提升第二课堂在思政育人方面的时代感，本身就是将具有时代化的技术融入时代化的育人模式中的宝贵尝试。依托互联网，构建新型的第二课堂工作开展模式，能够促进学生更有意愿融入第二课堂的育人环境，提升思政育人效果。

1. 通过网上平台的建立和规范第二课堂的管理和运营

建立共青团第二课堂网络平台和阵地，在网上建立第二课堂项目库，搭建网上开课、选课平台，规范第二课堂的开课、选课和认定过程。通过网上课程发布和选课的实施，让学生更直观了解第二课堂的活动和实践内容，主动通过第二课堂活动和实践的参与，为提升自身的思想道德水平、完善人格、塑造自身价值观创造可能性。通过做好网上课程认定，构建课堂参与的评价标准，生成发布第二课堂成绩单，有助于发挥结果导向的作用，使学生积极融入第二课堂的活动主线，让第二课堂思想育人效果通过活动环节的推进，更好地发挥出来。

2. 通过新媒体技术，推动第二课堂在思政育人方面的传播效果和影响力

通过新媒体的推广和发布，帮助加强第二课堂活动开展的前期宣传，在活动中借用新媒体进行氛围营造，可以有效将课堂话题融入学生生活，立足当前时代下学生获取信息的途径，更加便于学生对活动的了解和参与，激发学生对活动和实践的讨论和观点传播，潜移默化处引领学生思想。

3. 依托大数据技术，增强第二课堂在思政育人方面的科学性

依托大数据的规模性特征，结合网上平台的前期搭建，可以从两方面增强第二课堂在思政育人方面的科学性。

一方面，从对新时期学生群体思想特征的研究方面来说，大数据可以对学生选择和关注的活动主题、类别进行分析，对学生网上关注的热点和内容进行挖掘。从而有助于了解青年学生群体的思想特征和思想动态，结合学生所关注的问题和思想变化，开设第二课堂活动，使活动内容和形式符合时代潮流，更有益于促进学生的参与和思想育人的针对性。另一方面，从第二课堂在思政育人效果反馈和质量提升方面，通过对各类活动和实践的线上问卷调研和分析，可以有效地了解第二课堂的思想育人成果和薄弱环节，促进第二课堂在思政育人方面的完善和提升，增强下一阶段课程设置在引导和思政育人方面的科学性、有效性。

参考文献

[1] 习近平. 决胜全面建成小康社会　夺取新时代中国特色社会主义伟大胜利——在中国共产党第十九次全国代表大会上的报告 [N]. 人民日报，2017—10—28.

[2] 习近平在全国高校思想政治工作会议上强调：把思想政治工作贯穿教育教学全过程　开创我国高等教育事业发展新局面 [N]. 人民日报，2016—12—09.

[3] 蔡克勇，冯向东. 大学第二课堂 [M]. 北京：人民教育出版社，1988.

[4] 谢相勋. 高校第二课堂活动课程研究 [M]. 成都：四川大学出版社，2012.

[5] 贺永锋. 新时期高校第二课堂的思想政治教育功能研究 [D]. 杭州：杭州师范大学，2010.

[6] 梅鲜. 高校思想政治教育第二课堂建设研究 [D]. 上海：复旦大学，2013.

[7] 刘大允. 基于优化第二课堂活动设计的大学生思想政治教育新模式探析 [J]. 中国高教研究，2007（3）：84—85.

[8] 关于加强和改进新形势下高校思想政治工作的意见 [N]. 人民日报，2017—02—27.

[9] 骆郁廷. 论高校党组织思想政治工作的主体责任 [J]. 思想理论教育，2017（3）：4—9.

浅谈新时代高校教育信息工作的供给侧结构性改革

史维生①

摘　要：教育信息工作是高校办公室工作的重要组成部分，肩负着上情下达、下情上传、辅助领导科学决策等重要职责，对于上级部门了解掌握基层情况、推动高校改革建设发展、维护校园和谐稳定发挥着重要作用。但是目前高校教育信息工作普遍存在重视不够、队伍不强、经费不足、效果不显等问题，特别是在新时代背景下，高校教育信息工作与党和国家提出的围绕大局出谋划策、贡献智慧的高标准、高要求相距甚远。本文提出以三个"牢牢把握"为主要着力方向，力争使新时代高校教育信息工作有新突破、新亮点、新成绩。

关键词：新时代　高校教育　信息工作　思考

高校教育信息是党中央了解掌握高校基层动态、有效指导工作、科学民主决策的重要渠道，也是高校展示办学成就、反映办学问题、提高办学声誉的重要平台，更是兄弟高校切磋交流、互学互鉴、共同进步的重要载体。在决胜全面建成小康社会、夺取新时代中国特色社会主义伟大胜利、实现中华民族伟大复兴中国梦的历史征程中，中央和各级党委都迫切需要高校充分发挥思想库、智囊团作用，以此掌握大量对科学决策有重要

---

①　史维生，西南交通大学党政办公室文秘科副科长。

参考价值的高质量信息。早在 2014 年 5 月 8 日，习近平总书记视察中共中央办公厅并同中办各单位班子成员和干部职工代表座谈时就对信息工作提出殷切希望：要围绕大局反映情况、报送信息，做"千里眼、顺风耳"，把各方面新情况新问题、贯彻落实党中央方针政策的意见和建议、干部群众关注的热点焦点问题等及时收集上来，归纳综合，分析研判，第一时间报送党中央，为党中央科学决策提供重要依据。要围绕大局出谋划策、贡献智慧，"身在兵位，胸为帅谋"，主动对党和国家全局工作、对党中央抓的重点工作进行深入研究，多出大主意、好主意。

党的十九大向世界庄严宣示，中国特色社会主义进入了新时代，这是我国发展新的历史方位，更是高校做好各项工作新的历史方位。在新时代背景下，做好高校教育信息工作必须要有新气象，明确新举措，产出新成果。

一、问题的提出

目前，高校教育信息工作存在的最突出问题就是供需结构性矛盾，冗余、无效、重复信息多，高质量、有价值的信息供给严重不足，亟待进行供给侧改革。究其原因，主要有以下几个方面：一是对教育信息工作的重视程度和支持力度有待提高，对教育信息工作重要渠道、重要平台、重要载体的认识不清。普遍认为教学科研是高校主业，教育信息可写可不写、可报可不报。二是教育信息工作顶层设计不足，统筹指导、日常运行、考核评价等规章制度不健全，制度规范的引领作用未充分发挥。三是教育信息工作力量不强、专项经费缺乏，教育信息工作宣传力度不够，重要性无法彰显且无处彰显。

二、深刻理解新时代高校教育信息的主要特性

（一）真实性

教育信息的价值在于真实，不能掺杂一丝一毫的虚假成分。高质量信息必须以反映客观事物本来面目为依据，必须能经得起时间和实践的检验，才能发挥辅助科学决策的应有作用。反映工作进展和成绩的经验类信息要有一说一，恰如其分，不能雕琢粉饰和任意拔高；反映问题的建议类信息要真实准确，不能刻意编造；反映前瞻性研究成果的决策咨询类信息要从国家重大战略布局出发，本着对党和国家的事业高度负责的精神，

加强信息的科学综合分析研判。

（二）时效性

时效性是教育信息的生命线。必须要有高度的政治性和敏感性，把时效性作为硬条件、硬约束。特别是重大突发性事件、重要社会动态必须在规定时间内向上级有关单位报送信息。尚未完全掌握的，可先口头或者书面报告初步情况，随后跟踪报送事态发展、应急处置等详细信息，坚决克服掩饰紧急信息的侥幸心理。对于其他工作动态类信息、问题建议类信息、决策咨询类信息等，也要在确保材料质量前提下，尽早报送，确保基层情况、决策建议等第一时间得到反映。

（三）全面性

信息视角是全方位、多领域、多角度的。一条完整的教育信息既要把客观实际情况或事情的真相和全貌调查清楚，也要把问题的本质和规律把握准确，更要把解决问题的思路和对策研究透彻。要在广泛收集的基础上，对信息进行深加工、精加工，加强信息的整理加工和整体开发，成为全面的、系统的、有条理的信息，不断提升信息的参考价值和含金量。坚决防止以偏概全、断章取义，坚决防止"作秀式"调研、选择性摘编，坚决防止消息层层盘剥、级级过滤，造成消息的价值层层衰减。

三、做好新时代高校教育信息工作的着力点

（一）牢牢把握工作"制高点"

把握深刻内涵。习近平总书记在党的十九大报告中提出"加快一流大学和一流学科建设，实现高等教育内涵式发展"，指明了我国高等教育当前和今后相当长一个时期的发展理念和重点任务。高校教育信息工作必须站位靠前，深刻领会并准确把握教育信息工作"千里眼""顺风耳"的角色定位，把教育信息工作置于推动高等教育改革发展，实现高等教育内涵式发展的大局中去谋划、去思考、去落实，紧紧围绕高校"双一流"建设、"新工科建设"等党关于高等教育的大政方针，紧紧围绕上级有关决策部署，紧紧围绕学校中心工作，将工作成绩、工作亮点和工作创新点贯穿始终，及时反映学校贯彻落实上级有关精神的新举措，真实反映学校改革建设发展的新进展，积极反映师生员工的新面貌，努力推动信息工作高标定位、持续推进、规范发展，为实施教育"奋进之

笔"、加快教育现代化提供坚强的信息支撑。

健全顶层设计。要建立完善校级层面教育信息工作领导机制，成立专门工作机构，履行统筹协调、科学规划、部署落实等主要职责，由有关校领导担任专门工作机构负责人。明确学校各二级单位为教育信息工作责任单位，充分发挥主体作用，围绕本单位中心工作，全面、客观、及时、深入收集、处理和传送信息。将教育信息工作列为各二级单位年度考核重要指标，以上率下，层层传导压力、压实责任，确保教育信息工作与单位重点工作同步部署、同步推进、同步检查。完善日常工作机制，充分发挥办公室综合协调、督察督办、调查研究等信息枢纽职能以及政策研究作用。

完善规章制度。制度是做好教育信息工作的重要保障，也是执行力引擎。要建立系统完备、科学规范、运行有效的制度体系，充分发挥制度的整体功效。宏观层面，高校应制订教育信息工作实施办法，对教育信息工作统筹领导、工作机构、考核评价等作出制度性安排，从根本上保证工作开展的合法性、科学性和有效性。中观层面，要建立涵盖基层调研、约稿组稿、通报考核评价等一系列配套实施办法，对工作流程、工作方法、队伍建设等方面进行细化，充分体现工作的可操作性。微观层面，要编制教育信息工作队伍培训手册、教育信息案例精编等"口袋书"，小册子大作用，图文并茂展示工作要领，提供工作小窍门。

（二）牢牢把握工作"关键点"

加强质量把控。材料的撰写质量是问题精准反映、措施精准到位、成绩精准呈现的基本保证，是推进教育信息工作持续开展的动力源泉。高质量的教育信息要言之有道、言之有方、言之有物，让领导"有的看""有的批"。一方面，要优化材料撰写—审核—审批全过程，从制度层面完善基于"报送人—二级单位—学校"的三级质量监控体系，实施"目标统一、责任明晰、相互配合"的流程化管理模式，突出各个环节、各个责任主体的责任。另一方面，建立材料质量跟踪反馈机制，及时跟踪反馈信息采用情况，知差距、补短板，努力实现信息材料撰写质量的有效提升。此外，加强经典教育信息案例整理和收集并实时更新，涉及不同层级、不同类别的精品范文，为教育信息素材挖掘、材料撰写、队伍培训、对外展示交流等提供参考依据。

加强队伍建设。队伍建设是教育信息工作成败与否的关键。一是要有一支德高望重、学养深厚、享誉业界的专家队伍担任特约评论员，结合时事热点、焦点，发表专业点评、专家观点。二是要有一支信息员队伍，从师生中选拔培养，"横向到边""纵向到底"，确保师生群体代表性、倾向性思想动态以及影响校园和谐稳定的信息能够及时反馈。三是要建立学校与各二级单位联通互动的信息联络员队伍，联络员作为本单位文字工作骨干重点培养，享受列席单位重要会议、参加重要活动、阅看重要文件等待遇。要加强队伍学习培训体系建设，建立"督促引导、精准培训、个人自学"条块结合的培训模式，打造学习型队伍。要认真学习、宣传、贯彻党的路线、方针、政策，认真学习马克思列宁主义、毛泽东思想、邓小平理论、"三个代表"重要思想、科学发展观、习近平新时代中国特色社会主义思想，教育引导树立正确的世界观、人生观和价值观，培养健康的、良好的道德品质。要加强业务教育，学会把握信息工作的关键点。建立评价考核制度，对在信息工作方面贡献卓著、成绩优异的个人，按照学校有关规定，在职称评审、职级晋升等方面给予倾斜。

拓宽信息来源。最直接、最真实，也最具价值的信息，往往散落在基层。所以要想把教育信息工作做得有声有色、有血有肉，必须深入基层，广泛开展调查研究。调查研究是谋事之基、成事之道。习近平总书记在《学习时报》曾刊文提出，"调查研究工作不仅要'身入'基层，更要'心到'基层"[1]。他主政浙江时曾强调："我们担负领导工作的干部，在对重大问题进行决策之前，一定要有眼睛向下的决心和甘当小学生的精神，迈开步子，走出院子，去车间码头，到田间地头，进行实地调研，同真正明了实情的各方面人士沟通讨论，通过'交换、比较、反复'，取得真实可信、扎实有效的调研成果，从而得到正确的结论。调查研究就像'十月怀胎'，决策就像'一朝分娩'。"[2]党的十九大后，习近平总书记再次强调要大兴调查研究之风。落实到信息工作中，一是要身入基层、深入基层，下深水察实情，掌握第一手资料。二是要建立完善信息约稿机制，给基层凝练主题、指明方向、提供"靶子"。三是与学校双代会、学代会、研代会等校园民主建设平台以及宣传舆情平台建立联系机制，广泛收集信息。组织校内专家学者聚集智慧和才能，为中央和各级党委作决策、定政策提供信息、经验、技术或智力支持，对教育现实问题提出对策建议，为改革发展贡献智慧。

（三）牢牢把握工作"结合点"

结合贯彻落实党的路线方针政策和教育部决策部署。党的十九大报告指出，保证全党服从中央，坚持党中央权威和集中统一领导，是党的政治建设的首要任务。把党的政治建设摆在首位，这是党的十九大对党建理论的重大创新。教育信息工作要坚定"四个意识"，识大体，顾大局，旗帜鲜明讲政治，始终将政治性作为工作的首要原则，不断提高政治站位。深刻总结并及时报送高校贯彻落实党的路线方针政策和教育部决策部署的好点子、好做法、好经验，深刻总结高校坚持社会主义办学方向，扎根中国大地办大学的办学实践中的新思路、新经验、新成绩，确保上情下达渠道通畅，下情上传渠道通畅，确保在党的全面领导下扎实办好中国特色社会主义大学，办好人民满意的大学，确保学校始终为人民服务、为中国共产党治国理政服务、为巩固和发展中国特色社会主义制度服务、为改革开放和社会主义现代化建设服务。

结合高校改革建设发展稳定等方面重要工作的推进。每一所高校都有自己独特的办学历史、独特的校园文化、独特的精神情怀，高校发展道路和模式也是百花齐放，并非千篇一律、一成不变。教育信息工作必须坚持使命引领和服务导向相统一，不仅要将聚焦点落到学校主动对接党中央"世界一流大学和一流学科"重大战略决策的积极行动上来，更要落到学校如何对接国家重大战略需求，面向经济社会主战场，面向世界科技发展前沿，创新人才培养模式和科研范式，不断擦亮学科特色，引领支撑着行业跨越式发展上来，落到师生校友对美好生活的不懈追求上来。

结合新时代特征做好教育信息的宣传推广。高校每年都应结合上级有关部门工作要点以及学校中心工作，围绕人才培养、科学研究、社会服务、文化传承创新、国际交流与合作五大职能，科学总结、合理规划各领域工作的新举措、新亮点和新成绩。对国家经济社会发展的建议意见要统筹规划、科学安排，明确时间表和任务书，尤其高校干部群众和广大师生对中央重大决策部署、国内外重大事件以及社会热点问题的反响情况和思想动态，要倒排工作时间表，明确时间节点，确保规定时间完成规定工作。全球数字化浪潮汹涌而至，为教育信息工作带来了变革和机遇，要顺势而为，心中有"数"。要规范教育信息工作流程，依托高校各类办公平台或 OA 系统，完成文稿起草、文稿审核、文稿签发流程。随时随地、第一时间完成信息报送的全流程。依托高校微博、微信公众号、手机 APP 客户端等新媒体优势，通过报纸、广播、电视、网络和宣传栏等新闻媒体渠道，以每日快报、每日通报、每日动态等多种形式，向社会和校内师生员工发布信息报送事项，让信息工作呈现广泛、多元、制度化发展态势。做好信息交互平台，实现教育信息工作交流、资源共享等功能。

参考文献

[1] 习近平. 谈谈调查研究 [N]. 学习时报，2011−11−22.

[2] 习近平. 调查研究就像"十月怀胎" [M] //之江新语. 杭州：浙江人民出版社，2013：154.